国家社科基金一般项目"中国化马克思主义海外传播进程与基本经验研究"结项"优秀"成果(证书号：20210233)

国家社科基金丛书
GUOJIA SHEKE JIJIN CONGSHU

中国化马克思主义海外传播研究

Research on the Overseas Communication
of Sinicizing Marxism

陈金明　著

人民出版社

责任编辑:侯俊智
特约编辑:吴继平
封面设计:石笑梦
版式设计:胡欣欣
责任校对:秦　婵

图书在版编目(CIP)数据

中国化马克思主义海外传播研究/陈金明 著. —北京:人民出版社,2023.10
ISBN 978－7－01－026061－7

Ⅰ.①中… Ⅱ.①陈… Ⅲ.①马克思主义‐发展‐研究‐中国 Ⅳ.①D61

中国国家版本馆 CIP 数据核字(2023)第 203220 号

中国化马克思主义海外传播研究
ZHONGGUOHUA MAKESI ZHUYI HAIWAI CHUANBO YANJIU

陈金明　著

人民出版社 出版发行
(100706 北京市东城区隆福寺街 99 号)

涿州市旭峰德源印刷有限公司印刷　新华书店经销

2023 年 10 月第 1 版　2023 年 10 月北京第 1 次印刷
开本:710 毫米×1000 毫米 1/16　印张:21.5
字数:295 千字

ISBN 978－7－01－026061－7　定价:90.00 元

邮购地址 100706　北京市东城区隆福寺街 99 号
人民东方图书销售中心　电话 (010)65250042　65289539

序言　中国化马克思主义海外传播研究领域的新开拓

　　习近平总书记在党的二十大报告中明确指出："马克思主义是我们立党立国、兴党兴国的根本指导思想。"①马克思主义自诞生以来始终"占据真理和道义的制高点"，并在 20 世纪初开始传入中国。在指导中国革命、建设和改革的实践中，马克思主义"同中国具体实际相结合、同中华优秀传统文化相结合"②，形成和发展了中国化马克思主义。总体来看，国内外学界对马克思主义在中国及世界传播的研究成果可谓汗牛充栋、丰富多样，但对中国化马克思主义海外传播系统研究的学术成果相对甚少。2015 年陈金明教授成功获批国家社科基金一般项目"中国化马克思主义海外传播进程与基本经验研究"，并喜获结项"优秀"（证书号：20210233），可以说，这在一定意义上弥补了该学术领域的缺憾。

　　该学术专著是陈金明教授主持的 2015 年国家社科基金项目的最终结项成果。作为著者的国内访学导师，我对该学术成果先睹为快，并为其即将出版

---

　　① 习近平：《高举中国特色社会主义伟大旗帜　为全面建设社会主义现代化国家而团结奋斗——在中国共产党第二十次全国代表大会上的报告》，人民出版社 2022 年版，第 16 页。
　　② 习近平：《高举中国特色社会主义伟大旗帜　为全面建设社会主义现代化国家而团结奋斗——在中国共产党第二十次全国代表大会上的报告》，人民出版社 2022 年版，第 17 页。

备感欣慰。著者在中国社科院访学期间,曾与我交流申报这一研究项目。受著者诚恳之邀,我来谈谈对这一研究成果的个人看法,但愿起到"序"之作用。

该成果以中国化马克思主义海外传播为研究对象,从跨文化传播的视角,系统考察其历史进程,深刻总结其经验启示,初步探讨其深远影响,理性把握其未来走向,最终形成一部全面系统地阐述中国化马克思主义海外传播的学术专著,为当下深入推进当代中国马克思主义、21世纪马克思主义的国际传播提供借鉴参考和对策建议。因此,该成果不仅有重要的理论意义,而且还有鲜明的现实价值。

该成果运用政治学、传播学等跨学科综合研究方法,系统梳理和论述了中国化马克思主义海外传播的前提、原则、历程、内容、经验、困境和对策建议等,形成一个有经有纬、有史有论,地分亚非与欧美、时分改革开放前与后的研究系统,组成一个以"中国化马克思主义海外传播"为核心的世界性"文化构造"。

该成果主题思想明确,创新意识凸显,其最大特色体现在以下几个方面。

1.前沿性。以往学界主要拘泥于马克思主义在中国或世界的传播与发展研究,而对于中国化马克思主义又如何在海外传播的研究,则关注甚少。在跨国界、跨学科、跨领域的学术研究已成为新趋势的背景下,国际社会对于中国化马克思主义的关注和热议越来越多,需要我们不仅具有高度的政治敏锐性,还要有更开放的国际视野,更宽泛的研究领域,加强学术交流与学术对话,积极把中国化马克思主义传播到世界各地,使之成为世界上最有生命力和影响力的理论思潮和学术前沿之一。因此,该成果选题具有极大丰富和充实这一领域研究的重要意义。

2.系统性。近年来,研究中国理论和中国文化海外传播的成果不少,但是,从历史和现实相结合的"大叙事"视域系统地研究总结中国化马克思主义海外传播的专著成果不多。该成果在充分占有资料的基础上比较系统完整地梳理了整个中国化马克思主义海外传播历程,弥补了学界关于中国化马克思主义海外传播研究"系统性"不足的缺陷,适应了全球化背景下"讲好中国故事、传播好中国声音"的时代需要,突出中国化马克思主义的世界意义,拓展了中国化马克思主义的研究视域。

3.整体性。该成果以"站在中国看世界和站在世界看中国"的双重观照,立足于中土,扩展于异域,且在于二者之交流融合,形成"由中而外"(传播)、"由外而中"(接受)双向互动的学术探索,既彰显本课题的学术价值和丰富内容,也充分展示中国化马克思主义海外传播的深远影响与重要贡献。该成果比较全面地考察了中国化马克思主义海外传播的主体与受众、历史与现实、过去与未来、理论与实践等诸多问题,有纵向描述,亦有横向分析。整个成果概念明确、资料翔实、论证周密、表述得当,构成了比较完整的"自洽"体系。

总体而言,该成果力图梳理出近百年来中国化马克思主义海外传播的"大谱系",描绘出从东方到西方世界范围内中国化马克思主义海外传播的"全景图",对中国化马克思主义海外传播作了系统研究、梳理、描述和概括,克服了该研究领域"碎片化"的倾向,增强了该研究领域的"整体性"特征,推进了该研究领域向纵深发展,对于马克思主义中国化、时代化、大众化、国际化都是一笔弥足珍贵的财富。尤其是能够深刻认识到,马克思主义的国际化需要加强中外马克思主义政界和学界各种理论的交流互鉴,这一点难能可贵。

4.现实性。该成果具有强烈的现实观照,提出了一些富有现实性的思想观点。例如,该成果认为,中国化马克思主义是世界马克思主义的重要组成部分。中国化马克思主义的海外传播不仅是意识形态的宣传,更是先进文化的对外传播,是中国思想文化"走出去"战略的有力实施。但由于文化背景、意识形态和研究范式的差异,国际社会对中国未来的发展走向争论不休,既有负面的"中国威胁论""中国崩溃论",也有正面的"中国机遇论""中国贡献论"等,它们实际上都反映了国际社会对中国国家形象的不同认知。因此,我们应通过中国化马克思主义海外传播的研究,进一步加强正面宣传和释疑解惑,增进文化交流与文化认同,增强文化自觉与文化自信,提升国家文化软实力和国际话语权,努力实现学术研究、理论宣传和政策探讨三者的有机结合,不断增强中国化马克思主义的国际话语权与世界影响力,以进一步彰显中国化马克思主义的世界意义。

该成果还认为,在当代世界各种文化与文明交流融汇的潮流中,大力推进中国化马克思主义海外传播研究,对于中国文化走出去具有重要现实意义;另一方面,中国化马克思主义海外传播研究,也是探讨如何以更为开阔的国际视野,向世界各国人民分享中国发展经验,为全球治理提供中国方案。同时也回应了国际社会对"中国智慧"的关注,为世界了解中国提供了沟通渠道,顺应了中国理论走向世界的现实需要。

以上这些富有现实性的学术思想和学术观点,启迪我们在各种外交和国际场合,应采取适当方式,或心平气和、或理直气壮地传播和阐释中国化马克思主义,以彰显我们所坚持的中国特色社会主义道路自信、理论自信、制度自信、文化自信。

综上所述,我也认同国家社科基金几位匿名评审专家的意见,即"该成果是本人所见到的研究中国化马克思主义海外传播论著中最全面、最系统的一部";"该成果是在充分搜集资料的基础上进行了比较完整的梳理,具有填补空白的重要学术价值";"该成果的最大创新在于其系统性和整体性,弥补了学界研究整体性不足的缺陷"。当然,我也同意几位匿名评审专家的宝贵建议,希望著者今后在漫长的"学术苦旅"中,能更充分利用第一手外文资料,进一步开拓中国化马克思主义海外传播研究的新领域。

是为序。

中国社会科学院学部委员　程恩富

2022 年 11 月 28 日

目　　录

绪　　论

习近平总书记在党的二十大报告中明确指出:"中国共产党为什么能,中国特色社会主义为什么好,归根到底是马克思主义行,是中国化时代化的马克思主义行。"①马克思主义自 19 世纪 40 年代诞生以来,"犹如壮丽的日出,照亮了人类探索历史规律和寻求自身解放的道路"②,并在世界各地广为传播。十月革命之后,马克思主义在中国的传播由涓涓细流汇成滔滔江海,汩汩奔流、蔚为壮观,渐而成为席卷全国的革命洪流。通过"马克思主义基本原理同中国具体实际相结合、同中华优秀传统文化相结合"③,形成了中国化马克思主义,为中华民族精神注入新的生机与活力,指导中国革命、建设和改革取得一个又一个的重大胜利,引领中华民族走向伟大复兴的新征程。同时,中国化马克思主义闪耀着真理的光辉,照亮人类前行的道路,并以超越时空的能量、独树一帜的风格,自 20 世纪 20 年代起,走出国门、传播海外、享誉全球,使得当代中国马克思主义、21 世纪马克思主义,成为世界思想文化百花园中一道亮丽风景。

---

① 习近平:《高举中国特色社会主义伟大旗帜　为全面建设社会主义现代化国家而团结奋斗——在中国共产党第二十次全国代表大会上的报告》,人民出版社 2022 年版,第 16 页。

② 习近平:《在纪念马克思诞辰 200 周年大会上的讲话》,《人民日报》2018 年 5 月 5 日。

③ 习近平:《在庆祝中国共产党成立 100 周年大会上的讲话》,《人民日报》2021 年 7 月 2 日。

如何让中国化马克思主义在 21 世纪的世界舞台上,"走"得更深、更远、更广,这既是一个重要的理论问题,也是一个重大的现实问题,值得学界高度关注和深度"耕犁"。

一、研究缘起及其意义

(一) 研究缘起

为了不断提升中国国际话语权,习近平总书记曾明确强调,"要推进国际传播能力建设,讲好中国故事、传播好中国声音,向世界展现真实、立体、全面的中国,提高国家文化软实力和中华文化影响力"。① 中国化马克思主义海外传播正是提升中国国际传播能力建设的重要抓手。随着中国革命、建设和改革开放的巨大成功,中国化马克思主义的国际影响日趋扩大,其在海外的传播亦更加广泛,并对世界产生重要影响。回顾历史,早在 20 世纪 20 年代,首先由共产国际分别以俄文和英文发表的《湖南农民运动考察报告》就使毛泽东和中国共产党的名字与智慧被世界所瞩目,该文也被视为第一篇译介到国外的中国化马克思主义理论著作,从此开启了中国化马克思主义海外传播的先河。自那时起,毛泽东思想作为马克思主义中国化的第一大理论成果,以其宏伟的力量向世界表征中国革命的兴起和发展,开始让世界了解处于水深火热之中的中华民族怎样为生存、为光明而战。自此不断发展的中国化马克思主义肩负历史的重托,创造出辉煌的实践成就和丰硕的理论成果,向世界雄辩地证明其自身存在的科学性与价值性,并傲然屹立于世界思想文化的舞台。在"当今西方资本主义正在走向崩溃"②、"前途一片茫然,看不到它的未来"③的

---

① 《习近平谈治国理政》第三卷,外文出版社 2020 年版,第 312 页。
② 孙援朝:《美国奥尔曼教授认为当今西方资本主义正在走向崩溃》,《国外理论动态》1995 年第 1 期。
③ [美]彼得·F.德鲁克:《后资本主义社会》,东方出版社 2009 年版,第 15 页。

百年未有之大变局时期,中国化马克思主义指导下的"中国之治"彰显其强大的制度韧性,令世人惊羡和叹奇,世界各国开始探寻"中国之治"的制度密码。而推动中国化马克思主义海外传播研究,正是回应国际社会对"中国之治"的关切,为世界各国解读"发展中的中国""开放中的中国""为人类文明作贡献的中国"提供便捷路径和沟通渠道,同时也是中国理论走向世界、提升中国国际话语权的现实需要。

当下,学界对马克思主义在中国传播的研究可谓佳作迭出、成果颇丰,而对中国化马克思主义海外传播的研究,尽管取得初步的理论成果,但与前者相比,依然显得异常薄弱。因此,本课题研究既有独到的学术价值,又有重要的现实意义。

（二）研究意义

一是拓展中国化马克思主义的研究视域。"一个民族要想站在科学的最高峰,就一刻也不能没有理论思维"①。目前学界对中国化马克思主义的研究,主要体现在两个方面:第一,以马克思主义中国化为主线,集中探讨其理论成果的主要内容、精神实质、历史地位和指导意义等,充分反映中国共产党不断推进马克思主义基本原理与中国具体实际相结合的历史进程和基本经验;第二,以马克思主义中国化最新理论成果为重点,全面把握中国特色社会主义进入新时代的历史方位,系统研究习近平新时代中国特色社会主义思想的核心要义和丰富内涵,深入阐发建设社会主义现代化强国的战略部署,等等。毫无疑问,学界对中国化马克思主义研究的主线和重点的把握非常准确,也非常必要,但又明显不够。

中国化马克思主义的产生离不开马克思主义的国际传播。正是"十月革命一声炮响,给中国送来了马克思列宁主义",让中国人民看到了希望与光

---

① 《马克思恩格斯选集》第三卷,人民出版社 2012 年版,第 875 页。

明。同样,中国化马克思主义只有加强其国际传播,才能"不断提升国家文化软实力和中华文化影响力"①。然而学界对此的关注显得较为薄弱。

此外,中国化马克思主义海外传播已积累诸多宝贵经验。这些宝贵经验犹如一座精神富矿,对于推进马克思主义时代化、大众化都是一笔弥足珍贵的财富,但学界对此还未有足够的重视。因此,综合运用政治学、传播学等相关研究范式,开展对中国化马克思主义海外传播的历史进程、基本特点和经验借鉴等方面的研究,无疑是一个全新的课题,这将进一步拓展马克思主义中国化的研究视域。

二是推动中国文化进一步走向世界。在人类文明发展史上,中国化马克思主义作为本土化的中华优秀文化,其对外传播与交流将进一步丰富人类文明的精神宝库。在当代世界各种文化与文明交流融汇的潮流中,大力推进中国化马克思主义海外传播研究,是中国文化走向世界的必然要求,也是中国文化"走出去"战略的有力举措。所谓民族,始终是作为世界部分的民族。民族文化的强大生命力离不开本民族悠久历史的积淀,离不开人类历史长河的滋养,也离不开整个世界文明的熏染。只有面向世界,超越本民族文化的时空局限,才能创造更加博大的新文化和新理论。作为世界文明古国,中国文化曾对东亚乃至世界文明产生重要影响。在全球化的今天,要使中国文化走向世界,必须以传播当代中国文化为主,而中国化马克思主义是当代中国文化之魂,绝不能让海外民众误认为当代中国文化就是儒家文化,事实上当代中国也不可能依靠儒家文化实现中华民族的伟大复兴。所以,中国不仅要在世界各地建立孔子学院,传播中华优秀传统文化,还应向世界大力传播当代中国马克思主义,否则海外民众难以进一步认识和了解一个全面的中国、立体的中国、当代的中国。

中国化马克思主义具有开放性特征,它不是在一个自我封闭的环境中孤

---

① 习近平:《高举中国特色社会主义伟大旗帜 为全面建设社会主义现代化国家而团结奋斗——在中国共产党第二十次全国代表大会上的报告》,人民出版社 2022 年版,第 43 页。

立地发展,更不可能离开人类文明的发展大道,相反,它在积极进行海外传播的同时,总是以博大的胸怀吸收人类的各种文明去丰富自己的理论成果,从而使自己获得鲜活而强大的生命力;在走向世界、参与世界文明对话的过程中,也以多样化的渠道传播了中国文化价值观,为国际社会了解中国、走进中国打下了坚实的文化基础,并在世界上培养了一大批熟悉和热爱中国文化的读者、朋友。从 20 世纪 60 年代起,伴随着毛泽东著作在海外广泛传播,一大批具有中国文化特色的图书、画册、艺术品进入苏联、欧洲、中东、非洲、拉美等地区,并受到当地民众的青睐,推动了中国文化在世界的传播。

面向 21 世纪,中国应以一种更加开放和自信的心态,善借民间力量,淡化官方色彩,通过海外读者乐于接受的形式、易于理解的语言,讲述好中国故事,传播好中国声音,并巧用"草船借箭"的方式,鼓励更多国际文化友人加入中国化马克思主义海外传播的行列,做到"中国立场、国际表达",搭建中国化马克思主义海外传播的"立交桥",有效突破跨文化障碍,让中国化马克思主义走进海外民众的心里,"不断回答中国之问、世界之问、人民之问、时代之问"。①

三是为世界和平与发展贡献中国经验。"中国走向世界的过程,是中华民族为人类文明作出更大贡献的过程,是中国特色社会主义为国际社会贡献中国智慧、提供中国方案的过程。马克思主义中国化理论成果对外传播,要着重讲清这些道理。"②中国化马克思主义作为中国共产党治国理政的理论结晶,蕴含着许多独特的政治智慧,其对外传播也有助于中国在国际社会更有力地发出自己的声音。

早在 20 世纪 50—60 年代,毛泽东思想的海外传播为第三世界国家推翻殖民统治、获得民族独立提供了宝贵的历史经验,引起了全世界的广泛兴趣,尤其受到亚非拉国家和民族地区的高度关注,当时借鉴和学习中国革命胜利

①　习近平:《高举中国特色社会主义伟大旗帜　为全面建设社会主义现代化国家而团结奋斗——在中国共产党第二十次全国代表大会上的报告》,人民出版社 2022 年版,第 17 页。
②　于洪君:《对外传播重在阐释中国特色社会主义》,《解放日报》2017 年 11 月 27 日。

的经验,已成为一股世界性潮流。在亚洲,《印度时报》赞许毛泽东"使中国成了世界上最强大的国家之一,为中国开辟了一条不同于苏俄的道路,改变了世界的力量对比"。① 巴基斯坦前总理布托则认为:"毛泽东是革命的儿子,是革命的精髓,确实是革命的旋律和传奇,是震动世界的出色的新秩序的最高缔造者。"② 伴随社会主义建设和改革,中国的经济发展和社会面貌发生了令人惊叹的巨大变化,中国特色社会主义道路也引起了海外学者的极大关注和传播研究。美国学者德里克认为,中国特色社会主义具有"超越资本主义世界的前景";印度学者阿德拉克高度评价中国特色社会主义为发展中国家实现现代化提供了另一种思路和模式。中国特色社会主义道路破除了"西方中心论"的迷信,开创了社会主义现代化的独特模式,真正彰显了人类发展道路的多样性,为世界和平与发展贡献了中国经验。当然,中国没有也不会向海外输出自己的发展模式,更不会通过任何方式把自己的价值观强加于人,而是主张世界各种文明、社会制度和发展模式相互交流和学习借鉴,共同打造和平发展的人类命运共同体。

"中国共产党是为中国人民谋幸福、为中华民族谋复兴的党,也是为人类谋进步、为世界谋大同的党。我们要拓展世界眼光,深刻洞察人类发展进步的潮流,积极回应各国人民普遍关切,为解决人类面临的共同问题作出贡献。"③ 中国化马克思主义海外传播研究,将探讨如何以更为开阔的国际视野,向世界各国人民分享中国发展经验,为全球治理提供中国方案,贡献中国智慧。

因此,开展中国化马克思主义海外传播研究,厘清中国化马克思主义海外传播的历史进程,总结中国化马克思主义海外传播的基本经验,探讨中国化马克思主义海外传播的深远影响,展望中国化马克思主义海外传播的未来走向,

---

① 李抹陈:《举世悼念毛泽东主席》,人民出版社 1978 年版,第 225 页。
② 武文笑:《毛泽东外交生涯中的若干"最后一次"》,《党史文苑》2013 年第 21 期。
③ 习近平:《高举中国特色社会主义伟大旗帜　为全面建设社会主义现代化国家而团结奋斗——在中国共产党第二十次全国代表大会上的报告》,人民出版社 2022 年版,第 21 页。

不仅具有重要的理论意义,而且具有鲜明的现实价值。

二、相关研究的学术史梳理

中国化马克思主义海外传播是世界文化交流的重要产物。近年来,随着中国综合国力的不断提升,国际影响力日益扩大,世界越来越关注中国。中国化马克思主义海外传播,搭建了中外文明互学互鉴的桥梁。迄今为止,在国内外学界有识之士的辛勤耕耘下,中国化马克思主义海外传播研究在一定程度上得以重视,国内相继设立了相关研究机构,陆续出版了一系列具有较高质量的译著与专著,极大程度上提升了我国的国际话语权。然而,就目前来看,国内外对该问题的研究主要集中在传播学、国际政治学等学科领域,鲜有学者从马克思主义理论的角度对此作整体性分析。但是,"中国文化走出去,中国化马克思主义理论不可缺席;中国理论走出去,党和国家领导人著作及其他重要文献势必先行"。[①]

中国化马克思主义海外传播是一个系统工程,它并不局限于中国单向地对外宣传引领中国社会发展进步的思想理论体系,同时它还包括国际友人、智库机构对中国理论以及中共历届领导人的研究或介绍。事实表明,率先推动中国化马克思主义走向世界的是共产国际和西方记者。因此,系统梳理国内外学界对中国化马克思主义海外传播或译介研究状况,是一项具有重要价值和意义的工作。

(一) 相关研究机构和学术期刊

1. 国内相关研究机构和学术期刊

国内代表性学术机构有:中国国际问题研究院;中央文献对外翻译与传播

---

① 王斯敏、王琎:《架设通向世界的思想之桥——记中共中央编译局对外翻译群体》,《光明日报》2014 年 8 月 4 日。

协同创新中心;当代中国与世界研究院;中国外文局对外传播研究中心;中国传媒大学马克思主义传播与大众化研究中心;中国传媒大学国际传播研究中心;北京外国语大学中国海外汉学研究中心;北京外国语大学中国文化走出去协同创新中心;北京联合大学海外中国学研究中心;华东师范大学马克思主义中国化成果国际传播研究中心;北京师范大学中国文化国际传播研究院;大连外国语大学中华文化海外传播研究中心;清华大学国际传播研究中心等。

相关学术报刊有:《马克思主义研究》《马克思主义与现实》《社会主义研究》《科学社会主义》《当代世界与社会主义》《对外传播》《现代传播》《网络传播》《当代传播》《毛泽东思想研究》《毛泽东邓小平理论研究》《国外社会科学》《人民日报》(理论版)、《光明日报》(理论版)、《中国社会科学报》《中国日报》等。

通过检索可以发现,上述国内研究机构和学术报刊都有涉猎中国化马克思主义海外传播的研究成果,为学界进一步开展此项研究奠定了坚实的学术基础,并提供了宝贵的学术资源。

2. 国外相关研究机构和学术期刊

国外学者对中国化马克思主义密切关注和深入研究,这本身就是一种有效的海外传播形式。当下,世界诸多国家设立研究机构,创办学术期刊,研究中国问题,都直接或间接关涉到中国化马克思主义,为扩大中国化马克思主义海外传播的影响做出了一定贡献。

首先,就北美洲来看,美国为研究主体。美国哈佛大学燕京学社和费正清(John king Fairbank)东亚研究中心在研究包括中国化马克思主义等中国问题上起到了中流砥柱的作用。耶鲁大学、华盛顿大学、斯坦福大学、加州大学等高校都对中国化马克思主义研究有所涉猎。除部分高校外,美国顶尖智库机构在中国化马克思主义研究方面也发挥了重要作用,其中以卡内基学会、布鲁金斯学会、兰德公司等最为突出。

在美国还有一些学术报刊成为中国化马克思主义研究的主要阵地,如:《太平洋事务》(*Pacific Affairs*)、《亚洲观察》(*Asian Survey*)、《关心亚洲学者公报》(*Bulletin of Concerned Asian Scholars*)等等,这些期刊无论从学术上还是政治上,对中国化马克思主义研究都予以关注。

其次,就亚洲来看,日本、新加坡、印度等国在研究中国问题的过程中,绕不开对中国化马克思主义的关注。日本爱知大学有日本高校中对中国问题研究最为活跃的中国学研究中心。该中心协同海外大学及研究机构共同组建了"现代中国经济与亚洲经济圈""现代中国政治和亚洲·世界和平""现代中国和亚洲·世界的人口环境"等五个专业领域的研究会,每年召开一次综合各领域的国际研讨会,并将研讨会的成果用日文、英文、中文三种语言编辑成报告或文集出版。除大学外,日本外务省设立的"东方学会"也成为日本研究中国问题的重要部门,该学会研究涉及中国历史、社会、经济、思想、哲学等人文科学和社会科学。新加坡研究中国问题最具代表性的机构是新加坡东亚研究所①、新加坡亚洲研究学会。印度尼赫鲁大学国际问题学院是由一批来自日本和美国的学者所组建的东亚研究中心,该中心关注当代中国的各个方面,包括中国化马克思主义在内。

再次,大洋洲则以澳大利亚为主。相比欧美、日本等,澳大利亚的中国研究起步较晚,但其发展迅速。如悉尼大学产生了研究中国问题的代表性学者:贝尔詹·皮埃尔·里克曼斯、弗雷德·泰韦斯、达里德·古德曼等。达里德·古德曼的代表作《邓小平传》受到国外学者的广泛青睐。此外,澳大利亚的当代中国中心对1949年后中国的政治、经济和社会等多方面问题也颇有研究,并出版了《当代中国论文》丛书,间接关涉到中国化马克思主义。

复次,在欧洲诸国中,法国、英国、德国成为研究中国问题的代表性国家。如法国的近代中国研究中心、远东学院等,对中国政治、经济、外交、文化、历史

---

① 该所隶属于新加坡国立大学,最初研究中国儒家思想,目前关注点转移到中国政治、经济与社会发展等问题。

等方面都有持续深入的研究。尤其是法国远东学院,在中国北京、香港和台北设立了三处研究中心,并出版了《法国汉学》(年刊,中文版)。在英国,英国中国学学会(BACS)是全国性中国学研究的组织机构,伦敦大学现代中国研究中心占据着西方毛泽东思想研究的主导地位,《中国季刊》(*The China Quarterly*)是该中心的主要传媒;剑桥大学东亚研究所主持东北亚国家的语言、历史、资料文献、社会科学与文化等领域的研究;牛津大学的东语系中国研究中心定期举办研讨会,积极参与中国开展的各类学术交流活动,如学者互访等。德国柏林自由大学东亚系设有中国学专业,以研究中国历史和中外关系为主;同样,慕尼黑大学也开展中国思想史、中国哲学史等方面的研究。这些国家的研究机构直接或间接关涉到中国化马克思主义。

最后,在俄罗斯,俄罗斯科学院远东研究所、东方学研究所、世界社会主义研究所、莫斯科大学、圣彼得堡大学是俄罗斯综合研究中国问题的主要研究机构,这些机构主要分析和研究当代中国政治、经济、社会、内外政策、意识形态及俄中关系等重大问题,并出版《亚非人民》《东方学研究所简报》《东方学研究所学术论丛》《东方》《今日亚非》等学术期刊,为俄罗斯政府研究对华政策起到助手和顾问作用。

总之,上述研究机构和学术期刊在研究中国问题的过程中,或多或少、或直接或间接关涉到毛泽东思想、邓小平理论、习近平新时代中国特色社会主义思想等重要理论成果。为此,研究中国化马克思主义海外传播,不能不重视上述研究机构和学术期刊。

(二)具有重要影响的学术成果

尽管国内外学者所处的文化环境不同,探讨的侧重点各异,但都在中国化马克思主义海外传播方面取得了较为丰硕的学术成果。

1. 国内研究成果

推动中国化马克思主义海外传播,既是增强中华文化的理论自信,亦是彰显当代中国的世界担当。在学界共同努力下,中国化马克思主义海外传播研究正在成为一门显学。

一是关于中国化马克思主义海外传播的整体性研究。马克思主义中国化是一个"具有整体性的历史过程"。① 学界对中国化马克思主义海外传播也进行了整体性研究,主要涉及以下两个方面。首先,对中国化马克思主义海外传播的意义、所面临的困境以及应对策略等进行了整体性研究,例如,保健云的《当代中国马克思主义对外传播研究》,杨芳、邝奕轩的《中国化马克思主义对外传播的现实困境和路径探索》,于洪君的《关于马克思主义中国化成果对外传播的几点思考》,秦潇的《对外传播中中国化马克思主义的挑战与应对》,金民卿的《中国化马克思主义对外传播的挑战与应对》,项久雨、胡庆有的《论中国化马克思主义的国际传播策略》,莫凡的《中国化马克思主义国际传播的文化逻辑及其世界历史意义》等。其次,涉及中国化马克思主义理论成果海外传播的整体性探究,即对毛泽东思想、邓小平理论、"三个代表"重要思想、科学发展观以及习近平新时代中国特色社会主义思想对外传播的整体性把握。其代表性著作有:成龙的《海外马克思主义中国化理论研究》、杨建新的《国际视野下马克思主义中国化研究》、莫凡的《新中国成立以来中国化马克思主义对外传播的历史回顾与前景展望》、保健云的《当代中国马克思主义对外传播研究》等。

二是关于毛泽东思想海外传播的研究。目前国内学界对毛泽东思想海外传播的研究成果主要集中在著作和论文两个方面。在著作方面,廖盖隆、李峰华主编的《毛泽东大典》第三卷详细阐述了毛泽东思想的海外传播、研究及影

---

① 赵存生:《论对马克思主义中国化的整体性认识》,《毛泽东邓小平理论研究》2007 年第 9 期。

响;张广信、马启民主编的《国外毛泽东思想研究评析》,则主要介绍了国外毛泽东思想研究的历史概况及对基本理论研究的评析;中国人民大学出版社结集出版了"国外毛泽东研究译丛",包括《毛泽东传》《毛泽东的思想》《毛泽东的政治理论》《毛泽东政治思想的基础》《历史与意志:毛泽东思想的哲学透视》《中国的共产主义与毛泽东的崛起》《马克思主义、毛泽东主义与乌托邦主义》《从革命到政治:长征与毛泽东的崛起》等。

在学术论文方面,杜洁的《毛泽东思想在20世纪泰国的传播与影响》,李熠煜、叶方韵的《毛泽东思想在印度的传播》,李大可、全炯俊的《韩国八十年代出现毛泽东著作翻译高潮》,张生详、张利萍的《毛泽东著作在坦桑尼亚的传播与接受》,李雪梅的《〈毛泽东选集〉海外传播的历程及启示》,刘火雄的《毛泽东著作海外传播流变》,范小强、马宁的《近百年来毛泽东著作海外出版传播》,曾长秋的《毛泽东思想研究在海外》,陈金明、唐祖琴的《毛泽东思想海外传播的演进历程与基本经验》,孙帅的《伦敦大学亚非学院与国外毛泽东思想研究》等,这些学术论文在学界都产生了一定的学术影响。

三是关于邓小平理论、"三个代表"重要思想、科学发展观的海外传播研究。在邓小平理论海外传播研究方面的主要成果有,马启民所撰的《国外邓小平理论研究评析》、成龙所著的《海外邓小平研究新论》等。在"三个代表"重要思想海外传播研究方面,庄前生主编的《马克思主义经典文献的出版和传播研究》收集整理了江泽民文献的出版和传播研究状况;宇文利的《海外"三个代表"重要思想研究考略》,论述和评析了海外学者对"三个代表"重要思想的研究概况①;叶必华的《如何把"三个代表"重要思想传播到海外去》,介绍了推动"三个代表"重要思想海外传播的策略与方式等②。在科学发展观海外传播研究方面,由杨平主编、外文出版社出版的《对话世界——〈中国翻

---

① 参见宇文利:《海外"三个代表"重要思想研究考略》,《马克思主义与现实》2006年第5期。

② 参见叶必华:《如何把"三个代表"重要思想传播到海外去》,《福建理论学习》2003年第7期。

译〉对外传播翻译理论与实践文集》收录了《"科学发展观"英译探微》一文，详细介绍了科学发展观在主要英语新闻媒体上的译介概况。① 蔡莉莉的《给"老外"讲科学发展观——从〈中国道路〉一书看对外传播的策略与技巧》②一文也可视为国内学者推动科学发展观海外传播研究所作出的努力。

四是关于习近平新时代中国特色社会主义思想的海外传播研究。进入新时代以来，"国际舆论对习近平总书记一系列重要讲话和治国理政新理念新思想新战略的关注进入新阶段，热情、力度、广度、深度不减"③，这也成为驱动习近平新时代中国特色社会主义思想海外传播的重要引擎。国内关于这一最新理论成果海外传播的研究主要体现在著作翻译、学术探讨等方面。在著作翻译上，《习近平谈治国理政》第一卷自 2014 年 9 月出版以来，发行数量持续攀升。"截至 2018 年 1 月 28 日，该书以中、英、法、俄、阿、西、葡、德、日等 24 个语种、27 个版本面向海内外出版发行。"④累计发行超过 660 万册，成为改革开放以来在海外最受关注、最具影响力的中国政治文献。此外，习近平的其他著作也以多种文字出版，如由中共中央党史和文献研究院翻译、中央编译出版社出版的习近平《论坚持推动构建人类命运共同体》英文、法文版书籍进驻第126 届广交会巡展，深受国内外嘉宾喜爱；习近平的《在庆祝中国人民政治协商会议成立 65 周年大会上的讲话》以日文、阿文、法文、英文等文字出版；《习近平关于全面深化改革论述摘编》以英文、日文、法文、阿文等多语种出版；《习近平关于实现中华民族伟大复兴的中国梦论述摘编》以英文、西文、日文、俄文等出版。此外，由中国社会科学出版社策划的《习近平新时代中国特色社会主义思想学习丛书》共 12 卷、300 多万字，已举办多语种签约翻译仪

---

① 参见谢桥：《"科学发展观"英译探微》，《中国翻译》2009 年第 1 期。

② 蔡莉莉：《给"老外"讲科学发展观——从〈中国道路〉一书看对外传播的策略与技巧》，《对外传播》2009 年第 8 期。

③ 孙明：《把握国际舆论，精准做好习近平新时代中国特色社会主义思想国际传播》，《对外传播》2019 年第 10 期。

④ 新华社：《〈习近平谈治国理政〉第一卷再版发行》，《人民日报》2018 年 1 月 29 日。

式,标志着以学术著作形式向世界传播习近平新时代中国特色社会主义思想迈出重要一步。①

在学术研究方面,国内关于习近平新时代中国特色社会主义思想海外传播的相关文献有:刘勇的《习近平新时代中国特色社会主义思想国际传播研究》及《习近平新时代中国特色社会主义思想国际传播的价值定位、机遇条件与实践方略》,陆彩荣的《扎实推进习近平新时代中国特色社会主义思想国际传播》,周良发的《习近平新时代中国特色社会主义思想海外传播研究》,②曾荣的《"一带一路"背景下习近平新时代中国特色社会主义思想对外传播的创新路径》③等。此外,还有诸多合著论文,例如:李家文、查唐龙的《习近平新时代中国特色社会主义思想国际化传播范式研究》,刘顺、田红玲的《习近平新时代中国特色社会主义思想的世界意义——一个文献研究的视角》,刘扬、吴成良的《从普遍关注到真诚理解——关于习近平新时代中国特色社会主义思想对外传播的观察与思考》,张树军、贾亮的《习近平新时代中国特色社会主义思想国际传播策略探析》等。

2. 国外研究成果

无论思想传播还是文化传播,都是一个双向互动的过程。国外学界对马克思主义中国化的学术探讨研究也可视为中国化马克思主义海外传播的一个重要途径。然而,因地域不同且各自的学术研究背景迥异,国外学者往往通过领袖人物的研究来表达自己的观点。因此,关注国外对毛泽东、邓小平、江泽民、胡锦涛、习近平等领袖人物的研究,对于推动中国化马克思主义海外传播

---

① 参见任睿明:《〈习近平新时代中国特色社会主义思想学习丛书〉多语种签约翻译启动》,《人民日报(海外版)》2019年8月30日。

② 参见周良发:《习近平新时代中国特色社会主义思想海外传播研究》,《南昌航空大学学报》(社会科学版)2019年第4期。

③ 参见曾荣:《"一带一路"背景下习近平新时代中国特色社会主义思想对外传播的创新路径》,《深圳社会科学》2019年第6期。

研究将大有裨益。

一是关于毛泽东和毛泽东思想的研究。早在新中国成立以前,美国记者安娜·路易斯·斯特朗(Anna Louise Strong)的《中国大众:1927—1935 年间的革命斗争》、埃德加·斯诺(Edgar Snow)夫妇的《红星照耀中国》、著名汉学家费正清(John King Fairbank)于 1948 年发表的《美国与中国》等著作已在海外广泛传播。新中国成立后,随着国内学界出现对毛泽东和毛泽东思想研究的热潮,一时间美国、英国、日本、苏联、澳洲等国家和地区产生了一系列相关的理论成果。其中包括《毛泽东》《毛泽东:红色中国的统治者》《中国的共产主义与毛泽东的崛起》《中国共产主义文献史》《毛泽东的政治思想》《"毛泽东主义"的传说》《毛泽东集》《毛泽东军事思想之研究》《毛泽东和中国式社会主义道路》《毛泽东思想的批评性透视》以及苏共相继刊载和出版的《实践论》《毛泽东选集》等。在这些著作中,有对毛泽东个人魅力、历史地位、社会影响等进行研究的,也有对毛泽东著作和思想观点进行分析评价的,还有直接对毛泽东思想进行或整体或部分探讨的。总体来看,国外关于毛泽东和毛泽东思想的研究路径和趋势可概括为:从"意识形态论辩"走向"学术理路分析",从"区域性政策的研究"走向"理论体系内的评价",从"单一政治分析"走向"方法论多元化"三大趋向①。这些理论著述不仅推动了关于毛泽东和毛泽东思想研究向纵深发展,同时也从整体上促进了中国化马克思主义的海外传播。

二是有关邓小平和邓小平理论的研究。国外学术界关于邓小平理论的研究始于改革开放之后,而对邓小平的关注和介绍事实上在改革开放之前已开始出现。例如《中国的双星》(1940 年)、《中国革命的一百单八将》(1956 年)、《中国共产党史》(1971 年)、《我的中国人研究笔记》(1974 年)、《不屈的革命家邓小平传》(1977 年)等,这些著作都或多或少对邓小平的生平、思想和

---

① 参见萧延中:《20 世纪 90 年代以来西方关于毛泽东及其思想研究的趋向》,《中国人民大学学报》2003 年第 6 期。

主张等进行了分析、探究和评论。① 海外真正把研究重点转向邓小平和邓小平理论是在党的十一届三中全会之后。这一时期产生了一大批相关的理论成果。其一是国外学者对邓小平本人生平及其主要思想的研究,相对比较客观的有匈牙利巴拉奇·代内什(Balachi Denesh)的《邓小平》,书中强调邓小平始终把"四项基本原则"置于首位,始终坚持社会主义道路。② 其二是国外学者对邓小平理论的研究。其中研究焦点集中在邓小平理论的思想本质及其定位问题上,或认为邓小平理论是对马克思主义的继承和发展,是马克思主义的一部分,或认为该理论是对马克思主义的否定和背离。在各种不同评价和看法中,包括"经济决定论""后社会主义论""实用主义论""变相资本主义论"等。在国内一些学者看来,无论是"继承发展论",还是"否定背离论",都受立场、观点、方法等限制,存在偏颇、误读甚至歪曲的成分,需要辩证地看待和评价。

三是有关"三个代表"重要思想和科学发展观的研究。随着中国改革开放的不断深入,国外马克思主义中国化研究的主要方向发生变化,从邓小平理论研究逐渐转向"三个代表"重要思想和科学发展观的研究。一些学者重在研究中国领导人对马克思主义中国化的贡献;也有学者认为中国领导人的更替过程,实际上是马克思主义逐渐被淡化的过程。③ 显然,他们的这种看法是一种歪曲。

海外"三个代表"重要思想的研究同样有两种代表性观点。一种是"背离否定论"。这种观点认为,"三个代表"重要思想淡化甚至背离了马克思主义,中国正朝着资本主义道路迈进。2002年党的十六大后,美国学者贾斯帕·福

① 参见马启民:《国外学者对邓小平理论的研究》,《毛泽东思想研究》2006年第2期。
② 参见[匈]巴拉奇·代内什:《邓小平》,解放军出版社1988年版,第272页。
③ 参见成龙:《试评国外学者对中国化马克思主义的三种观点》,《岭南学刊》2006年第3期。

弗斯米斯(Jasper Forsythe)认为:"江已经修改了马克思主义的学说。"①布鲁斯·迪克森(Bruce Dickson)也同样认为,中国正在走向"红色资本主义"。另一种是"继承发展论"。绝大多数海外学者持这种观点。例如,美国战略家库恩(Thomas Kuhn)博士认为:"江的思想是在毛泽东思想和邓小平理论基础之上对马克思主义的进一步发展"②;又如,罗威尔·迪特默(Percival Lowell Dittmer)认为:"江主义"是对"邓主义"的发展,是对"毛主义和邓主义"的整合。③

海外学者关于科学发展观的研究,也有两类不同观点。一种是"混合论"。这种观点认为,科学发展观虽然与马克思主义相联系,但在马克思主义词句下裹挟的却是民族主义、新权威主义,即科学发展观在本质上是马克思主义与民族主义、新权威主义的混合体。美国报界分析家马丁·塞夫(MartinN. Seif)认为,胡锦涛和普京"两人都是坚韧且有能力的权威主义者","他们二人对美国具有一种谨慎的、分离性的以及潜在的敌对态度"。④ 维尼·沃—蓝普·兰姆(Willy Wo-Lap Lam)也认为,"胡作为一个权威主义者和超级民族主义者所从事的一切都是环境的需要"。⑤ 另一种是"创新论"。持这种观点的海外学者认为,科学发展观本质上是适应时代发展的要求,以马克思主义为基础,同时吸取中国传统文化精华,扬弃西方现代化发展理论,不断综合创新而形成的新发展理论。很多海外学者认为,在这种新发展理论的指导下,中国将成为地区和全球经济发展的引擎。因此,"忽视中国是不对的,妖魔化中国

---

① [美]贾斯帕·福弗斯米斯:《十六大:继承并未发生》,《中国季刊》2002 年冬季号,第 5 页。

② [美]罗伯特·劳伦斯·库恩:《他改变了中国:江泽民传》,纽约皇冠出版公司 2004 年版,第 560 页。

③ [美]罗威尔·迪特默:《领导变化与中国政治发展》,《中国季刊》2003 年冬季号,第 904—905 页。

④ [美]马丁·塞夫:《胡在这里。但谁是胡?》,《民族评论》2002 年 3 月 3 日。

⑤ [美]维尼·沃—蓝普·兰姆:《胡锦涛时代的中国政治:新领导、新挑战》,夏普公司 2006 年版,第 31 页。

更是错误的"。①

　　海外关于习近平新时代中国特色社会主义思想的研究,主要聚焦于五个方面。其一,关于"两个一百年"奋斗目标的研究。巴基斯坦学者哈斯涅·贾瓦德(Hassnian Javed)指出,习近平新时代中国特色社会主义思想反映了"中国共产党对社会发展规律的理解,回答了如何继续坚持和发展中国特色社会主义",其中"两个一百年"奋斗目标是"指导中国未来发展的新时间表和路线图"。② 巴西中国研究与商务中心执行长罗尼·林斯(RonnieLins)认为,习近平新时代中国特色社会主义思想的"核心"是"实现中华民族伟大复兴",它将成为中国共产党探索中国富强之路、实现中华民族伟大复兴"中国梦"的坚实保障。③

　　其二,关于坚持党对一切工作领导的研究。德国《法兰克福汇报》(*Frankfurter Allgemeine Zeitung*)2017 年 10 月 24 日评论说,习近平在中共十九大上"提出到本世纪中叶将中国建设成富强民主文明和谐美丽的社会主义现代化强国",这个目标"只能通过共产党不可撼动的领导来实现"。④

　　其三,关于新时代社会主要矛盾的研究。习近平在党的十九大报告中明确指出:"中国特色社会主义进入新时代,我国社会主要矛盾已经转化为人民日益增长的美好生活需要和不平衡不充分的发展之间的矛盾。"⑤对此,韩国《中央日报》2017 年 10 月 20 日报道认为,习近平在党的十九大上提到"'进入新时代之后,中国出现了新的矛盾',将'发展不平衡'定义为中国在新时代将解决的社会主要矛盾。这意味着,在他第二届执政期间,将把工作重点放在消

---

　　①　《中国应该是个担忧,而不是种困扰》,英国《金融时报》2005 年 3 月 15 日。
　　②　转引自邹洋:《国外关于习近平新时代中国特色社会主义思想研究综述》,《社会主义研究》2018 年第 6 期。
　　③　转引自乐艳娜等:《海外专家眼中的习近平新时代中国特色社会主义思想》,中国网(http://www.china.com.cn/19da/2017-11/08/content_41861098.htm.)
　　④　《中共十九大修改党章意义深远》,《参考消息》2017 年 10 月 26 日。
　　⑤　习近平:《决胜全面建成小康社会　夺取新时代中国特色社会主义伟大胜利——在中国共产党第十九次全国代表大会上的报告》,人民出版社 2017 年版,第 11 页。

除两极化和地区发展差距的问题之上",这一做法体现了马克思主义的"平等"思想。①

其四,关于建设世界一流军队的研究。美国社会学家萨尔瓦托·巴邦尼斯(Salvatore Babones)认为,民族复兴和军队建设具有紧密联系,习近平强调"坚持中国共产党对人民解放军的绝对领导","把人民解放军建设成为能够保卫中国的世界一流军队",目的是"增强军事力量,以实现中华民族复兴"。② 俄罗斯《观点报》2017 年 10 月 19 日报道,习近平在中共十九大报告中"预示了中国军队几年后的面貌","建设'世界一流军队'的计划必将实现"。③

其五,关于反腐败的研究。中共对反腐败斗争的重视,亦是国外研究习近平新时代中国特色社会主义思想的重要着眼点。美国战略与国际问题研究中心尚·达克沃(Son Daekwon)认为,习近平在中共十九大报告中表明,"他将继续大力开展反腐运动,同时在中国建立法治社会",但是,"习近平强调党的领导作用,因而他的法治理念同西方不同"。④ 当然,国外也有学者从阴谋论出发,认为习近平领导中共开展反腐败斗争的目的在于"消灭政治敌人,从而获得领导核心地位"。⑤ 对此,习近平指出:"我们党反腐败不是看人下菜的'势利店',不是争权夺利的'纸牌屋',也不是有头无尾的

---

①　芮荣俊:《习近平在党代会开幕报告中强调马克思列宁主义的原因》,中央日报中文网(http://chinese.joins.com/gb/article.aspx? art_id=172594&category=002003.)

②　Salvatore Babones,The Meaning of Xi Jinping Thought(https://www.foreign affairs.com /articles/china/2017-11-02/meaning-xi-jinping-thought.)

③　《中国打造一流军队护航"中国梦"》,《参考消息》2017 年 10 月 21 日。

④　Son Daekwon, Xi Jinping Thought Vs. Deng Xiaoping Theory (https://thediplomat.com/2017/10/xi-jinping-thought-vs-deng-xiaoping-theory/.)

⑤　Brahma Chellaney, Xi Jinping's neo-Maoist dictatorship is bad news for India, Japan (https://www.hindustantimes.com/opinion/xi-jinping-s-neo-maoist-dictatorship -is-bad-news-for-india-japan/story-kbQcGp LOSGw ELcLJbk QDVO.html.)

'烂尾楼'。"①

总体上讲,国外学者虽然从多个侧面对习近平新时代中国特色社会主义思想进行探讨分析,但仍存在片面理解,缺乏对该思想的整体性把握。

(三) 呈现多方面学术研究特点

国内外学者对中国化马克思主义海外传播的研究,大致呈现出以下四方面的特点。一是毛泽东思想海外传播研究长期受到关注,并产生具有重要影响的学术成果。美国学者罗伯特·J.亚历山大(Robert J. Alexander)在《发达世界的毛主义》和《发展中世界的国际毛主义》两本著作中,分别阐述了毛泽东思想海外传播对发达国家和发展中国家所产生的巨大影响。同时,美、日、俄等国出版了大批有关毛泽东文献汇编及工具书。例如,美国学者斯图尔特·R.施拉姆(Stuart R. Schram)主编的英文版《毛泽东集》、日本学者竹内实主编的《毛泽东集》和《毛泽东集补卷》(各 10 卷)。这些文本文献的收集、编译和整理,为中国化马克思主义海外传播研究奠定了重要的资料基础。

国内学者廖盖隆、李峰华所著《毛泽东大典》(传播·研究·影响卷),尚庆飞所著《国外毛泽东学研究》,陈葆华所著《国外毛泽东思想研究述评》,张广信、马启民所著《国外毛泽东思想研究评析》,李君如等所著《毛泽东研究在海外》,叶卫平所著《西方"毛泽东学"研究》等,这些学术著作对毛泽东思想海外传播进行了较为系统的梳理。

二是国内外学界以中国现实问题为出发点,对中国化马克思主义海外传播的研究出现了"学术性渐远""实用性渐近"的特点。通过检索可知,脱贫攻坚、人类命运共同体、中国模式、中国道路、中国经验的海外传播研究将进一步受到重视,这也表明国内外学界的关注侧重点更倾向于当代中国的发展及对

① 习近平:《在第十八届中央纪律检查委员会第六次全体会议上的讲话》,人民出版社2016 年版,第 30 页。

世界的影响。

三是运用不同范式开展中国化马克思主义及其海外传播研究。费正清、本杰明·史华慈（Benjamin I.Schwartz）、施拉姆、尼克·奈特（Nick Knight）、罗德里克·麦克法夸尔（Roderick MacFarquhar）、迈斯纳（Maurice Meisner）、季塔连科（ТИТАРЕНКОМИХАИЛЛЕОНТЬЕВИЧ）、竹内实（たけうち みのる）、天儿慧（あまこ さとし）、矢吹晋（やぶきすすむ）等，他们或出于借鉴中国经验、为国家利益服务的考量，或对当代世界社会主义运动的关注等多重因素，运用文本解读、理论透视和比较研究等多种方法，采取"西方中心主义"、"中国中心主义"或"历史主义"等不同范式，深入研究了毛泽东思想和中国特色社会主义理论与现实问题，形成了专著、译著、编著、论文等多种研究成果。尽管多数国家的研究是分散的、个性化的，且美、俄、日、英、澳等国家为研究主体的状况还将持续相当长一段时间，但这些研究范式和研究成果为国内学界提供了有益启迪，为中国化马克思主义海外传播的研究做出了卓有成效的贡献。

四是不同时期中国化马克思主义海外传播研究各有侧重。例如，对邓小平理论海外传播的研究多从经济的角度评价其历史意义；对"三个代表"重要思想海外传播的研究主要从执政党地位加以关注；对科学发展观及习近平新时代中国特色社会主义思想海外传播的研究，多从其产生背景、主要内容及现实意义等方面展开探讨。同时，海外学者一般多倾向于中国领导人的生平、思想、贡献、地位等领域的研究，并对不同时期领导人的研究角度和侧重点各有不同。

（四）尚需拓展的学术空间

国内外学者从不同维度、运用不同话语体系来探讨中国化马克思主义海外传播，有助于拓宽理论视野，加强不同理论思维之间的交流与对话，为继续深入研究中国化马克思主义海外传播提供了参考借鉴。同时，国内外学者对此研究也存在明显的局限性。由于跨文化的差异、意识形态的偏见以及资料来源的局限,国外学界多从西方学术研究范式出发,来探讨中国化马克思主义在海外的传播与影响,其分析不够深入,认识难免偏颇,对某些问题的阐述基本停留在局部的、阶段性的层面上。国内学界尽管近几年开始对中国化马克思主义海外传播予以关注,但尚未对此进行全面、系统的思考和通盘清晰的把握。因此,进一步开展中国化马克思主义海外传播研究,显然具有重要的理论价值和现实意义。

三、基本概念辨析

概念的厘清是开展学术研究的前提。中国化马克思主义海外传播研究,首先应对宣传与传播、对外宣传、对外传播、国际传播、海外传播等相关概念的内涵与外延、联系与区别进行清晰的梳理。

(一)宣传与传播

宣传与传播在汉语语境里是密切相关的。在古代汉语中,宣传多取宣布传达之意。例如,在中国古籍文献中有"宣传文武号令"。在现代汉语中,宣传作为一种社会行为,主要指讲解说明以影响人们思想进而引导其行为之意。因此,国内有学者认为,宣传就是"阐述某种主义、主张、思想、观点以争取特定对象达到既定目的的活动方式"。① 也有学者认为,宣传就是"宣传者基于某种目的采用解释、说服、鼓动等形式,去影响宣传对象的心理,使其思想感情甚至行为按宣传者的愿望变化的一种活动"。② 而传播在汉语中是一个联合结构的词。传播是一种有目的的信息传递活动。对此,国内学者郭庆光认为,

---

① 邵培仁:《20世纪中国新闻学与传播学·宣传学和舆论学》,复旦大学出版社 2002 年版,第 108 页。
② 林之达:《中国共产党宣传史》,四川人民出版社 1990 年版,第 15 页。

"传播是指社会信息的传递或社会信息系统的运行"①；还有学者认为，"传播即传受信息的行为（或过程）"，"传播是信息的流动过程"等。

宣传与传播既相联系，又相区别。在学术层面，传播包含宣传，宣传从属于传播。宣传的基本功能是传播信息、表达舆论，然而，宣传是灌输某种观点或思想，达到影响受众思想和行为的目的。传播指信息的传递或信息系统之间的运行活动。因此，宣传与传播相比，其目的性与政治性更加强烈。

具体而言，宣传与传播的区别表现在以下几个方面：首先，宣传与传播的出发点和目的不同。宣传旨在影响受众，从宣传者的主观意向出发，传达、灌输某种理论、观点，努力获得宣传对象的理解和支持，并按照宣传者的主张去执行；传播是为了服务受众，从传播对象的需要出发，与传播对象进行互动，并由传播对象对信息自主辨别。其次，宣传与传播的方式不同。宣传一般具有重复性，往往利用一种或多种形式反复宣传同一主张，包括通过传播载体或其他媒介，如会议、论坛等方式进行，目的是加深宣传对象对宣传者观点的印象；而传播往往是一次性完成的。相比而言，宣传关注主体、偏重单向、侧重直接、强调灌输、具有刚性、重视信息筛选，而传播关注受众、强调双向、侧重间接、强调渗透、兼有柔性、重视信息公开。从"宣传"到"传播"的话语转换，从一定层面折射出当代中国政治的变迁和时代的进步，在一定程度上反映并勾勒出中国从政治宣传到政治传播的战略转型脉络。②

在英语中，传播译为 Communication，作名词讲，包含"通讯、通知、信息、书信；传达、传授、传播、传染；交通、联络；共同、共享"等意思。宣传译为 Propaganda，暗含"强迫说教"之意，在英语语境和历史文化中蕴含较大程度的贬义。据《韦氏第三版国际大辞典》对"宣传"的英语原词"Propaganda"的解释：（1）［古义］为散布某一教义或理论体系而组织起来的群体或运动；（2）散布

---

① 参见郭庆光：《传播学的研究对象和基本问题（上）》，《国际新闻界》1998 年第 2 期。
② 参见荆学民、苏颖：《中国政治传播研究的学术路径与现实维度》，《中国社会科学》2014 年第 2 期。

思想、信息或谣言,目的在于帮助或损害某项事业、某一机构或某一个人;(3)通过传播媒体,有意识地散布某种思想、观点、事实或妄说,用以推进散布者的某项事业或损害对方的事业。《简明不列颠百科全书》中文版对"宣传"一词的解释为:"宣传是一种借助于符号(文字、标语、图像、音乐)以求左右他人的信仰态度或行动的有系统的活动。"

从以上中外词语的释义可以看出,"宣传"与"Propaganda"的本义是一致的,或者说两者的"概念意义"及"主题意义"基本相同,但在中西方不同语境中,两者的"文化意义"又有差异。在现代中国文化中,"宣传"被赋予积极、正面的意义;而在现代西方文化中,"Propaganda"(宣传)被赋予强烈的贬义,此词给人的感受是:极端利己、不择手段、蒙蔽对象以达到自己的目的。因此,在国外"Propaganda"几乎成了虚假、欺骗的同义词。尽管国外也有宣传,但他们从来不用"Propaganda"一词,而是用其他一些词代替,如 Publicity(公开宣扬)、Communication(传播、交流、交往)等。

(二) 对外宣传与对外传播

"对外宣传是一种中国化的术语,即指通过各种形式、手段、渠道向外界传播有关中国的信息,宣传中国对国际事务的认识、观点、态度。"对外宣传是以本国政府为主导,面向国际社会,直接反映本国政府利益,强调国家形象的显性宣传。它"主要是指宣传媒体向目标国家的宣传对象进行有计划、有目的的持续的信息传播行为,其目标对象为外国政府、组织和社会公众"。① 此外,对外宣传还是外交活动的有力补充,包括向外国宣传本国的方针政策、国内情况和本国对国际问题的立场,有助于扩大本国的影响,争取更多的国际朋友。对外宣传是一项政治性、政策性、针对性、时效性很强的宣传活动。为避免多种宣传渠道各行其是,造成对外宣传工作的混乱和被动,承担对外宣传工

---

① 郭可:《当代对外传播》,复旦大学出版社 2003 年版,第 1—2 页。

作的部门明确分工,统一协调,讲究宣传策略,实行归口管理。①

　　为了与国际接轨,我国自1997年后对"宣传"一词的英译用Publicity代替Propaganda,并用"对外传播"代替"对外宣传",因为在学术层面上,"对外传播"可以涵盖"对外宣传","对外传播"的研究有助于"对外宣传"的研究,而"对外宣传"的研究则应成为"对外传播"研究的重要组成部分。② 从广泛的意义和长远的观点来看,任何信息的对外传播都有可能对其接受者产生某种正面或负面、显性或隐性的影响。但我们主观上并无改变受众的思想和行为,使之与我们一致的意图和目的,这就是一般的对外传播与对外宣传这种特殊的传播的区别所在。当然,为了维护国家尊严、荣誉和利益,又由于世界上各种反华势力的存在,我国在国际上还需进行必要的斗争,包括政治、思想、外交上的斗争,这些斗争也有必要运用对外宣传手段,但这应同我们以各国人民为对象进行的对外传播需要区别开来,后者才是我们工作的重点和基础。

（三）国际传播与海外传播

　　所谓国际传播,即指两个或两个以上国家或国际行为主体之间的信息流动与沟通。确切地讲,国际传播有广义和狭义之分。从广义上看,国际传播自然不是从来就有的,而是随着国家的出现才出现的,它涉及所有国家间的对外交往和行为,包括首脑互访、双边会谈、地区峰会等。从狭义上看,国际传播是在大众传播基础上所进行的国际交流与信息往来,比如,通过互联网或其他通信设备等,向他国发送广播、电视、新闻节目等。

　　所谓海外传播,有其特定内涵。首先,海外特指中国内地及港澳台之外的地区。其次,海外传播重点强调其传播的对象或地域,即向"海外"、对"海外"或在"海外",在这一层面与对外传播无异。最后,就传播的主体而言,海外传

---

①　参见刘建明、王泰玄等:《宣传舆论学大辞典》,经济日报出版社1993年版,第3页。
②　参见沈苏儒:《对外传播的理论与实践》,五洲传播出版社2004年版,第13页。

播的主体则显得相对宽泛,既包括"我"或"内",也包括"非我"或"外",而对外传播的主体则指"我"或"内",显然不包括"非我"或"外"。

通过对"对外宣传"、"对外传播"、"海外传播"及"国际传播"几个概念的辨析、梳理和考察,选用"海外传播"一词,更能准确反映中国化马克思主义国际传播或对外传播的客观事实,并能进一步与国际接轨。

四、研究思路与方法

本研究的基本思路是从"站在中国看世界和站在世界看中国"的双重视角,全面考察中国化马克思主义海外传播的主体与受众、基本原则与功能定位、理论基础与历史借鉴;在此基础上,重点阐述中国化马克思主义海外传播的必要与可能、文化差异与历史进程,客观揭示中国化马克思主义海外传播的演进逻辑与基本线索;最后,评析和总结中国化马克思主义海外传播的多重影响及基本经验,并初步探讨中国化马克思主义海外传播的未来走向。

本课题研究方法主要包括以下几种。

第一,传播学研究方法。运用马克思主义传播学的基本方法研究和回答8个"W":who(传播主体)、to whom(传播受众)、what aim(传播意图)、say what(传播内容)、what environment(传播环境)、what principle(传播原则)、through which medium(传播媒介)、with what effect(传播效果)等。通过研究和回答8个"W"的传播学问题,探析中国化马克思主义海外传播概况。

第二,比较研究方法。本课题既将同一时期中国化马克思主义在不同国家和地区的传播进行横向比较,探寻其异同之点,同时又将改革开放前后中国化马克思主义海外传播进行纵向比较,探讨规律性的问题,使课题研究达到一个新的层次与高度。

第三,历史与逻辑相统一的研究方法。在全面搜集一手文献资料的基础上,结合历史学、政治学、传播学、国际关系学等学科理论,通过文献分析,既在历时性结构中把握中国化马克思主义海外传播的发展脉络,又在共时性结构中凝练中国化马克思主义海外传播的基本特点和历史经验。

第四,定量分析与定性分析相结合的研究方法。通过翔实的数据资料统计分析,阐述中国化马克思主义在亚洲、非洲、拉美、西欧、北美、苏俄、东欧等地的传播概况,探究中国化马克思主义海外传播的深远影响。

第一章　中国化马克思主义海外传播的基础条件与原则把握

中国化马克思主义海外传播研究,首先绕不开的是对一系列前提性问题的追问,即传播具有何种理论基础? 传播何以可能? 传播又何以必要? 在传播过程中又该把握哪些原则? 对这些基本问题的问答是开展中国化马克思主义海外传播研究的首要前提。

第一节　中国化马克思主义海外传播的理论基础

"万里江河总有源,树高千尺也有根"。中国化马克思主义海外传播具有深厚的理论根基。马克思主义传播思想、跨文化传播学理论、国际关系学理论以及传播心理学理论等,皆对中国化马克思主义海外传播实践提供了重要的理论指导。

一、马克思主义传播思想的指导

马克思主义传播思想蕴含丰富的传播学思想。世界交往观、大众媒介观和政治传播观是马克思主义传播思想中的核心范畴,对这些核心范畴的把握不仅可以准确理解马克思主义传播思想,同时对于中国化马克思主义海外传播实践也具有重要的理论指导与方法指引。

(一) 世界交往观为中国化马克思主义海外传播奠定思想基础

世界交往观是马克思主义传播思想最核心的部分,涵括了世界范围内的物质交往与精神交往理论。马克思在《德意志意识形态》中指出:"各个相互影响的活动范围在这个发展进程中愈来愈扩大,各民族的原始闭关自守状态则由于日益完善的生产方式、交往以及因此自发地发展起来的各民族之间的分工而消灭得愈来愈彻底,历史就在愈来愈大的程度上成为全世界的历史"[1]。马克思指明了历史发展成为世界历史的趋势,同时也间接阐明了世界交往对于打破民族封闭、推动民族发展的重要性。此外,马克思还论述了世界交往对于人自身全面发展的意义,他指出,一个人的"这些特性怎样发展为多方面的或是地方性的……决定于世界交往的发展,决定于他和他所生活的地区在这种交往中所处的地位"[2]。"各个单独的个人才能摆脱各种不同的民族局限和地域局限,而同整个世界的生产(也包括精神的生产)发生实际联系,并且可能有力量来利用全球的这种全面生产(人们所创造的一切)"[3]。换言之,只有人们能够自由地获得世界范围内的最大量的信息,人们才能获得真正意义上的精神财富,才能得到完全的思想解放。

中国化马克思主义海外传播属于世界范围内的精神层面的交往活动,对于打破民族封闭、推动人类进步、实现人的全面发展等方面都发挥着重要作用。马克思的世界交往观为中国化马克思主义海外传播实践活动奠定了重要的思想基础。一方面,马克思的世界交往观充分肯定了人类精神交往与文化传播对于促进人的全面发展的作用。马克思强调,正是通过世界交往,各民族

---

[1] 《马克思恩格斯全集》第三卷,人民出版社 2002 年版,第 51 页。
[2] 《马克思恩格斯全集》第三卷,人民出版社 2002 年版,第 297 页。
[3] 《马克思恩格斯全集》第三卷,人民出版社 2002 年版,第 42 页。

的精神产品成了公共财产,由许多种民族的和地方的文学形成一种世界文学。① 而中国化马克思主义归根到底也是属于人类的精神文化产品,推动其国际传播也是为了丰富人类的精神世界,促进人的全面发展。另一方面,马克思从世界交往角度去考察民族进步、人类发展,并提出共产主义"是以生产力的普遍发展和与此有关的世界交往的普遍发展为前提的"②。因此,推动中国化马克思主义海外传播,是包括人类精神交往在内的世界交往的必然要求。

(二) 大众媒介观为中国化马克思主义海外传播明晰传播渠道

大众媒介观也是马克思主义传播思想中的重要概念,对大众媒介观的正确理解将有助于把握中国化马克思主义走向海外的传播渠道。在马克思恩格斯生活的时代,以报刊为代表的大众媒介已成为社会精神交往、舆论传播最为广泛的工具。马克思指出,通过大众媒介"顷刻间就可以让自己的发明传遍全世界的报刊和电讯,在一天当中所制造的神话比以前一个世纪之内所能制造的还要多"③。马克思的大众媒介观主要体现在他对报刊职能的认识与评价上。他将报刊视为"社会第三权力","'德国社会'这个用语所包括的不同的范畴:政府、资产阶级、新闻出版界、最后还有工人们自己。"④这里马克思把新闻出版界与权力机关和阶级并重,充分体现了马克思对报刊地位的重视。马克思高度评价报刊的作用,他认为:报刊"可以推销到每一间茅屋,比物质的煤气还便宜"⑤。

马克思主义关于大众媒介社会功能与地位的论述,为中国化马克思主义海外传播实践提供了重要的理论指导。首先,应深刻认识到大众媒介的意识

---

① 参见陈力丹:《精神交往论——马克思恩格斯的传播观》,中国人民大学出版社 2008 年版,第 34 页。

② 《马克思恩格斯全集》第三卷,人民出版社 2002 年版,第 40 页。

③ 《马克思恩格斯全集》第三十三卷,人民出版社 2002 年版,第 258 页。

④ 《马克思恩格斯全集》第三卷,人民出版社 2002 年版,第 378 页。

⑤ 《马克思恩格斯全集》第一卷,人民出版社 1995 年版,第 179 页。

形态功能。恩格斯曾指出,报纸的政治态度也是政治。所以,推动中国化马克思主义海外传播时,要牢牢掌控传播媒介的意识形态属性,使其成为阶级文化和精神教育的强大工具。其次,应着力构建全方位的大众媒介传播平台,为中国化马克思主义海外传播提供强有力的外在支撑。近年来,在传统传播方式受到严峻挑战的形势下,为更好地搭建国际话语"口岸","《人民日报》、新华社、《中国日报》、中央电视台、中国国际广播电台等国家级主流媒体也在三大社交媒体平台上开设账号,宣传中国新闻"。① 然而,与国际主流媒体相比,中国的海外社交媒体传播仍然有很大的差距,需要积极推动海外传播平台的构建,为"中国智慧"走向海外提供一条更为便捷且更具竞争力的传播路径。

（三）政治传播观为中国化马克思主义海外传播提供策略参考

政治传播观是马克思主义传播思想之"术",即马克思恩格斯在传播自己思想、观点及主张时所通常采取的传播策略。所谓"政治传播"是指特定政治共同体中政治信息扩散和被接受的过程,它内含两重意蕴:政治与传播。首先,"政治本身就是传播",没有传播的"政治"是不存在的;其次,"传播"本身的规定性也内在地包含着"政治",脱离政治的传播是抽象的。因此,在政治信息传播过程中,离开了"政治是基础"与"传播是着力点"这种独特关系,传播效果是无从生成的。② 因此,恩格斯在论述政治传播的对象时指出,宣传必须讲究正确的策略,即通过政治传播,影响和争取还没有卷入运动的广大群众。

中国化马克思主义源自中国共产党领导革命建设及治国理政的经验总结,因此,中国化马克思主义海外传播实质上就是政治信息的海外传播。一方面,要提高传播主体的素质,包括高超的政治智慧和坚定的政治立场等。另一方面,中国化马克思主义在海外传播的过程中,要善于利用政治传播策略和方

---

① 刘滢:《主流媒体对外传播的社交媒体策略》,《对外传播》2016 年第 1 期。
② 参见荆学民、施惠玲:《政治与传播的视界融合:政治传播研究五个基本理论问题辨析》,《现代传播》2009 年第 4 期。

式去扩大受众群体,向世界充分展示中国化马克思主义的政治文明成果。

二、跨文化传播学理论的启迪

跨文化传播维系了社会结构和社会系统的动态平衡,把不同地域、国家的人群"联结"在一起,推动人类文化的发展和演进。"没有跨文化的传播活动,就没有人类的进化与文明。"①

跨文化交流具有悠长的历史,从原始社会不同部落的人群相遇到哥伦布发现新大陆,从张骞通西域到郑和下西洋,从古代的"丝绸之路"到当代的"一带一路"等,无不蕴含着跨文化传播现象。中国化马克思主义海外传播,是中华文明与其他文明交流碰撞的过程,自然也是跨文化传播的过程。因此,跨文化传播学理论,无疑对于中国化马克思主义海外传播具有重要的现实启迪意义。

第 ,文化差异与文化冲突是跨文化传播学中的重要命题,也是中国化马克思主义海外传播面临的首要难题。"文化差异与冲突是历史和文化积淀的结果,往往比意识形态和政权体制的差异更为深刻。"②由于文化差异与冲突,误解、误读、误判便成为跨文化传播过程中不可避免的现象。因此,不同的思想主张、文化成果在跨文化传播时,"文化折扣""文化延时"等现象往往被无限扩大,使得跨文化传播行为变得困难重重,甚至引起传受双方关系的失谐乃至冲突。文化差异是客观存在的,但人们的努力和倾向却是主观的。因此,在跨文化传播的境遇中,文化差异的客观存在,意味着文化间的相互理解需要经历漫长的调试过程。

在中国化马克思主义海外传播过程中,也应正确认识文化差异与文化冲突现象,避免过度地强调文化差异,而忽视深层结构中的文明共性。正确的态

---

① 孙英春:《跨文化传播学》,北京大学出版社 2015 年版,第 13 页。
② 孙英春:《跨文化传播学》,北京大学出版社 2015 年版,第 158 页。

度应是"克服本民族文化优越感的倾向,尊重其他民族的文化"①,与传播受众建立对话合作机制,跳出"我"与"他者"的文化局限,超越文化偏向,减少误读与冲突,实现互惠性理解(reciprocal understanding)。

第二,社会互动与文化认同是跨文化传播学的理论主张,也是中国化马克思主义海外传播期望达到的理想效果。"社会并非一个实体,而是一种社会化的个体之间发生社会互动的过程"②,个体间的互动是现实社会构成的必要条件,而互动既包括物质交换,也包括人类文明交往及文化的交流。在跨文化传播学的视域下,社会化的个体、不同文化的群体是依靠互动、凭借认同存在于社会,并同外界进行交往的。换句话说,互动是期望达到某种认同,而接受某种认同,则意味着接受特定的角色和行为规范,以规定自身的行为或实现自身更好的发展。

中国化马克思主义海外传播属于文化互动的交往活动,其理想目标就是希望得到世界各国的文化认同,进而在国际文化交往中减少阻隔,以实现对话与合作。

第三,提升文化软实力与国家形象是跨文化传播的潜在动力,也是中国化马克思主义海外传播的目标之一。美国著名学者沃勒斯坦(Immanuel Wallerstein)认为:"文化是人们用来包装其政治—经济利益和行为动机,以便表达它们,掩饰它们,在时空中扩大它们并牢记它们的领域。"③文化作为一个民族、国家的立身之本,因其独立和个性的特征,发挥着影响深远的社会资源的价值,并逐步得到世界各国的重视与运用。在全球化视域下,文化因素对于一个国家的影响和制约功能日益凸显,文化软实力已成为跨文化传播不可忽视的重要因素。因此,在中国化马克思主义海外传播过程中,增强国家文化软实

---

① 沈苏儒:《对外传播的理论与实践》,五洲传播出版社 2004 年版,第 40 页。
② George Ritzer, *Modern Sociological Theory*, New York, NY:McGraw-Hill,1996,p.210.
③ [美]伊曼纽尔·沃勒斯坦:《现代世界体系》(第 2 卷),高等教育出版社 1998 年版,第68 页。

力、提升国家形象成为其内在的重要动力。

三、国际关系学理论的参鉴

"国际关系理论源自国际事务的现实,既是对现实世界的解释,也是认识世界的一种学理工具。"①国际关系理论作为一种系统化的知识形态,被用作了解、归纳和预测国家间关系的现实及走向的工具,而其目的在于把握现实世界中的国际关系,并通过思想创造,铸就一套严谨周密的国际关系理论体系,为国家间的外交政策、交流合作提供一套可资借鉴的理论准备。中国化马克思主义海外传播既然以海外民众为传播对象,因而存在着国与国之间的关系问题,故受到国际关系准则的约束。此外,国际关系理论蕴含着丰富的跨国文化交流思想,深度挖掘国际关系理论中的跨国文化交流思想的精髓,积极借鉴国际关系理论的有效方法,将有助于完善中国化马克思主义海外传播方法体系。

"对立与辩论是国际关系理论发展的一个鲜明特征,也是理论不断向前发展的一个重要推动力。""大辩论成为一种流行的国际关系学科叙事方式"。② 在中国化马克思主义海外传播过程中,应根据其传播内容的特殊性,牢固掌握国际关系理论的核心——大辩论,力争在复杂的国际形势中构建中国化马克思主义的话语体系。

第一,国际关系理论中的"大辩论"原则为中国化马克思主义海外传播提供了言论自由的传播环境。常言道,真理愈辩愈明。在中国道路备受世界瞩目之际,西方一些媒体由于对中国社会的疑惑不解、对中国发展模式的误读误解,导致恶意贬损攻击中国的言论接踵而至,"中国威胁论""中国崩溃论""中国霸权论"等言论常常出现在西方各大媒体上。而"中国人如何了解外

---

① 江时学:《国际关系理论是否是灰色的》,《环球时报》2018 年 11 月 16 日。
② 马骁:《中国国际关系理论的发展与创新——刘丰教授访谈》,《国际政治研究》2018 年第 1 期。

国、外国人如何了解中国都是由中国媒体和外国媒体共同铸就的",①肃清媒体误解,必须以主动的姿态去揭示真相,避免越来越多的谎言被编织出来。在中国化马克思主义海外传播的过程中,文化冲突在所难免,而在面对交流异化时,应以积极主动的姿态,通过辩论,澄清事实、化清误解,为良好国际交往铺筑一条"和谐之道"。

第二,国际关系理论中三个不同范围的领域为中国化马克思主义海外传播提供了现实标尺。国际关系、国际政治、对外政策是国际关系理论中三个重要的领域,良好的国际关系、良性的国际政治、良善的对外政策都是中国化马克思主义海外传播所必须具备的条件。中国化马克思主义海外传播,旨在向探索现代化道路的国家和地区提供中国方案和中国智慧,通过中华文化走出去的形式,实现人类命运共同体的美好图景。

四、传播心理学理论的运用

传播心理学是指将心理学的普遍规律应用于传播活动之中,并积极探索人们在传播活动中的心理现象及其存在的心理规律。② 在传播过程中,参与活动的主体包括传播者与受众,而传播心理学则是"揭示传播者与受众在传递和接受信息过程中所表现出来的种种心理现象"。③ 例如,传播者出于什么样的心态进行传播,受众又以什么样的心态接受传播,如何化解在传播过程中因个体差异而极易出现的"对抗心理"等等,这些都是传播心理学所研究的核心范畴。因此,如何化解中国化马克思主义海外传播过程中的"晕轮效应",更好地达到传播效果,则要充分借鉴和运用传播心理学的研究成果。

第一,充分借鉴和运用传播心理学中关于传播主体的研究成果。中国化

---

① 钟垂林:《中国的大门已经打开,西方媒体的心胸敞开了吗?》,http://www.china.com.cn/news/txt/2008-04/19/content_14979448.htm,2008 年 4 月 19 日。

② 参见陈锐、倪恒等:《传播心理学》,中国人民大学出版社 2020 年版,第 4 页。

③ 姜笑君:《传播心理学》,东北大学出版社 2016 年版,第 8 页。

马克思主义海外传播,首要明确传播主体的心理,即抱着什么样的目的、出于什么样的心态进行传播。传播主体在选择信息、组织信息和传递信息时的思考和期待如何,则直接影响传播效果。中国化马克思主义海外传播,是一种有目的、有意图的信息共享行为,通过海外传播途径将马克思主义中国化理论成果由中国人独享转化为全世界共享,"展示中国特色社会主义制度的优越性,破除对西方国家社会制度与发展模式的盲目崇拜,为国际合作提供新的理论基础和思想资源"。①

第二,充分借鉴和运用传播心理学中关于传播受众的研究成果。推动中国化马克思主义海外传播,要洞悉传播受众的需求心理或接受心理。传播受众接收信息的动机与需求心理对于传播效果有着更为直接的影响。传播受众作为一种社会角色,有其各方面的需求,抓住其需求心理,对于提高中国化马克思主义海外传播效果有着重要意义。传播受众的需求心理大致可以分为三类,一是信息的需要。人们通过了解自己生存的环境,从而消除对环境认识的不确定性。二是社会化的需要,人们通过信息的传递,去拓展自己的视域,增强自己的知识与技能。三是调节生活的需要,通过文化信息的交流,去营造多样化的生活环境,不断丰富自己的精神生活。中国化马克思主义海外传播要力求满足受众的信息需要、社会化需要和调节生活的需要。

第三,充分借鉴和运用传播心理学中关于传播主体和传播受众的双向分析成果。深化中国化马克思主义海外传播,应着力于传播过程中的心理互动作用,推己及人,站在对方角度、考虑对方立场。心理互动是指人与人之间的心理上的交互作用。在信息传播活动中,心理互动主要包括三个方面,即传播主体对传播受众施加的心理影响;传播受众对传播主体自下而上地借助于反馈机制的直接或间接施予的影响;传播主体与传播受众之间通过传播媒介或人际交往表现出来的心理上的相互影响。"传播者切忌只依据自己的经历和

---

① 保健云:《当代中国化马克思主义对外传播研究》,《教学与研究》2018年第2期。

感受来揣摩他人的愿望与需要,只根据自己的意图和理解来设想他人的打算和行为;也要慎重对待和妥善处理那些影响人的情绪、有害人的声誉的内容,特别是那些人们忌讳、隐秘的私事要予以尊重。"①在中国化马克思主义海外传播过程中,要增强"移情性理解",传播主体与传播受众通过建立同感,使传播活动更能顺利展开。

第二节　中国化马克思主义海外
传播何以必要

探讨中国化马克思主义海外传播何以必要,就是要寻求其海外传播的合法性理据,即中国化马克思主义海外传播对于塑造中国国际形象,扩大中国在世界舞台上的影响力具有什么样的意义与价值。究其根本,何以必要的追问背后则是蕴含着中国化马克思主义海外传播的外在原因与内在动力。

一、推动中国革命、建设和改革的需要

中国化马克思主义海外传播是推动中国革命、建设和改革的必然要求与客观需要。通过推动中国化马克思主义海外传播,讲好中国在革命时期、建设时期和改革开放时期的动人故事,传递好中国共产党争取民族独立与人民解放,以及实现国家繁荣富强、人民共同富裕的强劲声音,进而最终赢取国际社会对中国革命、建设和改革的同情、理解与支持。

(一) 中国新民主主义革命的需要

在风云激荡的革命战争年代,各种形式的外交与宣传是中国共产党夺取新民主主义革命胜利的有力支撑,这也成为当时中国化马克思主义海外传播

---

① 姜笑君:《传播心理学》,东北大学出版社 2016 年版,第 134 页。

的主要原因。在革命战争年代,日本帝国主义的大举入侵,国民党政府对解放区进行全方位的封锁,中国革命事业举步维艰。也正是在这种内忧外患的艰难困境下,以毛泽东为代表的中国共产党人审时度势,为集中力量夺取新民主主义革命的胜利,他们站在国家民族生死存亡的高度,开展了一系列卓有成效的外交探索与实践。通过积极向国际统一战线靠拢,邀请西方记者来华采访等形式去赢取国际社会的同情与援助,进而"打开了通向全国、通向世界的通道,同时也把一个斗争中处于弱势集体的政治力量逐步推向强盛"。[①]

早在土地革命时期,为争取国际社会同情支持中国工农红军、毛泽东领导地位和中国革命斗争,中国共产党通过《共产国际》《救国时报》等媒体突破重围,发出声音。较为典型的便是1927年中共驻共产国际代表团工作人员把毛泽东的《湖南农民运动考察报告》译成俄文,在共产国际执委会机关刊物《共产国际》上发表。卢沟桥事变爆发后,日本帝国主义全面侵华,中国进入全民族抗战阶段。为了全民族抗战,毛泽东发表了《反对日本进攻的方针、办法和前途》,呼吁"立刻和苏联订立军事政治同盟,紧密地联合这个最可靠最有力量最能够帮助中国抗日的国家。争取英、美、法同情我们抗日,在不丧失领土主权的条件下争取他们的援助"[②]。这被视为中国共产党第一次全面阐释自己的外交观点。通过孜孜不倦的外交努力和对外宣传,中国共产党的抗日主张与民主进步开始被边区之外的世界所了解和接受。

在革命战争年代,中国化马克思主义海外传播,为争取抗日盟友做出了不可磨灭的贡献,同时很大程度上也助推了中国共产党所领导的革命战争取得胜利。

(二) 中国社会主义建设的需要

新中国成立之初,百废待兴,各项事业亟须纳入建设议程,而此时国际社

---

① 冯建玫:《中国共产党延安时期外交活动的特点》,《理论月刊》2004年第9期。
② 《毛泽东选集》第二卷,人民出版社1991年版,第347页。

会上两大阵营尖锐对立,西方国家对中国进行经济封锁与军事包围,国际社会还有部分国家对新中国并未认可与支持。因此,为确保中国社会主义建设顺利进行,必须开展对外传播工作,增进世界对中国的了解和友谊,树立中国积极正面的国家形象,为中国营造良好的国际舆论环境,同时也为新中国建设寻求更多的国际支持。

新中国成立初期,中国化马克思主义海外传播最为重要的外文刊物乃是《中国建设》杂志,该刊由宋庆龄创办,以多种语言向国外发行。在一定程度上,该刊打破了西方国家的舆论封锁,使新中国赢得了对外交往的主动权,为新中国的整体外宣工作做出了不容忽视的贡献。1952 年 1 月,《中国建设》英文双月刊创刊并公开发行,该刊相继发表由陈翰笙主笔的《土地改革根除了封建主义》等相关题材的文章。①《中国建设》将新中国的正面形象及时传播到世界各地,尤其在第三世界国家赢得广泛赞誉,新中国对外宣传事业的发展也逐渐步入正轨。

《人民中国》(英文版)也是新中国建设时期对外宣传的主要刊物。该刊创刊号《致读者》声明,"本刊以增强中国人民与世界各国进步人民之间的团结和友谊为宗旨"。该刊陆续发表了毛泽东的《斯大林——中国人民的朋友》、宋庆龄的《苏美外交政策之区别》以及胡绳的《毛泽东〈新民主主义论〉发表 10 周年》等文章,被各国读者视为认识新中国的最权威和最可信赖的渠道,对沟通中外关系发挥了重要作用。《中国建设》、《人民中国》(英文版)、《北京周报》、《中国文学》等一系列致力于新中国建设时期对外宣传的进步报刊,很大程度上推动了新中国建设形象走深走实,为新中国建设这幅蓝图勾勒出了更为细致的图标,向海外展示了新中国建设的蓬勃生机。

---

① 参见张椿年、陆国俊:《陈翰笙百岁华诞集》,中国社会科学出版社 1998 年版,第 116—117 页。

（三）中国改革开放的需要

"让世界了解中国,让中国走向世界"是改革开放以来中国化马克思主义海外传播的主要目标。改革开放以来,中国化马克思主义海外传播取得卓越成就。一方面,中国化马克思主义海外传播是对外开放的应有之义。在对外开放之初,国际社会对中国对外开放政策不甚了解,甚至充满着各种猜忌与疑虑。美国学者艾那·唐根(Ana Dongan)曾指出:"外国人对中国的政治、经济和文化往往带有一种过时而错误的观念。这种观念是多年形成的,并受冷战时期宣传、恐惧、怀疑与无视的影响。"面对此类情形,也"往往听不到中国的声音与信息"。① 在这种背景下,1980 年 3 月,中央书记处专门讨论对外宣传工作,并决定成立中央对外宣传小组。次月,中央对外宣传小组正式成立,"给海外民众以了解中国的机会,增进了他们对中国的了解,在一定程度上改变了海外民众对中国一贯的看法,促进了中外交流与合作"。② 另一方面,中国化马克思主义海外传播是改革开放持续深入的助推器,"要开放就必须对外宣传,让人家了解你,否则你的门开得再大,人家也不敢来,你出去人家也不接近你"。③ 改革开放四十年以来,中国对外宣传工作已逐步从"招商引资"的角度转变为展示"社会主义大国""东方大国"形象。党的十八大以来,习近平曾在多个场合强调加强国际传播能力建设的重要性,他指出:"讲好中国故事,展现真实、立体、全面的中国,提高国家文化软实力。"④通过中国化马克思主义海外传播,用国际社会容易接受与理解的话语内容和表达方式,讲好中国故事,阐明中国制度、中国道路和中国实践,"使中国的对外话语体系成

---

① [美]艾那·唐根:《西方对中国有许多疑虑与误解》,《对外传播》2008 年第 11 期。
② 赵新利:《改革开放以来中国对外传播历程探析》,《公共外交季刊》2018 年第 2 期。
③ 崔斌箴、姚遥:《"有力只顾往前"——朱穆之的激荡人生与外宣贡献》,《对外传播》2011 年第 6 期。
④ 《习近平在中国共产党第十九次全国代表大会上的报告》,《人民日报》2017 年 10 月 28 日。

为帮助世界了解中国、解读中国的一把钥匙,促进中国与世界各国的对话交流"。① 提升中国的国际话语权,提高中国文化的软实力。

二、借鉴中国智慧和中国方案的需要

自新中国成立以来,中华民族在中国共产党的引领下,实现了"从站起来、富起来到强起来"的伟大飞跃,走过了西方几百年时间才走完的工业化、城市化道路,成为世界第二大经济体。这不仅在经济上创造了令世人惊叹的"中国奇迹",也为解决人类问题贡献了中国智慧和中国方案。推动中国化马克思主义海外传播的过程,就是传播中国内政外交智慧和治国理政经验的过程。

第一,中国共产党人独立自主探索革命、建设和改革的历程,为各国摆脱贫穷落后、走向繁荣富强提供了有益借鉴。在近代历史中,中华民族历经磨难、饱经沧桑,受尽了西方列强的压迫与欺凌。在内忧外患的艰难条件下,中华儿女为摆脱落后挨打局面,前赴后继、不懈奋斗,其历程不可谓不艰辛。在中国共产党的坚强领导下,在一代代革命先烈的英勇奋斗中,中国改变了往昔积贫积弱的面貌,洗刷了近代以来中华民族的屈辱,创造了人类社会发展史上罕见的奇迹,也前所未有地走向世界舞台的中央,中国的国际地位和国际影响力得到了空前的提高。实践充分表明,"中国共产党的坚强领导,尤其是先进的思想理念、强大的组织动员力、卓越的战略领导力、高效的资源统合力,使中国人民谋求民族独立、人民解放和国家富强、人民幸福的斗争有了主心骨,独立自主探索形成了适合中国国情的革命、建设和改革的道路,是实现国家强大的最大优势和关键性因素"。②

中国作为世界上最大的发展中国家,自力更生地探索出了一条独具中国

① 张占斌、董青:《从讲好中国故事看构建对外话语体系和提高我国的国际话语权》,《文化软实力》2016 年第 4 期。
② 任天佑:《为解决人类问题贡献中国智慧中国方案》,《解放军报》2017 年 11 月 16 日。

特色的社会主义发展道路,成功解决了生存与发展的基本问题,它不仅促进了中华民族的伟大复兴,同时对人类社会的发展也作出巨大贡献。纵观世界各国,与中国拥有相似历史命运的国家和民族不在少数,但却有不少国家一味采用西方模式而陷入发展困境。中国崛起与中国方案的成功,打破了西方所兜售的资本主义制度优越论与永世论的"荒谬神话",向世界各国证明了在当代可以有另一条通向自己国家与民族的复兴之路。中国的具体实践表明了一个先进政党在国家发展途中的"领头羊"地位,诠释了独立自主、自力更生在国家发展中的重要性,只有"坚持走自己的路",才能获得生存发展的主动权、主导权、制胜权,实现自身的繁荣发展。

第二,中国特色社会主义道路开辟了世界社会主义发展的新境界,为世界各国的发展方略提供中国参考。近三十年来,世界社会主义在经过了苏东剧变、资本主义金融危机、全球化波折等重大历史事件后,与世界资本主义竞争对比态势正发生重大变化。虽说资本主义在其发展的长周期中开始进入一轮规模较大的衰退期,但世界社会主义从整体上仍呈低迷之态。而现在世界社会主义,以中国特色社会主义发展取得的巨大成就为主要依托和标志,开始进入走出低谷的谋求振兴期。中国已然成为了 21 世纪世界社会主义走向振兴的中流砥柱,成为世界社会主义发展具有里程碑意义的参照系。不仅只有社会主义才能救中国,而今也只有中国才能将世界社会主义事业发展壮大。中国特色社会主义,它不是教条地套用马克思主义经典作家设想或其他国家社会主义的实践,而是从中国实际情况出发,符合我国国情,顺应时代潮流,使科学社会主义在 21 世纪中国放射出强烈的制度之光。

中国特色社会主义道路是社会主义制度在新的世界局势下所结出的丰硕成果,开辟了社会主义发展的新境界,指明了社会主义光辉前景,打破了西方道路唯一正确的神话,为人类社会追求更加美好生活提供了一套全新的选择。

第三,独具特色的中国发展模式,拓宽了发展中国家走向现代化的路径。现代化是人类社会发展的必然趋势与归宿,但由于各个国家的历史环境与现实条件的不同,人们在走向现代化的过程中也会出现不同的发展状况。每个国家和民族在实现现代化的选择上是可以多样化的,选择什么样的发展方式,坚持什么样的发展道路,必然要与这个国家的国情与性质相适应。习近平同志曾指出:"世界上没有放之四海而皆准的发展道路和发展模式,也没有一成不变的发展道路和发展模式。"①西方资本主义国家由于工业革命起步较早,率先完成了现代化的任务,最先享受到了现代化成果,同时也最先在探索走向现代化道路上形成了自己的发展模式,走上了快速崛起之路。资本主义国家实现现代化的路径在于依赖强大的军事科技实力,建立殖民体系大肆掠夺他国财富,这与中国所探索的实现现代化的路径有根本的区别。中国式现代化紧紧围绕"复兴梦"而展开,坚持发展依靠人民,成果惠及人民,立足国情,锐意创新,形成了一套依靠自身的内涵式发展模式。中国式现代化道路开启人类文明新形态,不是脱离世界交往、与世隔绝的自说自话,而是强调全人类共同价值,更具有包容性特征,将进一步推动构建人类命运共同体。

中国式现代化发展道路的成功,雄辩证明了"条条大路通罗马"的既存事实,证明了西方资本主义国家现代化的发展模式只是一种选择而非唯一路径,打破了现代化就是西方化的传统认知,为世界各国特别是广大发展中国家走向现代化提供了可资借鉴的崭新模式,开启了一条人类文明进步的新道路。

三、促进国际思想市场公平竞争的需要

所谓"思想市场(marketplace of ideas)",即指言论、知识或理念等思想产品自由交换与竞争的领域。在国际思想市场上所占据的话语权地位也是衡量一个国家综合实力的外在体现。西方国家经过 15 世纪的文艺复兴和 16 世纪的宗教改革,再到 17 世纪的科学革命、18 世纪的启蒙运动,极大地促进了西方各国的思想解放,使得资本主义意识形态逐渐占据了国际思想市场的主导

---

① 习近平:《关于坚持和发展中国特色社会主义的几个问题》,《求是》2019 年第 7 期。

地位,并形成资本主义意识形态在国际思想市场的垄断格局。这种局面严重阻碍了全球思想市场的公平竞争,阻碍了国际社会思想意识的多样化、平等化和民主化的发展历程。因此,"促进全球思想市场的公平竞争,打破西方国家对国际思想市场的垄断格局"①,是各国人民迫切的希望,而中国化马克思主义海外传播正是顺应思想市场公平竞争的需要。

第一,中国化马克思主义海外传播,为国际思想市场提供了来自中国的公共思想产品,丰富了人类思想文明。中国的崛起可以说是 21 世纪国际社会的一个大事件,这不仅对中国有着深远的历史意义,更有着重要的"世界价值"。中国特色社会主义发展道路的成功,不仅意味着中国在百年探索历程中选择社会主义发展道路的科学性与正确性,也意味着诞生于西方的社会主义制度在中国焕发出强大生机活力,在西方开花的马克思主义在中国结出了丰硕成果。与此同时,中国化马克思主义指导下的中国道路,也为世界上那些渴望追求更美好生活的人们,给世界上那些既希望加快发展又希望保持自身独立性的国家和民族提供了全新选择。推动中国化马克思主义海外传播,向世界分享"中国之治"的成功经验,丰富了全球治理模式的理论智库,开辟了马克思主义发展新境界,创造了崭新的且具有中国特色的发展模式。长期以来,有不少论调指出,只有西方道路才能使国家走向现代化。然而,中国所取得的历史性成就,发生的历史性变革,雄辩地驳斥了这一不符现实的错误说辞。"中国之治"的成功,是在中国化马克思主义指导下取得的,是中国通过自身艰难探索,找到的一条不同于西方发展模式的国家现代化实现路径。中国方案的成功,证明了中国化马克思主义指导思想的可行性和科学性,也为国际思想市场提供了全新的参考与借鉴。

第二,中国化马克思主义海外传播,提高了中国理论思维的国际影响力。中国化马克思主义不是对马克思主义经典作家设想的照搬照抄或简单套用,

① 保建云:《当代中国马克思主义对外传播研究》,《教学与研究》2018 年第 2 期。

它强调的是"结合"与"发展"。中国化马克思主义海外传播,其目的不在于为他国发展提供一种现成的方案。中国的历史经验表明,照抄照搬别国经验、别国模式,从来不能得到成功,只有将先进理论成果与自己的具体国情相结合,才能真正走出一条适合自己的发展道路。近年来,随着中国各项事业获得长足发展,国际上一些褒贬声音也相应而生,有部分外国学者认为,中国的发展模式正在颠覆西方的传统理论,"北京共识"对"华盛顿共识"在国际思想市场上的地位造成了威胁。而"我们始终认为,各国的发展道路应由各国人民选择",所谓的"中国模式"是中国人民在自己的奋斗实践中创造的中国特色社会主义道路。① 中国马克思主义海外传播,将提升世界人民对中国道路的理解与认同,继而提高中国思想和制度的亲和力和吸引力。

第三,中国化马克思主义海外传播,为国际思想市场注入新的生机与活力,促进了意识形态领域的多样化发展。在很长一段时间内,由于西方长期的意识形态渗透,国际思想市场的不平等成为阻碍世界和平发展的重要因素。构建良好的国际关系,推动国际社会思想意识的多样化、平等化与民主化则成了不容忽视的问题。世界是丰富多彩的,在漫长的历史进程中,各国人民创造了丰富多彩的辉煌文明。如今,在推动国家现代化的过程中,也应秉持"多元共生,开放包容"的发展理念,不应以某一种思想理论、某一种发展模式为圭臬,而忽视自身的实际情况。同时,在发展过程中,各国也应充分尊重他国的发展模式,不应以军事等各种强硬手段迫使他国追随自己的发展道路。推动中国化马克思主义海外传播,创设全球思想市场公平竞争的国际环境,有利于各国人民选择适合自己的思想意识和发展道路。

四、引领世界社会主义发展的需要

从国家的积贫积弱到世界瞩目,这一巨大飞跃以铁一般的事实证明了只

---

① 习近平:《关于坚持和发展中国特色社会主义的几个问题》,《求是》2019 年第 7 期。

有社会主义才能救中国;而从整体低潮到"风景这边独好",这一奋进历程雄辩地说明了现在只有中国才能救社会主义。自"冷战"以苏联解体而谢幕后,社会主义在西方忽然崩溃,新自由主义以胜利者的姿态成为整个世界的经济和政治模板,社会主义在世界的发展步入前所未有的低潮。时至今日,这种低潮局势仍未从根本上得以改变。然而,随着时间的流逝,"中国逐渐成为全球化经济中未来领袖的有力竞争者"。① 世界社会主义开始进入发展的上升期,尤其是在地区冲突频繁发生,恐怖主义、难民潮等全球性挑战此伏彼起,贫困、失业、收入差距拉大,世界面临的不确定性上升时,中国特色社会主义的发展异军突起,使科学社会主义在 21 世纪焕发出了新的蓬勃生机,"为'世界社会主义何处去'贡献了中国方案与中国智慧,为全人类分享了发展经验,为人类通往真理之路和追寻理想社会树立起了新的航标"。② 推动中国化马克思主义海外传播,是"中国方案""中国智慧"走出去,让更多国家与地区了解中国特色社会主义道路的有效途径,从而更好地塑造中国在世界社会主义发展中"领头羊"的角色。

(一) 中国化马克思主义实现了对马克思主义的新发展

恩格斯曾指出:"每个时代的理论思维,从而我们时代的理论思维,都是一种历史的产物,它在不同的时代具有完全不同的形式,同时具有完全不同的内容。"③一部马克思主义发展史,就是马克思、恩格斯及其追随者与信仰者在不同时代背景下,不断吸收人类优秀文化成果,并不断在实践中创新和发展马克思主义的历史。中国共产党自诞生以来,以马克思主义为指导,在为实现中华民族伟大复兴的艰苦奋斗中,始终将马克思主义基本原理与中国革命、建设

① [意]洛丽塔·纳波利奥尼:《中国道路——一位西方学者眼中的中国模式》,中信出版社 2013 年版,第 6 页。
② 李海平:《新时代中国特色社会主义成功破解了世界社会主义进程的系列难题》,《世界社会主义研究》2018 年第 10 期。
③ 《马克思恩格斯选集》第四卷,人民出版社 1995 年版,第 284 页。

和改革实际相结合,与中华优秀传统文化相结合,依据不同时代要求,回应了不同时代课题,不断实现马克思主义中国化、时代化,形成了既一脉相承又与时俱进的中国化马克思主义理论新形态,对马克思主义作出了原创性的新发展。

(二) 中国化马克思主义开拓了世界社会主义发展的新境界

习近平指出:"科学社会主义在中国的成功,对马克思主义、科学社会主义的意义,对世界社会主义的意义,是十分重大的。"①回顾马克思主义发展史,不难发现,20 世纪 90 年代初,随着苏联解体、东欧剧变,"社会主义失败论""共产主义崩溃论"不绝于耳,整个世界都沉浸在新自由主义的狂欢之中,并对仍然生活在社会主义的中国人民深表同情,此时的中国也取代了苏联成为众矢之的:"不尊重人权的集权国家""捏造经济数据,邪恶地剥削工人的伪君子""不愿意服从全球化世界中第一超级大国美国领导的'捣蛋鬼'"②。然而,中国却顶住了巨大压力与挑战,成功地坚持和发展了社会主义。正如邓小平说道:"只要中国社会主义不倒,社会主义在世界将始终站得住。"事实证明,中国特色社会主义发展道路,以实际行动挽救与捍卫了世界社会主义。尤其在当下世界经济陷入疲软之时,资本主义制度优越论已无法为人们所信服,"社会主义在当代中国展现出强大生命力和广阔发展前景,极大地壮大了世界社会主义力量,深刻改变了世界社会主义的发展进程"。③

(三) 中国化马克思主义向世界彰显了社会主义制度的优越性

在 21 世纪,世界社会主义发展振兴的标志性成果便是社会主义赢得比资

---

① 《习近平谈治国理政》第三卷,外文出版社 2020 年版,第 70 页。

② [意]洛丽塔·纳波利奥尼:《中国道路——一位西方学者眼中的中国模式》,中信出版社 2013 年版,第 5 页。

③ 秋石:《新时代中国特色社会主义是科学社会主义发展的新阶段》,《求是》2018 年第 13 期。

本主义更突出的制度优势。资本主义政治、经济制度正在走向衰败成为当今资本主义最为突出的表现,一系列的危机,诸如价值危机、制度危机、生态危机等更是让资本主义制度陷入了难以自拔的境地。反观世界最大的社会主义国家——中国,其"制度创新是最鲜活的独创版,为发展中国家的制度建设提供了可资借鉴的全新选择,为人类制度文明的发展贡献了中国智慧"。① 中国特色社会主义建设的成果,不仅是中国的,也是世界的;不仅为中国现代化建设和民族复兴提供制度保障,而且为促进人类进步和世界文明发展作出贡献。习近平指出:"随着中国特色社会主义不断发展,我们的制度必将越来越成熟,我国社会主义制度的优越性必将进一步显现,我们的道路必将越走越宽广。"②正因如此,我们要通过中国化马克思主义海外传播,向世界彰显社会主义制度的优越性。

第三节 中国化马克思主义海外传播何以可能

中国化马克思主义海外传播何以可能? 实际上,它要探讨的是其所具备的历史依据和现实依据。历史地看,中国化马克思主义海外传播不是虚无缥缈突兀出现的海市蜃楼,而是建立在坚实的中华文化海外传播的传统基础之上,并在世界文化交流与传播中具有不可替代的地位;现实地看,中国化马克思主义具有与时俱进的理论品质,面对全球化浪潮和开放包容的世界,敢于和善于在国际思想市场与各种思想文化交流、交融和交锋,并在开放包容中不断提升自身的国际话语权。

---

① 姜辉:《新时代中国特色社会主义对世界社会主义的重大贡献》,《人民日报》2018 年 5 月 22 日。

② 《习近平谈治国理政》第一卷,外文出版社 2018 年版,第 22 页。

一、中华文化海外传播的历史传统

中国化马克思主义海外传播是中华文化走出去的历史延续。作为世界几大原生文化之一,中华文化在"独立起源和演变、文明发达的程度、对周边文化的影响等方面,都具有典型意义"。[1] 从"箕子东走朝鲜"的故事到"徐福东渡"的传说,从"丝绸之路"的贸易开拓到"鉴真东渡"的文化交流,都折射出一段文化传播的久远历史。中华文化的海外传播,不仅具有悠久的历史,同时影响力亦是无比的广泛与深刻。东亚文化、南亚文化以及西亚文化,无不受到中华文化的影响,这种影响持续至今并影响着中国化马克思主义的海外传播进程。梳理中华传统文化海外传播的光辉历程,对中国化马克思主义海外传播具有重要的现实启迪意义。

当代著名文史学家武斌曾总结了历史上中华文化海外传播的几次大的高潮,分别是西汉时期的对外传播、盛唐时期的对外传播、宋元时期的对外传播以及明清之际的传播交流。虽然这几次的传播高潮皆以器物文化的传播为代表,但是海外各国首先也是通过那些体现着中华民族智慧结晶的物质产品来认识与了解中华文化的。中华文化的海外传播为中国化马克思主义走出去奠定了坚实的历史基础和文化底蕴。

第一,西汉时期的对外传播。西汉时期中华文化走向西域是历史上较为广泛且具有实质性意义的文化传播活动。汉朝在秦统一中国的基础之上,建立了疆域广阔的庞大帝国。与此同时,中华文化的基本形式和大致格局已然形成并逐步趋于完善,尤其在器物文化和学术交流层面,"出现了中华文化发展的第一个鼎盛时期,处处体现着宏阔包容的气度与开拓进取的精神。"[2]在这一时期,中华文化海外传播的范围达到了巅峰,从东至南再到西,中华文化

---

[1]　林坚:《当代中华文化海外传播的影响力分析》,《中华文化海外传播研究》2018 年第 2 期。

[2]　武斌:《中华文化海外传播史》第一卷,陕西人民出版社 1998 年版,第 44 页。

与外部世界展开了全方位、多层次的广泛交流。中华文化播撒自己的辉煌于广袤的地域,初步奠定了自己在世界文化总体格局中举足轻重的地位。

第二,盛唐时期的对外传播。如果说西汉时期中华文化对外传播达到高潮,那么盛唐时期的中华文化对外传播则可以称得上是到达一个巅峰。唐代,是我国封建社会最为强盛与发达的时代之一,社会的发展促进了文化的交流,因此,盛唐时期的中华文化也达到了一个兴隆昌盛、腾达壮丽的可喜局面。文化上的交流与合作使得当时的国都——长安,成为了一个世界性大都市和中外文化交汇融合的中心。各国使者往来不断,真乃"九天阊阖开宫殿,万国衣冠拜冕旒";留学生来华访学,可谓"九州道路无豺虎,远行不劳吉日出"。强盛、博大的大唐文化深刻地影响了东亚世界的文化面貌,形成了中华文化圈的东亚文化秩序。同时,大唐文化播撒世界各地,展现出它的盛世辉煌,在世界文化史上留下了流光溢彩的身影。

第三,宋元时期的对外传播。宋元时期,其社会发展远不及大唐时期那样强盛和生机勃勃,但在文化传播领域却展现出它独特的一面——纯熟与厚重。内陆边界金、辽政权的威胁使得宋朝不得不重视发展海上贸易,"宋代是中国古代海上交通与贸易最发达、最繁荣、最活跃的一个时期。"①海上贸易的发展极大地促进了中华文化的对外传播。到了元代,横跨亚欧的版图以及驿站制度的完善,使得东西方的交往空前频繁,从而形成了中外文化大交流、大融合的壮观景象。

第四,明清之际的传播交流。明朝初期所推行的"海禁"政策,使得民间贸易和交流受到极大阻碍,但是与各国的官方往来和"朝贡贸易"却显得十分活跃,最为著名的便是"郑和七下西洋"。此外,来华基督教传教士也充当了文化传播的主要角色,中国学术典籍的翻译、政治制度的介绍、地理环境的概述,对西方正在兴起的启蒙运动产生了重大影响,欧洲由此刮起了一阵"中国

---

① 武斌:《中华文化海外传播史》第一卷,陕西人民出版社 1998 年版,第 45 页。

旋风"。

中华文化海外传播的历史,也就是中华文化走向世界的历史,是中华文化参与世界文化交流对话的历史。文化是民族的,亦是世界的,任何民族在创造自己的文化时,都应努力追求获得自己的普遍性和世界性。中国化马克思主义是中国文化中的一部分,在走向世界、参与世界文化交流对话的过程中,将使自己获得世界性的文化价值和意义。

二、中国化马克思主义的开放性品质

中国化马克思主义不是一个孤立、封闭的理论体系,而是一个不断发展的开放的理论体系。它秉承马克思主义的开放性品质,在坚持马克思主义基本原理的同时,始终保持一种海纳百川的胸怀和气度,在实践中不断吸取经验教训,在借鉴人类优秀文明成果基础上不断充实和完善自身,在海外传播过程中不断升华自身,进而获得更加强劲的生命力。

(一) 在开放中不断吸取实践的经验教训

中国化马克思主义是对中国革命、建设和改革开放实践经验的概括和总结。没有中国革命、建设和改革开放的伟大实践,也就没有中国化的马克思主义。同时,中国化马克思主义也积极吸取世界社会主义实践的经验教训,并结合新的实践,在回答和解决实际问题中推进理论创新,进而赋予中国化马克思主义鲜明的实践特色和开放品格。

善于总结实践中的经验教训,是中国化马克思主义开放性的重要体现。无论在中国革命、建设和改革开放的实践中,还是在世界社会主义的实践中,对于那些成功的、正面的经验,中国化马克思主义及时总结,尽可能快地获取真理性认识;对于那些错误的、失败的教训,更善于总结反思,开辟通往真理的大道。正如恩格斯所指出:"伟大的阶级,正如伟大的民族一样,无论从哪方面学习都不如从自己所犯错误的后果中学习来得快。"①因此,中国化马克思主义,总是在实践中总结经验教训,在开放中不断创新理论。

(二) 在开放中吸收人类优秀文明成果的精华

中国化马克思主义具有与时俱进的理论品质,它总是在同世界其他优秀文明交流碰撞中,不断汲取其他优秀文明成果的精华。如在政治文明发展上,自由、民主、公平、正义是千百年来人类普遍的价值追求,是人类政治智慧的结晶,而西方资本主义国家由于率先开启了社会工业化大门,故他们在现代政治文明探索中早于其他国家,且结出丰硕的理论成果。然而,政治文明也不是资本主义国家的专利,资本主义国家对政治文明的探索也并非尽善尽美,因此,中国在发展政治文明中,可以借鉴而不能照搬西方政治文明成果。对此,列宁也曾深刻指出:"马克思主义这一革命无产阶级的思想体系赢得了世界历史性的意义,是因为它并没有抛弃资产阶级时代最宝贵的成就,相反却吸收和改造了两千多年来人类思想和文化发展中一切有价值的东西"②。中国化马克思主义亦是如此,它在坚持马克思主义基本原理的同时,向人类一切优秀文明成果开放,并从中获得有益借鉴,使自己不断发展完善。正如毛泽东所明确指出:"中国应该大量吸收外国的进步文化,作为自己文化食粮的原料","凡属我们今天用得着的东西,都应该吸收"③。中国化马克思主义要保持其先进性与科学性,就必须具备世界眼光,在国际思想市场敢于并善于同世界其他文明交流、交融、交锋,从而彰显自己的深厚底蕴与博大胸怀。改革开放四十余年的成功实践雄辩地证明,借鉴其他国家与民族的优秀文明成果,对于推动我国现代化发展具有重要意义。因此,中国化马克思主义既要积极主动地走出去,也要积极主动地"引进来",只有这样,才能使中国化马克思主义永葆与时俱

---

① 《马克思恩格斯选集》第四卷,人民出版社1995年版,第432页。
② 《列宁选集》第四卷,人民出版社1995年版,第299页。
③ 《毛泽东文集》第七卷,人民出版社1999年版,第41页。

进的理论品质。

总之,中国化马克思主义不仅属于中国,也属于世界。它不仅开创了中国特色社会主义现代化的独特模式,也充分汲取了包括资本主义在内的人类一切文明成果的精华,并在与不同民族文化的开放交融中彰显中国化马克思主义海外传播的独特魅力与生机活力。

三、世界包容之门向中国渐次敞开

回顾历史,冷战时期美苏两大集团皆与中国为敌,苏联污蔑中国化马克思主义,美国等西方资本主义国家妖魔化中国化马克思主义。冷战结束后,世界呈多极化发展态势,世界包容之门渐次敞开,中国国际地位不断上升,国际话语权不断扩大,这为中国化马克思主义在国际社会广为传播提供可能。随着和平、发展、合作、共赢成为时代潮流,各个国家间的联系与依存程度空前加深,人类生活在同一个地球村里,愈发成为"你中有我、我中有你"的命运共同体。在这样开放包容的世界环境中,任何一种思想与理论都无法与世隔绝;同时也正是开放多元的世界,为中国化马克思主义海外传播打开方便之门。

习近平总书记曾在 2018 年博鳌论坛年会上指出:"和平与发展是世界各国人民的共同心声,冷战思维、零和博弈愈发陈旧落伍,妄自尊大和独善其身只能四处碰壁","世界已经成为你中有我、我中有你的地球村,各国经济社会发展日益相互联系、相互影响,推进互联互通、加快融合发展成为促进共同繁荣发展的必然选择"。① 互利共赢已成为新型国际关系的核心要素,交流互鉴成为各个国家共同的期盼,这为中国化马克思主义海外传播奠定了良好的先决条件。

中国自改革开放以来,与世界各国的关系悄然发生了变化,如果说新中国成立之初,中国处理外交关系主要基于安全与意识形态的考虑,那么对外开放

---

① 习近平:《在博鳌亚洲论坛 2018 年年会开幕式上的主旨演讲》,《人民日报》2018 年 4 月 11 日。

则为中国的外交政策注入发展的因素,中国重视同世界各国建立外交关系,世界包容之门也持续为中国敞开,中国化马克思主义海外传播的外在拉力正不断加强。

(一) 许多国家和国际组织与中国建立合作共赢的良好关系

新中国成立之初,由于各种历史与现实、主观与客观的原因,中国被迫卷入了冷战对抗格局中,虽然新中国积极倡导"和平共处五项原则",努力与世界各国建立良好互动的合作关系,但由于意识形态的迥异与冷战对峙形势的严峻,中国与西方国家的交流陷入了冰点,中国化马克思主义在西方国家的传播受到了极大的阻碍。1971 年,第 26 届联合国大会通过决议,恢复中国在联合国的一切合法席位与合法权利,这标志着新中国的外交取得了战略性意义的胜利,中国与西方世界国家的关系日渐缓和。1972 年英国、荷兰、日本、德国相继与中国建交,1973 年西班牙与中国建交,1979 年美国与中国建交。①除了与世界各国建立外交关系外,中国在国际组织中的身影也越来越活跃。1980 年中国加入世界银行(World Bank),1983 年中国加入国际原子能机构(International Atomic Energy Agency,简称 IAEA),1991 年中国以主权国家的身份加入亚洲太平洋经济合作组织(Asia-Pacific Economic Cooperation,简称 APEC),2001 年中国加入世界贸易组织(World Trade Organization 简称 WTO),等等。越来越多的国际组织承认中国并乐于接受中国成为其会员国,这意味着中国在国际上的影响力越来越大,中国化马克思主义海外传播也得到了空前的发展契机。如今,中国不仅在诸多国际组织占据着举足轻重的地位,还积极倡导区域性合作、国际性合作。如在 2001 年由中国倡导成立的上海合作组织,2010 年启动的中国—东盟自由贸易区,2013 年由中国提出的"一带一路"倡议等,得到了不少国家与地区的支持,中国的贸易合作伙伴也

① 建交时间数据来源于中华人民共和国外交部官网资料《中华人民共和国与各国建立外交关系日期简表》。

越来越多,世界包容之门向中国日渐敞开。

(二) 中国成为全球化发展的重要推手

经济是文化的根基,中国在全球化发展中的突出贡献也为中国化马克思主义海外传播奠定了良好的先决条件。如今,随着全球化的程度越来越高,国家之间的联系、依赖也更加紧密,"地球村"不再是一句简单的宣传标语,业已成为"你中有我,我中有你"的国际关系代言词。"中国与全球化的关系深刻地影响着中国和世界各国的关系。"[1]

第二次世界大战结束后,美苏两极对峙格局形成,市场经济和计划经济瓜分全球市场份额,成为了世界上"两个平行市场"。由于意识形态的原因,中国很长一段时间都在计划经济模式里徘徊,一直处于全球化的边缘,中国的思想与理论在国际社会的交流中也陷入困境。随着社会发展的需要,中国打开了对外开放的大门,逐步融入经济全球化浪潮中,尤其是在 2001 年中国加入世界贸易组织后,中国抢抓全球化浪潮的机遇,成为世界第一贸易大国,享受着全球化带来的红利。实践证明,经济全球化浪潮为发展中国家带来前所未有的机遇,推动经济全球化也成为各国人民的共同期待。中国作为新兴大国之一,既是"经济全球化的受益者,更是贡献者"。"中国经济快速增长,为全球经济稳定和增长提供了持续强大的推动"[2],也为中国化马克思主义海外传播提供了重要前提和机遇。

(三) 中国成为人类命运共同体的倡导者与践行者

党的十九大报告指出中国特色社会主义进入新时代,"新时代"的论断是中华民族艰苦奋斗的结果,也是中华儿女勠力同心实现民族复兴的新起点。

---

[1]　刘建飞:《改革开放以来中国与世界关系的巨变》,《学习时报》2019 年 2 月 8 日。

[2]　《习近平出席世界经济论坛 2017 年年会开幕式并发表主旨演讲》,《新华日报》2017 年 1 月 18 日。

随着中国进入新时代,中国与世界的关系也发生了悄然变化。作为负责任的大国,在构建新型国际关系,促进世界和平发展的重大问题上,中国从不推卸责任,"将持续发挥着世界和平建设者、全球发展贡献者、国际秩序维护者的重要作用。"①面向新时代,中国提出了"一带一路"倡议和"人类命运共同体"理念,这是中国梦与世界梦有机结合的愿景蓝图。人类命运共同体不排斥、不否定国家之间的差异,但更强调人类的整体性和共同命运。中国不仅是人类命运共同体理念的倡导者,也是人类命运共同体理念的践行者,通过"一带一路"倡议落地生根,中国将为构建人类命运共同体发挥积极的建设性作用。而伴随着"一带一路"倡议的推进和人类命运共同体的构建,中国化马克思主义海外传播将搭乘更为便利的"顺风车"。

第四节　中国化马克思主义海外传播的原则把握

中国化马克思主义海外传播不是普泛性宣传,而是将中国共产党在革命、建设和改革过程中的理论成果、政策主张、经验智慧及发展成就对外宣介和传播。因此,在中国化马克思主义海外传播过程中,传播主体应树立高度的责任感和使命感,准确把握先进文化的传播规律,遵循主流意识形态传播的基本原则。

一、实事求是,客观公正

"传播能力是衡量社会文明程度的重要标尺之一,是社会共同体实现政治统一、经济发展、军事进步和文化繁荣的重要条件。"②在增强国际传播能力建设上,应秉承"实事求是、客观公正"的原则立场,坚持传播有理有利、有信

---

① 《习近平新时代中国特色社会主义思想三十讲》,学习出版社 2018 年版,第 4 页。
② 易涤非:《增强国际传播能力,实事求是的传播中国》,《红旗文稿》2011 年第 7 期。

有节的基本要求,避免极端美化自我抑或极端丑化自我的错误倾向。

对中国化马克思主义理论成果的海外传播应秉持实事求是、客观公正的原则,驳斥西方学者对毛泽东思想、邓小平理论、"三个代表"重要思想、科学发展观及习近平新时代中国特色社会主义思想的肆意歪曲。一直以来,不少西方学者对中共领导人及党的指导思想都存在很大程度上的误读误解,这就要求在中国化马克思主义海外传播过程中主动回应,以真实全面、客观公正的态度,消弭西方社会对我国领导人及执政党产生的错误认知。如海外某些学者对毛泽东思想的评价缺乏公正性,常常把毛泽东思想与毛泽东的思想混为一谈,以毛泽东晚年的错误来否定毛泽东思想,这样的方式则失之偏颇;再如海外某些学者误判邓小平所领导的改革开放改变了中国社会主义的性质。其实,这样的认知都是错误的,因为它没有认清改革开放的实质。故此,在推动中国化马克思主义海外传播过程中,要以客观事实积极主动地回应和消除国际社会对中国化马克思主义的错误认识。

中国化马克思主义是党和国家大政方针的根本遵循。对党和国家大政方针的海外传播应秉持实事求是、客观公正的原则,帮助国际社会释疑解惑。不少国家和地区由于不了解或唯恐损害自身利益,对我们党和国家的大政方针造谣生事,抹黑中国的发展战略,如误判"一带一路"倡议是所谓"中国式的马歇尔计划",是中国在世界扩张的重要举措;"人类命运共同体"理念被误解为中国称霸世界的战略;等等。某些国家和地区之所以会产生各种误解误判,其主要原因在于他们没有深刻理解中国大政方针制定的根本遵循和价值逻辑。这就要求通过中国化马克思主义海外传播,消弭某些国家和地区对我们党和国家大政方针的误解误判。

中国经济发展成就是中国化马克思主义指导的实践结果,对中国经济发展成就的海外传播应秉持实事求是、客观公正的原则。改革开放以来,中国经济迅速发展,一跃而成为世界第二大经济体。针对这一可喜的成就,海内外各类媒体竞相报道,各种不实言论也相伴而生。"中国现在已经是世界第二大经济体了""中国不再是发展中国家了"等说法不绝于耳。更有甚者,为博人眼球,有些海外媒体竟然断章取义,或伪造 GDP 数据进行阐释。不可否认,中国经济的快速发展给中国人民带来了诸多实惠,我们有充分理由为此自豪而点赞。但是,当我们为取得的成绩感到欢欣鼓舞时,也应保持清醒的头脑,中国的人均 GDP 与发达国家相比仍有很大的差距。对此,肯定进步、讲透成绩,是为了凝聚力量、树立信心;正视问题、找出差距,是为了保持清醒的头脑、明确努力的方向。

二、"五个结合",系统推进

中国化马克思主义海外传播,还需把握"五个结合"原则,扎实系统推进。唯有如此,才能更加彰显中国化马克思主义海外传播的多重意义。

(一) 与国家总体外交战略紧密结合

随着综合国力的逐步提升,中国在国际事务中所占据的话语分量也越来越大。新时代的中国外交是独具中国特色的大国外交,复合型、立体化、宽领域、多维度是其显著特征,"周边是首要,多边是舞台,大国是关键"乃我国当前外交的总体布局。中国化马克思主义海外传播作为新时代中国的外宣事业,故此也要与国家总体外交战略相结合,与国家外宣工作相融合,继而"发挥政府和民间、智库和传媒、文化与教育等多种机制渠道的不同作用,努力实现传统传播方式与现代传播手段的优势互补",[1]充分开发与运用国内外的有利资源,将"走出去"与"请进来"相统一,将民间、官方的宣传渠道相统一,不断扩大中国化马克思主义海外传播的引导力和影响力。

---

① 于洪君:《关于马克思主义中国化成果对外传播的几点思考》,《公共外交季刊》2017 年第 3 期。

（二） 与树立国家形象紧密结合

国家形象是国家软实力的重要组成部分，是国家道义影响力和政治感召力的决定性因素。面对中国走向世界的契机，"中国形象"的研究如火如荼，究其根本则是来自于中国的"自觉意识"，一种寻求身份和情感上的"认同"。"国家形象是一个国家对自己的认知以及国际体系中其他行为体对它的认知的结合，是一系列信息输入和输出产生的结果，是一个'结构十分明确的信息资本'。"①

在中国化马克思主义海外传播的过程中，应牢牢把握树立良好国家形象这一主线，将传播工作与中国形象构建相统一。通过推动中国化马克思主义海外传播，主动向世界展示中国形象，破除西方国家对中国国家形象的"妖魔化"偏见。对此，习近平总书记曾明确指出："我们要建设好，向世界展示好中国的国家形象：'历史底蕴深厚、各民族多元一体、文化多样和谐的文明大国形象，政治清明、经济发展、文化繁荣、社会稳定、人民团结、山河秀美的东方大国形象，坚持和平发展、促进共同发展维护国际公平正义、为人类作出贡献的负责任大国形象，对外更加开放、更加具有亲和力、充满希望、充满活力的社会主义大国形象'。"②

（三） 与塑造党的国际形象紧密结合

中国共产党是中国革命、建设和改革的领导核心，同时也是当今世界上最大的执政党，带领中国人民开辟出具有高度现实性和可行性的社会主义建设道路，谱写了一个又一个震惊世界的光辉成就，绘就出人类历史上一幅又一幅精美绝伦的中国画卷。中国共产党的伟大成就，成为世界诸多政党所研究的

---

① 刘朋：《国家形象的概念：构成、分歧与区隔》，中国传媒大学出版社2009年版，第124页。
② 习近平：《建设社会主义文化强国，着力提高国家文化软实力》，《人民日报》2014年1月1日。

对象,尝试着从中国共产党这里寻求一种适合本国发展的秘籍。因此,在中国化马克思主义海外传播过程中,通过对我党思想理论、政策主张的宣传,实事求是地塑造中国共产党廉洁奉公、改革创新、包容合作的良好国际形象,使中国共产党的国际形象更加光彩夺目。

(四) 与宣传中国现代化建设成就紧密结合

中国化马克思主义海外传播不仅包括理论成果,还包括实践成果,只有这样,理论成果才更具有说服力、可信性。经过长期的革命、建设和改革实践,中国已探索出一条通往自己国家和民族的复兴之路,不必接受西方兜售的资本主义制度优越论和永世论的灵丹妙药。当今的中国已然是世界第二大经济体,对维护世界稳定的贡献率、促进世界经济增长的拉动力、推动全球治理的领军作用,远远超过诸多西方国家。这些惊艳世人的成就,得益于中国共产党高瞻远瞩的现代化"顶层设计",得益于中国化马克思主义的与时俱进。换言之,如果没有马克思主义与中国具体实际相结合,没有中国特色社会主义道路的奋力开拓,便不会有中国现代化建设的巨大成功。因此,在中国化马克思主义海外传播中,宣传中国共产党领导中国人民所取得的伟大成就则是始终不可或缺的重要内容。

(五) 与吸收人类一切文明成果紧密结合

中国化马克思主义海外传播本身就是一种文化交流与融合的过程,同时也是"中国走向世界,世界走向中国的进程"。① 在全球化加速发展、世界各国人文交流愈加深刻的新时代,只有把中国化马克思主义海外传播与吸收人类一切文明成果结合起来,中国化马克思主义才具有更旺盛的生命力,在世界上也才能产生更深远的影响力和更强大的感召力。

---

① 《习近平出席 G20 工商峰会开幕式并发表主旨演讲(全文)》,http://politics.people.com.cn/n1/2016/0903/c1001-28689034.html,2016 年 9 月 3 日。

三、释疑解惑,理性平和

古人云:势服人,心不然;理服人,方无言。中国化马克思主义是中国文化和中国精神的时代精华,蕴含丰富的中华优秀传统文化的基因。面对西方社会对中国共产党形象的恶意抹黑、对中国发展模式的歪曲误读、对中国发展前景的随意误判,需要中国主动出击,通过中国化马克思主义海外传播等方式对其释疑解惑,而在释疑解惑的过程中,需要做到有理有据、理性平和。

早在民主革命时期,随着马克思主义中国化第一大理论成果——毛泽东思想的海外传播,国际社会对中国革命和中国共产党的诸多疑惑通过理性平和的方式逐步得到消解。1949年后,伴随中国的快速崛起,国际社会对"中国道路"何以成功的关注热度始终未减,各种争论甚至非议也从未间歇。从新中国成立之初的"异端论""民粹主义论"等到改革开放时期"实用主义论""变相资本主义论"①,再到新时代的"中国威胁论""中国霸权论",不同时期不同国家的政党、学者、媒体,纷纷从各自不同角度对中国道路进行解读,得出了差异巨大甚至截然相反的结论。面对不同国家的质疑,中国化马克思主义海外传播的主体应当以理性平和的心态,积极解答海外受众的各种疑惑,牢牢掌握话语的主动权。

(一) 从"不同"到"共通",破除"惯性思维"的疑虑与偏见

所谓惯性思维,是指人们基于以往的经历与感受,对当前事物产生的一种套路性认知和刻板印象。如果一味被惯性思维主导,以线性逻辑或单一视角看待复杂事物,"只会导致思想上的不求甚解和行动上的路径依赖"。② 随着中国综合国力不断强大,国际社会开始炒作"修昔底德陷阱"这个历史命题,认为中国作为一个新兴崛起的大国必然要挑战现存大国,而现存大国也必然

---

① 成龙:《海外马克思主义中国化理论研究》,广东人民出版社2009年版,第303—304页。
② 李慧勇:《勿陷"惯性思维"泥潭》,《人民日报》2019年1月22日。

会回应这种挑战,因此战争变得不可避免。由于"国强必霸"的惯性思维占据着国际关系的舆论主导,中国的崛起也不可避免地贴上"修昔底德陷阱"的标签,这已成为中国与世界大国之间相处的"拦路石"。如何从"不同"思维找到与世界各国发展的"共通"之处,破除"惯性思维"下西方国家对中国发展的疑虑与偏见,是中国化马克思主义海外传播的应尽之责。因为"历史告诉我们,如果走上对抗的道路,无论是冷战、热战还是贸易战,都不会有真正的赢家。国与国,只能平等相待、互谅互让,如果这样,就没有通过协商解决不了的问题"。① 通过中国化马克思主义的海外传播,让国际社会清醒地认识到世界上本无"修昔底德陷阱",如果被错误舆论所引导,只会自掘"修昔底德陷阱"。中国不是"修昔底德陷阱"的开掘者,而始终是世界和平的建设者、全球发展的贡献者、国际秩序的维护者。

(二) 加强沟通,实现中国倡议与受众国发展战略的对接

推动中国化马克思主义海外传播,就必须考虑到如何解决"对接困惑"的问题。如果在传播过程中,不将"中国式"发展方案与受众国家自身的发展战略相契合,仅顾生硬地自说自话,对方难免会出现疑惑与排斥心理。如中国在2013 年提出"一带一路"倡议时,恰逢乌克兰危机爆发前夕,俄罗斯官方以及相关专家学者由于缺乏对"一带一路"倡议概念的认知与了解,将"一带一路"视为中国的"西进战略",并认为该战略极大程度上损害了俄罗斯在中亚的利益。后来在各方面因素的影响与中国的积极沟通与对话下,俄罗斯方面的质疑之声有所减弱。直到2015 年中俄双方才签订有关丝绸之路经济带建设的联合声明,至此中俄双方关于丝绸之路经济带建设的战略合作才应声落地。从中国提出"一带一路"倡议到俄罗斯接受并正式加入历经两年,其间俄方经

---

① 习近平:《无论是冷战、热战还是贸易战,都不会有真正的赢家》,http://politics.people.com.cn/n1/2018/1117/c1001-30406139.html,2018 年 11 月 17 日。

历了由质疑、排斥到批评声音渐趋缓和,最终产生认同、实现对接的过程。[①]
在这一过程中,中国将自身的发展方案及时与俄罗斯的发展战略相契合,并进
行了持续不断、理性平和的深入沟通对话,主动释疑解惑,为中俄双方的合作
发展奠定良好基础,也为中国首倡的"一带一路"建设创造了稳定的外部
环境。

(三) 重视文化交流,实现"形象自塑"与"形象他塑"的统一

国家形象塑造主要有两种不同形式,一种是传播主体的形象自塑,另一种
是传播受众的形象他塑。开展中国化马克思主义海外传播,加强文化间的交
流与合作,也应与国家形象自塑与他塑有机统一。习近平总书记曾在党的新
闻舆论工作座谈会上指出,中国在国际上存在着信息流进流出的"逆差"、中
国真实形象和西方主观印象的"反差"、软实力和硬实力的"落差"。中国在国
家形象塑造方面,难以回避"西强我弱"的局面,换言之,目前"西方媒体掌握
着全球90%以上的信息传播,中国在海外的形象主要靠西方媒体来构建和塑
造",同时根据"一项权威调查表明,美国等西方媒体关于中国的报道,50%为
负面,只有25%为积极"。[②] 因此,我们在宣传党和国家形象时,不能仅仅依靠
"他塑"的构建方式,同时更要通过"自塑"的方式,掌握话语主动权,积极宣
传,善于发声,敢于亮剑,对于"他塑"的恶意诽谤予以果断回击,努力打造中
国气派,着力向国际社会阐释好中国道路、中国精神、中国力量,在中国化马克
思主义海外传播的过程中,构建中国特色的话语体系。

①　参见程曼丽:《"一带一路"对外传播重在释疑解惑》,《新闻战线》2017 年第 5 期。
②　参见严文斌:《中国国际形象的"自塑"与"他塑"》,《对外传播》2016 年第 6 期。

第二章　新民主主义革命时期
毛泽东思想海外传播

　　毛泽东作为一代历史伟人,不仅属于中国,而且属于世界。正如习近平总书记在纪念毛泽东诞辰 120 周年座谈会上的讲话指出:"他不仅赢得了全党全国各族人民爱戴和敬仰,而且赢得了世界上一切向往进步的人们敬佩。"①早在新民主主义革命时期,不仅毛泽东作为 20 世纪中华民族英雄载入史册,而且毛泽东思想也为中华民族精神注入新的生机与活力,引领中华民族自立于世界民族之林。作为马克思主义中国化的第一大理论成果,毛泽东思想还以超越时空的能量,独树一帜的风格,传播于海外,蜚声于全球。揭示毛泽东思想海外传播的曲折历程,总结毛泽东思想海外传播的显著成就,探讨毛泽东思想海外传播的历史启示,对于提升中国共产党国际形象,进一步推进当代中国马克思主义走向世界无疑具有重要的现实价值。

---

　　① 习近平:《在纪念毛泽东同志诞辰 120 周年座谈会上的讲话》,《人民日报》2013 年 12 月 27 日。

第一节　新民主主义革命时期毛泽东
思想海外传播的曲折历程

新民主主义革命时期,由于长期的革命战争,毛泽东思想海外传播并非一帆风顺,其间经历了初见端倪—此伏彼起—异彩纷呈等曲折过程。在这一艰难曲折的历程中,苏联、共产国际、中共自身及西方记者都为毛泽东思想海外传播做出了不懈努力。

一、土地革命时期毛泽东思想海外传播初见端倪

土地革命时期,中国共产党人吸取大革命失败的惨重教训,掀起武装反抗国民党反动派的斗争。毛泽东提出"枪杆子里出政权"的著名论断,开展武装斗争,创建革命根据地,成功开辟了"农村包围城市"的新道路,这表征毛泽东思想开始形成。在此期间,毛泽东思想亦在苏联和共产国际内部,以及日本、美国、法国等地相继传播,拉开了毛泽东思想海外传播的序幕。

(一) 苏联和共产国际拉开毛泽东思想海外传播序幕

土地革命前期,由于缺乏斗争经验,中国革命主要依靠苏联和共产国际的指导。当时共产国际受联共(布)党内高度集权的影响,逐渐成为苏联推行外交政策的工具,而莫斯科方面由于缺乏对中国革命实际情况的了解,酿成中国共产党内不可挽回的"左"倾错误。但在农民运动和武装斗争问题上,苏联和共产国际的确给中国共产党提供了宝贵的指导意见,并在共产国际机关刊物转载或其他报刊提及中国共产党关于农民运动和武装斗争的相关文献,从此毛泽东思想在苏联和共产国际的传播拉开序幕。

关于农民运动,共产国际鲜明地主张:"农民问题是中国共产党全部政策

的中心问题,贫农是革命的先锋"①,"故中国之国民革命,质言之即是农民革命"。毛泽东也很早认识到"农民问题乃国民革命的中心问题,农民不起来参加并拥护国民革命,国民革命不会成功"②。1927 年,毛泽东综合考察湖南湘潭、醴陵等地之后,对农民运动表示坚定支持态度,提出建立农民政权和农民武装的重要性,精辟分析了农民各阶层在革命中的不同地位和作用,深刻阐明了农民运动同中国民主革命成败的密切关系。根据考察概况,毛泽东撰写的《湖南农民运动考察报告》一文,发表在《战士》周报和《民国日报》等报刊上,立即引起共产国际的高度关注,且赞许有加。1927 年 5 月和 6 月,共产国际的机关刊物《共产国际》俄文版和英文版相继登载该文,这也是第一篇被译介到国外的毛泽东著作。《共产国际》英文版的编者按认为,"在迄今为止介绍中国农村状况的英文出版物中,这篇报告是最为清晰的。"③时任共产国际执委会主席布哈林称赞报告"写得极为出色,很有意思""字字精炼,耐人寻味"④。据考证,《湖南农民运动考察报告》是世界共产党"权威"杂志《共产国际》发表的第二篇由中国人亲自撰写的文章。⑤ 由此,毛泽东开始引起国际社会的关注,毛泽东思想也开始在共产国际内部传播。

关于武装斗争,斯大林在《论中国革命的前途》中表示:"在中国,是武装的革命反对武装的反革命。这是中国革命的特点之一和优点之一",并提醒中国共产党人"应该特别注意军队工作"⑥。随着革命的发展,以毛泽东为首的中国共产党人也开始意识到开展武装斗争的迫切性,毛泽东在"八七"会议

---

① 《马林在中国的有关资料(增订本)》,人民出版社 1984 年版,第 46 页。
② 《毛泽东文集》第一卷,人民出版 1993 年版,第 37 页。
③ 陈葆华:《国外毛泽东思想研究评述》,陕西人民出版社 1993 年版,第 15 页。
④ 金冲及编:《毛泽东传(1893—1949)》,中央文献出版社 2004 年版,第 127 页。
⑤ 参见程玉梅、林建华:《世界社会主义共产主义运动新论》,人民出版社 2010 年版,第 332 页。
⑥ 《共产国际有关中国革命的文献资料(1919—1928)》,中国社会科学出版社 1981 年版,第 267 页。

上重点指出："以后要非常注意军事,须知政权是由枪杆子中取得的"。① 1927年,中国共产党向苏联学习,先后在南昌、长沙、广州举行武装起义,但因敌强我弱,起义遭到重创。同年9月,毛泽东改变原定攻打长沙的计划,决定向敌人控制薄弱的山区进发,并率领工农革命军到达井冈山,创建农村革命根据地,引导中国革命走上了农村包围城市的正确道路。

关于经济政策。1934年1月,毛泽东在江西瑞金召开的全国第二次工农兵代表大会上作了《我们的经济政策》的报告,阐明当时我党关于经济建设的基本原则,即"进行一切可能的和必须的经济方面的建设,集中经济力量供给战争,同时极力改良民众的生活,巩固工农在经济方面的联合,保证无产阶级对于农民的领导,争取国营经济对私人经济的领导,造成将来发展到社会主义的前提"。②《我们的经济政策》一文结合中国的具体实际,并闪耀着马克思主义真理的光辉,也因此受到共产国际的高度关注和重视,并相继刊发在《共产国际》1934年第20、21、23期上。1934年苏联外国工人出版社出版了毛泽东著作集《经济建设与查田运动》,虽然该书收录的文章数量有限,但毕竟是海外出版的第一部毛泽东文集,因而具有标志性意义。由此可见,苏联和共产国际已充分肯定毛泽东的领导才能和革命主张,因而对毛泽东领导地位采取支持的态度并将毛泽东思想进行国际传播。

(二) 日本情报机构开始关注毛泽东思想

早在20世纪20—30年代,日本情报机关即从各方面搜集中国共产党的信息,为侵略中国进行详细而周全的准备,于是开始关注毛泽东思想。

20世纪20年代末,日本出现了对毛泽东的介绍。据日本政治史学者野村浩一在《毛泽东:人类智慧的遗产》一书中写道,早在井冈山斗争时期,日本

---

① 《毛泽东文集》第一卷,人民出版社1993年版,第47页。
② 《毛泽东选集》第一卷,人民出版社1991年版,第130页。

人就已经知道了毛泽东是"共产游击队"的首领、"朱毛军"的领导人,这与大多数普通中国人知道毛泽东的名字应该是在同一时期①。随着毛泽东的《湖南农民运动考察报告》被翻译成日文并在日本传播,日本人开始撰写与毛泽东有关的文章,例如《国民党与共产党的新关系》《中国共产党文献考》等,对发动秋收起义和创建井冈山革命根据地等重要事件进行了大篇幅的评介。② 日本官方、半官方在中国创办的《上海周报》《天津经济时报》《满铁支那日报》《满洲评论》等日文报刊,从 1928 年 1 月到 1932 年 12 月,发表了有关中共活动、朱毛红军动态等文章 188 篇,这些报刊在一定程度上成为毛泽东思想在日本传播的重要平台。

但是,当时日本在传播毛泽东思想过程中带着不正当目的,主要是为发动侵华战争而去搜集毛泽东著作及中国共产党的资料信息,所以在传播过程中夹带着作假、歪曲事实的成分,诋毁、污蔑了毛泽东及其中国共产党的国际形象。

(三) 美国记者开始积极传播毛泽东思想

大革命失败后,由于蒋介石的严密封锁,中国共产党在相当长的时期内与外界处于隔离状态。在当时,中国共产党对美国的看法主要来源于苏联和共产国际,认为美日都是帝国主义国家,"我们的党必须最坚决的反对对于任何帝国主义尤其是美帝国主义的幻想"。③ 土地革命时期,美国官方对毛泽东思想的传播甚少,传播主体以美国民间记者为主。

1925 年,安娜·路易斯·斯特朗第一次来到向往已久的中国,采访了省港大罢工的领导人苏兆征,并详细报道了当时的省港大罢工。1927 年,斯特朗再度来到中国,上海英文报纸《中国信使》在报道中写道:"安娜·路易斯·

---

① 参见[日]野村浩一:《毛泽东:人类智慧的遗产》,时代文艺出版社 1993 年版,序言第1 页。
② 参见张文琳:《日本对毛泽东思想的研究》,《甘肃政法学院学报》2000 年第 4 期。
③ 《中共中央文件选集》第 8 册,中共中央党校出版社 1989 年版,第 113 页。

斯特朗,可能是从事新闻通讯和其他报刊事业最著名的美国妇女,抵达上海作不定期的逗留"①,对她的作为给予了高度评价。斯特朗是最早介绍和翻译毛泽东著作的西方记者,她于 1928 年写成《中国大众》一书,介绍了《湖南农民运动考察报告》的主要内容,报道了朱毛会师和第一次、第二次全国工农兵代表大会的情况等,此书的出版让西方对毛泽东思想有了初步认识。她在1935 年出版了影响很大的一书 China's Millions: The Revolutionary Struggles from 1927 to 1935(《千千万万的中国人民:1927—1935 年的中国革命战争》),在书中揭露国民党对中国革命的镇压和叛变,向全世界介绍了中国共产党所做的革命斗争,并在书中她还作出预言:"中国的未来存在于被捣毁的农会之中,存在于那些千千万万农民的希望和经验之中。"②1938 年,斯特朗第三次来华,对朱德的司令部和华北各个战场进行了访问,随后根据采访撰写了《人类的五分之一》一书,对共产党、八路军的抗日斗争及其灵活的战略战术进行高度赞扬,同时也赞美了中国军民对日本侵略者同仇敌忾、坚强不屈的英勇斗争,并坚信中国的抗战一定能够取得胜利。

另一位美国记者艾格尼丝·史沫特莱(Agnes Smedley),1928 年底她为了解中国革命运动,作为《法兰克福日报》驻中国特派记者来到中国东北,次年 5 月到达上海。她撰写了 China's Red Army Marches(《中国红军在前进》)一书,书中记录了 1927 年至 1932 年间,在中国共产党的领导下,以工农红军为先锋,同反动派奋起斗争,成立中华苏维埃共和国的五年建军史话。

1936 年,美国记者埃德加·斯诺,作为对红色地区展开采访的第一个西方新闻记者前往陕甘宁边区,党中央对此次访问非常重视。值得一提的是斯诺与毛泽东进行了五次访谈,在访谈结束后,斯诺以《一个共产党员的来历》

---

①　[美]艾泼斯坦、邱茉莉:《回忆安娜·路易斯·斯特朗》,《今日中国》(中文版)1980 年第 Z3 期。

②　[美]《斯特朗文集》(三),傅丰豪译,新华出版社 1988 年版,出版前言第 3 页。

为题撰写稿件,让西方社会熟知了毛泽东的个人风范,稿件见刊后收效显著。通过访谈,斯诺逐步认识到:"最具活力的思想家必须在深入交往中同人民相结合,他们必须在农民当中生根、开花、结果。只有这样,新民主主义和人民的新的更伟大的领导人才能涌现并茁壮发芽。"①"'不变'的中国正在争取战争的胜利,因为他们终于变了,而且朝着进步的方向"②。后来斯诺出版了 *Red Star Over China*(《红星照耀中国》),该书详细地叙述了毛泽东及中国共产党为中国革命所做的贡献,对中国共产党和中国革命作了客观评价,并向全世界作了公正报道。该书在伦敦出版后,短暂一个月内再版七次,销售量高达 10 万册,由此世界第一次出现了"毛泽东热"。

土地革命时期,美国记者前往各革命根据地,记录中国革命的实况,向全世界展示了中国人民为谋求民主自由所谱写的奋斗史,同时传播了指导人民进行斗争的毛泽东思想,他们所出版的重要著作也成为研究毛泽东思想海外传播和国际共产主义运动史的珍贵文献。

二、抗日战争时期毛泽东思想海外传播此伏彼起

抗日战争时期,毛泽东不断总结经验教训,撰写了许多著名论著,为全民族抗战提供了行动指南,这标志着毛泽东思想逐步走向成熟。同时,毛泽东思想的海外传播呈现出此伏彼起的局面。

(一)毛泽东思想在苏联传播起伏跌宕

抗日民族统一战线建立后,以毛泽东为首的中国共产党人提出在抗战中要坚持独立自主的原则,但是苏联认为国共两党抗战实力悬殊,因而把国民党作为抗战的主要力量,苏联本着"有我国(苏联)的援助和英美盟国的援助,蒋

---

① [美]《斯诺文集》(三),《为亚洲而战》,新华出版社 1984 年版,第 255 页。
② [美]《斯诺文集》(三),《为亚洲而战》,新华出版社 1984 年版,第 195 页。

介石即使不能打退日本的侵略,也能长期拖住它"①的认识,通过共产国际对
中国共产党施加压力,提出"一切服从抗日民族统一战线,一切经过抗日民族
统一战线"②的口号。这一时期,苏联在国共关系的处理上给了国民党巨大的
支持,在某种程度上遏制了中国共产党的发展。虽然苏联把国民党放在中国
抗日战争的领导地位,但对中国共产党积极抗日还是持肯定态度,苏联和共产
国际对共产党在抗日战争中的表现予以客观报道,对指导抗日战争的毛泽东
思想给予充分肯定,并扩大了毛泽东思想在海外的影响。

　　自 1937 年起,苏联报刊开始密切关注并及时报道中共抗战的新闻,其中
《真理报》《消息报》《莫斯科晚报》是主要阵地,相关报道对中国共产党领导
抗日民族统一战线给予充分肯定,为中国人民的抗日战争提供了巨大的精神
动力。1937 年 9 月 30 日《真理报》发表了题为《中国报刊谈朱德八路军的胜
利》的消息,高度赞誉了毛泽东的战略战术方针。1938 年《共产国际》第 1 期
发表了毛泽东撰写的《国共合作成立后的迫切任务》,毛泽东在文章中强调,
为了让中华民族能够顺利渡过当前的危机,中国共产党和国民党必须达成一
致,通过精诚合作来扫清革命道路上的一切障碍;在《共产国际》第 2 期又发
表了毛泽东撰写的《和英国记者贝特兰的谈话》一文,除进一步明确中国共产
党在抗战时期所要遵循的方针政策以外,还对今后军事方面所要施行的重要
战略战术进行了介绍;毛泽东撰写的《和美联社通讯记者的谈话》与《同世界
学联代表团的谈话》两篇文章分别发表在《共产国际》1938 年第 6 期、第 10
期,毛泽东在后一篇文章中指出,抗日战争既要依靠国内各界的力量,同时也
离不开国际社会的支持与援助,因此希望通过此次会谈,能让国外进一步了解
中国人民寻求国际社会支持的迫切心声,并将这一心声传达到海外。

　　毛泽东所撰写的《论新阶段》一文于 1939 年 4 月刊登在《共产国际》(俄

①　崔可夫:《在华使命——一个军事顾问的笔记》,北京出版社 1980 年版,第 35 页。
②　张静如、梁志祥等编:《中国共产党通志》第 2 卷,中央文献出版社 2001 年版,第 668 页。

文版)第4期,在文章中毛泽东指出,抗日战争已经进入了新的阶段,抗日民族统一战线需要所有爱国人士、党派团体以及其他爱国组织的加入,一起克服新的困难,争取新的胜利;而毛泽东撰写的《关于国际新形势对新华日报记者的谈话》则分别通过《共产国际》(俄文版)第八、九期传播到国际社会,毛泽东在文章中对未来国际形势的发展方向与趋势做了系统、全面的分析。在毛泽东看来,1939年8月签订的《苏德互不侵犯条约》,是苏联社会主义力量增长和苏联政府坚持和平政策的结果。对东方而言,则打击了日本,援助了中国,增强了中国抗战派的地位。在这样新的国际环境中,在日本更加困难和中国决不妥协的条件之下,中国抗日战争战略防御阶段便已完结,而战略相持阶段便已到来。此时中国面临两个前途:一个是坚持抗战、团结、进步的前途,即复兴的前途;一个是实行妥协、分裂、倒退的前途,即亡国的前途。为迎接伟大复兴的光明前景,中国要做好战略反攻的充分准备。毛泽东对国际形势的系统分析和抗日战争的科学预见,极大鼓舞了爱好和平的中国人民和世界人民战胜日本侵略者的信心和勇气。

1939年11月,苏联国家政治读物出版社出版了《毛泽东传》,该书以斯诺和毛泽东的访谈作为依据。书上印有"全世界无产者,联合起来"字样,这句标语是国际无产阶级运动的战略口号,按照国际惯例,这句话通常只会印刷在马克思列宁主义经典著作上,足以见得当时苏联对毛泽东和毛泽东思想的高度认同。1940年,苏联发行了毛泽东著作《新民主主义论》俄文版和英文版,传播了关于中国抗战发展前途的看法,极大地鼓舞了国人坚持抗战的士气。

然而,苏联方面在1941年开始逐步削弱对毛泽东思想传播的力度,一直持续到1945年。其原因主要有四:第一,中国共产党与苏联的关系随着1941年皖南事变的爆发而出现裂痕。共产国际由于担心中国共产党坚持己见会损害其在中国的切身利益,因此对中国共产党横加指责,双方以往在各方面的热情合作开始逐步降温。在此背景下,苏联方面也失去了传播毛泽东思想的兴趣。第二,苏联全力以赴进行卫国战争,无暇顾及毛泽东思想的海外传播。第三,援苏问题未能达成共识,让双方的矛盾进一步加深。德国入侵苏联前期,苏联无力抵御,节节败退,因此要求中国共产党放弃国内的抗日战争转而支援苏联,同德军作战。面对苏联这一无理要求,毛泽东坚决予以回绝,因此使得苏联与中共的关系进一步恶化。第四,苏联误以为中共开展的延安整风运动是针对斯大林而来的,因此,双方的矛盾再度升级。延安整风运动是为了贯彻落实毛泽东关于统一全党实事求是思想路线而展开的,然而季米特洛夫却认为中共的此次整风运动属于明目张胆的"反苏"行径,更加深了苏联对中国共产党的误解与偏见。

(二) 毛泽东思想在日本传播迎来高峰

日本是全球译介毛泽东论著最多的国家①。1937 年,日本帝国主义发动的全面侵华战争把中国推向了生死存亡的边缘。随着"西安事变"的爆发和抗日民族统一战线的形成,毛泽东思想在日本得到进一步传播,许多著作在这一时期被翻译成日文。日本希望通过研究毛泽东思想去了解中国共产党的政策主张。此外,中国共产党的大力推介,也是毛泽东著作在日传播的重要影响因素。抗战时期党中央非常重视反法西斯国际统一战线建设,提出要"帮助日本人民的民主力量,建立日本人民的民主制度"②。据有关资料记载,日译毛泽东著作最早出现在日本是 1938 年 10 月,刊登在日文刊物《国际经济学家》杂志上,日译题目是《为支那的自由与独立》,由日本东亚研究所第二部根据毛泽东对国际学生同盟代表的讲话翻译。③ 同年,日本政府成立了东亚研究所,毛泽东的《新民主主义革命》《论新阶段抗日民族战争与抗日民族统一战线发展的新阶段》《论持久战》等文章被先后翻译成日文。但受国家利益的

---

① 参见徐庆超:《学术外宣与中国对外话语体系建设——关于"世界中国学论坛"的案例研究》,《中共中央党校学报》2015 年第 2 期。
② 《毛泽东选集》第三卷,人民出版社 1991 年版,第 1086 页。
③ 参见曾长秋:《日本学者视野中的毛泽东思想》,《益阳师专学报》2000 年第 3 期。

073

影响,当时一些稿件文章歪曲了中国共产党人的形象,例如日本记者波多野乾一曾在日本杂志《大安》发表文章,他在文章中给中国共产党人加上《水浒传》里的人物外号。①

抗日战争时期日本集中翻译的毛泽东著作,虽然是为其国家政治利益服务,离学术研究尚有很大距离,但也使毛泽东著作在日本获得了广泛的传播效果,因此,这一时期是毛泽东思想在日本传播的第一个高峰。

(三) 毛泽东思想在美国传播渠道的拓展

抗日战争爆发后,中国共产党希望能与美国结成统一战线,但是美国基于国家利益一直宣扬保持"中立"态度。随着日本侵华战争的扩大,美国与日本矛盾日趋激化,特别是珍珠港事件后,美日矛盾不可调和,中国战场随之得到美国的援助。以此为契机,毛泽东对美国采取积极主动的态度,寄希望于美国压制国民党的反共策略,以巩固统一战线。1944 年国民党军队在豫湘桂战役中彻底失败,美国对国民党的态度发生转变,更加看重中共领导的抗战军队,主动与中共开始接触,派遣美国军事观察组前往延安进行考察。

美军观察组进驻延安,标志着抗战时期美国政府与中国共产党之间合作关系的正式建立。美军观察组受到毛泽东、周恩来、朱德等人的接见,毛泽东多次与观察组成员长谈,详尽介绍了当时的形势和任务及对中美关系、国共关系的看法。毛泽东为了表明与美国之间的友好关系,在《欢迎美军观察组的战友们》题目中添加了"战友们",他在文中提到观察组到延安"是中国抗战以来最令人兴奋的一件大事",同时表示"国民党想要永远一手遮天,已经困难了"。② 在美军观察组来延安之前,美国民众对中共领导的军队了解甚微,在这次美国军事观察组行程中,观察组成员向美国国内发回了大量报告,美军观

---

① 参见[日]野村浩一:《毛泽东:人类智慧的遗产》,时代文艺出版社 1993 年版,第252 页。
② 胡乔木:《回忆毛泽东》,人民出版社 1994 年版,第335—336 页。

察组的来访"会使美军统帅部对于中国共产党始终坚持团结抗战、实行民主的政策,以及共产党领导下的敌后抗战力量,获得真实的了解,并据以决定正确的政策"①,同时加强了美国人民对中国共产党的了解,推动了毛泽东政治和军事思想在美国的传播。

美军观察组进驻延安,使美国完成了与中国共产党的合作从最初的以个体为主的民间交流到半官方交流的探索;毛泽东思想在美国传播的主体,也由民间记者扩展到官方机构,毛泽东思想在美国传播的渠道进一步得到拓宽。

三、解放战争时期毛泽东思想海外传播异彩纷呈

1946 年 6 月,中国革命进入解放战争时期。一方面,中国共产党和国民党进行了改变中国命运的大决战;另一方面,以美国和苏联为代表的两大阵营在此期间的冷战同样改变了世界未来的格局。由此可见,这一关键转折时期对中国和国际社会都是至关重要的。在如此错综复杂的国际国内形势下,毛泽东思想由于其本身强大的魅力,依然在海外得到广泛传播。

(一) 苏联官方主动传播毛泽东思想

抗战结束后,苏联政府公开承认以蒋介石为首的国民党政府,中国共产党也并未就此事与苏联政府发生正面冲突,反而竭力从双方签订的协议中寻找潜在的合作空间。其后,中国共产党在东北地区开辟了革命根据地,鉴于当时东北形势复杂,中共中央逐步调整战略,并主动与苏联政府就部分事项达成了共识,双方也有了进一步合作的基础。进入 1946 年 6 月以后,全国解放战争正式开始,苏联政府奉行中立的对华政策,而中国共产党和苏联也通过互派代表会面的形式来逐步消除了以往彼此的偏见,双方的关系也开始逐步亲近。

1948 年苏联邀请毛泽东为欧洲共产党和工人党情报局机关刊物《争取持

---

① 《毛泽东外交文选》,中央文献出版社、世界知识出版社 1994 年版,第 37 页。

久和平,争取人民民主!》撰写一篇论文,毛泽东的《全世界革命力量团结起来,反对帝国主义的侵略》一文正是在这样的背景下所撰写的,并于当年在上述刊物第 21 期正式发表。同年,苏联最高领导人斯大林为了进一步了解毛泽东及其思想,主动派出苏联学者尤金访华。其后,包括《矛盾论》《实践论》及《毛泽东选集》等在内的毛泽东著作都被尤金译成俄文并带回苏联供斯大林阅读[①],毛泽东的《目前形势和我们的任务》《在晋绥干部会议上的讲话》等其他相关著作也都被苏联方面翻译成俄文并由苏联逐步向欧洲乃至全球迅速传播。

解放战争后期,中国共产党与苏联的关系在双方的共同努力下不断加强,从而双方最终形成了战略合作关系,毛泽东思想也在苏联进一步传播,并在苏联方面的积极配合下,迅速传播到世界各地。

(二) 日本大量翻译出版毛泽东著作

第二次世界大战结束以后,日本作为战败国,其国内形势错综复杂,局面异常动乱不安。由于日本向来有从中国学习的历史和传统,所以在中国取得抗日战争胜利以后,日本一些研究中国的学者开始反省过去对中国的错误认识,他们抱着一种"加害者意识"和"赎罪感",参加日本民间的中国研究所,继续从事中国问题的研究工作。同时,抗战期间在延安和中国解放区工作的野坂参三等日共党员及"日本人民解放联盟"成员,先后回到日本,宣传、介绍毛泽东思想。由此,日本对毛泽东思想的传播与研究步入正轨,出版了不少介绍毛泽东和毛泽东思想的著作及文章,为日本民众进一步打开了解中国及毛泽东思想的大门。1946 年日本学者千田九一将毛泽东的《在延安文艺座谈会上的讲话》翻译成日文并由日本东京十月书房负责出版,《现阶段中国文艺的方向》是该书的日本译名。其后,日本国民对中国及毛泽东思想越来越感

---

① 参见何明星:《红色经典的海外遗产》,《南风窗》2009 年第 2 期。

兴趣,有关毛泽东的许多著作也陆续成为日本各大出版社争相出版的对象,其中有代表性的是日本学者岩村三千夫于 1948 年写的《毛泽东的思想》一书。该书高度评价了毛泽东思想的国际意义。他写道:"毛泽东思想是马克思列宁主义的中国版。岂止如此,我们越放眼于亚洲,就越发感到毛泽东的理论是马克思列宁主义的亚洲版的代表。这是因为中国和中国革命所处的条件同亚洲各国及其民族解放运动所处的条件基本上是一样的。"此外,中国文学研究家竹内好(Takeuchi Yoshimi),也高度评价毛泽东的根据地革命的意识和延安整风运动的实践。

因众多日本专家和学者对毛泽东思想进行本土化解读,这使得毛泽东思想能够在日本社会得以快速传播,并得到日本民众的广泛认同。

(三) 美国展开毛泽东思想学术研究

第二次世界大战结束之后,美国与苏联的矛盾冲突虽然已经初露端倪,但双方表面上仍然保持合作关系。美国在参与二战初期,就拟定了要通过扶持中国来遏制苏联在远东地区势力这一战略目标。因此,如何正确处理与中国的关系,是当时美国政府关注的重点问题。

美国记者安娜·路易斯·斯特朗于 1946 年 8 月开启了第五次访问中国的旅程,同时她此次访华还经历了中国共产党与国民党从和谈到分裂的全过程,因此她此次的收获也是屡次访华中最为丰硕的一次。另外,毛泽东关于"一切反动派都是纸老虎"的著名论断,就是此次和斯特朗在延安谈话时所提出来的。毛泽东率直的谈吐以及形象的比喻都给斯特朗留下非常深刻的印象,也让她对毛泽东本人以及中国的国情了解得更加深刻直观。在征得毛泽东的同意后,斯特朗于 1947 年 4 月将她与毛泽东关于"纸老虎"的谈话内容整理成《从延安窑洞看世界——与毛泽东的谈话》一文并刊登在美国杂志《美亚》上,她概要地介绍了毛泽东的论断:毛泽东认为以蒋介石为首的国民政府如果能够切实维护人民的根本利益,那么蒋介石及其政府就属于铁打的老虎;而当他们违背人民的意愿并执意将当前的内战进行到底的话,那么他们就属于不堪一击的纸老虎。后来,《毛泽东选集》也收录了斯特朗与毛泽东关于"纸老虎"的谈话内容。① 除此之外,斯特朗还将自己对中共主要领导人的访谈内容整理汇编进了《毛泽东的思想》一书,并统一由美国杂志《美亚》刊登。这是全球范围内第一本系统全面地介绍毛泽东思想的著作,进一步扩大了毛泽东思想在美国及世界范围内的传播。

第二节　新民主主义革命时期毛泽东思想海外传播的显著成效

新民主主义革命时期,毛泽东思想的海外传播,积极宣传了中国共产党的正确主张,正面塑造了中国共产党和中国革命的国际形象,并为世界人民的革命斗争提供了有益借鉴。

一、积极传播中国共产党的正确主张

毛泽东思想是关于中国革命正确的理论原则和经验总结,是中国共产党集体智慧的结晶。新民主主义革命时期,毛泽东思想的海外传播,有效宣传了中国共产党的正确主张,"工农武装割据""持久抗战""文艺为无产阶级革命服务"等光辉思想逐步得到国际社会的理解与认同。

(一)"工农武装割据"的现实合理性

毛泽东从半殖民地半封建社会的基本国情出发,通过长期的思考与实践,认识到中国革命要取得真正胜利,就必须获得广大农民的支持,并通过农村实现对城市的包围,以及利用游击战术充分发挥中国共产党的优势。

---

① 参见杨琳:《安娜·路易斯·斯特朗六次中国行——赵风风访谈录》,《百年潮》2015年第1期。

　　大革命失败后,中国共产党在生死存亡之际召开了著名的八七会议,毛泽东在会议上提出了"枪杆子里出政权"的著名论断,虽然遭到了党内不同意见的领导人反对,但在苏联以及共产国际的支持下,通过武装斗争夺取革命胜利的方针最终予以确立。斯大林就此发表看法,他认为:"在中国,是武装的革命反对武装的反革命。这是中国革命的特点之一和优点之一。"①

　　但中国革命具体应该走什么样的道路,党对这一问题的认识,经过了一个曲折探索的过程。起初,由于俄国十月革命取得重大胜利,因此,斯大林认为俄国"苏维埃形式或多或少是其他国家无产阶级专政所必须采取的形式",并且俄国十月革命"给一切国家的无产阶级革命提供了基本轮廓"②。在此背景下,中国共产党效仿俄国十月革命,确立了以"城市中心论"为主的革命方针,而对建立农村革命根据地的重要性缺乏足够的认识。湘赣边秋收起义以后,毛泽东于1927年9月发动了攻取长沙的战役,结果遭遇失败,转而深入湘赣地区中部,并在井冈山创建了中国首个农村革命根据地。其后,经过一系列的实践活动和潜心研究,毛泽东相继写下了《中国的红色政权为什么能够存在》《井冈山的斗争》《星星之火,可以燎原》等文章,提出了"工农武装割据"思想,初步形成了"农村包围城市、武装夺取政权"的革命道路理论。共产国际执委会东方书记处扩大会议于1930年4月15日召开,讨论了中国共产党"工农武装割据"思想,共产国际工作人员马马耶夫还专门针对朱德和毛泽东领导下的红军建制问题、政治教育问题以及红军将领与士兵关系等情况在大会上作了详细报告。③

　　虽然毛泽东关于工农武装割据思想在中共中央遭到许多人激烈反对,然而实践却一再证明这一思想是符合中国国情的。通过《湖南农民运动考察报

---

①　《斯大林全集》第八卷,人民出版社1954年版,第326页。

②　《斯大林全集》第十一卷,人民出版社1955年版,第133页。

③　参见《马马耶夫在共产国际执行委员会东方书记处务委员会扩大会议上的报告》,《共产国际、联共(布)与中国革命档案资料丛书》第9卷,中央文献出版社2002年版,第110—119页。

告》等著作的海外传播,共产国际和苏联逐步意识到工农武装割据思想的现实合理性,从而更加坚定了为毛泽东思想海外传播摇旗呐喊的决心。

(二)"持久抗战"的历史必然性

1938 年,毛泽东在延安发表了著名的《论持久战》,有力驳斥了当时盛行的"亡国论"和"速胜论"等论调。陈独秀对抗战方针提出了质疑:"幻想专靠游击队来保护国家便是天大的错误……如果我们执迷不悟,过分的估计游击队和游击战术……仍然算是亡了国!"①《论持久战》同时也是针对中国共产党内部分人轻视游击战的倾向,全面论述了中国坚持持久抗战的重要性与必要性。

毛泽东清楚地认识到中国的特殊国情,是坚持持久抗战的出发点。日本虽然在战争初期有着强大的作战能力,但因为国土面积狭小,能够支持战争的各种财力物资不足,后勤资源有限,难以持续作战;而我国地大物博,战略纵深大,完全有条件和能力进行长期抗战。毛泽东科学地预见抗日战争可划分为三个阶段,即战略防御、战略相持和战略反攻。与此同时,在《论持久战》中,毛泽东还提到"人民战争"的重要性,强调广大老百姓是赢得抗战的关键性力量,获得人民群众的支持,可以在很大程度上抵消中日在武器装备上的差距。② 为了扩大持久抗战思想的国际影响,当时周恩来去香港,专门找到宋庆龄商谈在海外翻译发行英文版的《论持久战》,宋庆龄通过自己的人脉关系找到爱泼斯坦等人完成了翻译工作。在出版发行时,毛泽东还亲自撰文作序,高度重视此书在海外的发行传播。他在序言中指出,中国抗战是世界反法西斯战争的重要组成部分,与全世界的战争是联系在一起的,不是孤立局部的战争。

---

① 任建树等:《陈独秀著作选》第三卷,上海人民出版社 1993 年版,第 494 页。
② 参见李祥兴、程晓敏:《抗战时期陕甘宁边区的社会教育与政治社会化》,《山西师大学报》(社会科学版)2011 年第 1 期。

《论持久战》英文版正式付梓发行后,获得各方翻译人士的青睐,在新民主主义革命时期就有四个版本的英文稿,包括许孟雄、杨刚、伊斯雷尔·爱泼斯坦(Israel Epstein)和《译丛周刊》第 42 期上发表的《论持久战》。其中值得一提的是杨刚版本的《论持久战》,作家邵洵美以及美籍人士项美丽(原名艾米丽·哈恩 Emily Hahn)为这篇英文版的交付完成贡献了自己的力量。邵洵美提出要发行《论持久战》的英文单行本,毛泽东为单行本写了题为《抗战与外援的关系》的序言。《论持久战》这篇指导中国抗战的纲领性文件的海外传播,为国际社会尽快了解中国抗战形势及持久抗战的历史必然性起到了关键作用。①

(三)"文艺为工农兵服务"的理论正当性

1942 年,毛泽东《在延安文艺座谈会上的讲话》的发表,标志着新文学与工农兵群众相结合的文艺新时期的开始。《在延安文艺座谈会上的讲话》专门论述了"文艺为工农兵服务"的理论正当性,提出文艺工作者若要当群众的先生,先当群众的学生,向群众学习,为群众服务。

毛泽东所撰写的《在延安文艺座谈会上的讲话》(以下简称"讲话")由日本民间刊物——"新日本文学会"最先翻译、出版且广为传播,《现阶段中国文艺的方向》是该文的日文译名。该书通过前文的介绍着重强调《讲话》一文对中国民主主义运动的意义所在,即转变了传统的以小资产阶级为核心的艺术至上主义观念,同时树立了以服务民众为核心的民主主义文艺运动的新观念。因此,在二战结束以后日本的民主主义文艺运动可以从中学习经验和做法。日本文艺理论家藏原惟人(Kurahara Korehito)也高度肯定了《讲话》一文在日本进步文学中的重要地位与影响。② 日本汉学家竹内实则指出,《讲话》一文

---

① 参见张生祥:《〈论持久战〉英译活动:使世界人民了解中国抗战》,《中国社会科学报》2013 年 12 月 25 日。

② 参见[日]藏原惟人:《学习〈在延安文艺座谈会上的讲话〉》,《文艺报》1957 年 1 月 20 日。

所涉及的文学艺术相关理论都是在实践中总结出来的真知灼见,是对现实文学艺术的高度概括,因此具有非常重要的现实指导意义。① 日本早稻田大学(Waseda University)的"中国文学研究会"学生社团,还曾经在他们的学术科研中把这篇《讲话》放在首要地位。所有这些,都说明《讲话》在日本引起了高度关注,并在各界人士中得到了认可。

毛泽东《讲话》一文,在 1945 年由朝鲜咸镜南道发行了朝文译本,1946 年被韩国汉城大学翻译出版。1949 年又在《文学信》(*Aksonsan* 或 *Aksornsarn*)上刊登了泰文版本。这是一部具有划时代意义的思想著作,对于世界文学革命都有非凡的指导意义。

二、正面塑造中共和中国革命国际形象

新民主主义革命时期,毛泽东思想的海外传播正面塑造了中国共产党和中国革命的国际形象,有利于扩大中国化马克思主义的国际影响。

(一) 全新展示中国共产党的核心领导地位

近代中国之所以能从半殖民地半封建社会的深渊中站立起来,离不开以毛泽东同志为主要代表的中国共产党人的领导。毛泽东思想的海外传播,向国际社会全新展示中国共产党的核心领导地位,表明中国共产党的中流砥柱作用是中国人民抗日战争胜利的关键。

第一,中国共产党是中国人民奋起抗日的最早动员者。早在 1932 年 4 月,中共就发布《对日战争宣言》,而国民政府直到 1941 年 12 月 9 日才正式对日宣战。在中国人民的抗日战争中,一方面,中国共产党领导的东北抗日联军打击了日本在中国东北的殖民统治,推动了全国抗日救亡运动的发展。另一方面,中国共产党领导的八路军、新四军承担起抗日民族先锋的历史重任。

---

① 参见[日]竹内实:《文艺讲话》,岩波书店 1956 年版,第 77 页。

第二,中国共产党是凝聚全民族抗战力量的组织者。按理说中国的全民族抗战应该由当时处于执政地位的中国国民党领导,但是,中国的抗战是由抗日民族统一战线主导,而抗日民族统一战线则是中国共产党倡导的。早在1933年1月,中共首次提出并开始在东北组织反对日本帝国主义的统一战线。1935年,毛泽东在瓦窑堡会议上,作了《论反对日本帝国主义的策略》的报告,系统阐明中国共产党抗日民族统一战线的策略方针,呼吁全民族团结起来一致对外。

第三,中国共产党是中国抗日战争正确战略的提出者。1937年8月,中国共产党颁布了《抗日救国十大纲领》,提出了全面持久抗战的战略总方针,指明了抗日战争的正确方向。

(二) 积极回应国际社会对中国革命的密切关注

由于当时国民党的新闻封锁,西方社会对中共和中国革命了解甚微,甚至存在不少误解。对此,美联社记者冈瑟·斯坦(Gunther Stein)发表文章指出,在封锁线背后的延安,是一个令人惊讶的新社会。如何让世界认识和了解这个"新社会",回应国际社会对中国革命的密切关注,这个重大的现实问题摆在了当时中国共产党人面前。

通过报纸、期刊、书籍等媒介的宣传,外界对中国共产党和中国革命先入为主的误解与疑惑逐渐被打破,国际社会对毛泽东和毛泽东思想的传播与研究则更为广泛和深入。1935年,《共产国际》第三十三、三十四期合刊,发表了题为《勤劳的中国人民的领袖毛泽东》一文,篇幅长达112页。文章写道:"钢铁般的意志,布尔什维克的不屈不挠精神,惊人的胆略,杰出的革命指挥官和政治家的无限的才能,这就是中国人民的领袖毛泽东同志的优秀品质。"[①]毛泽东思想在海外传播的地域和影响力不断扩大,中国共产党和中国革命的

---

① 转引自许全兴、陈葆华、冯国瑞:《国外毛泽东思想研究文选》,中国大百科全书出版社1987年版,第7—10页。

真实面貌呈现在国际社会面前,从而消解了海外民众对中国革命和中国共产党的疑虑和误读。

(三) 逐步扩大中国共产党在国际社会的话语权

毛泽东思想的海外传播,有利于逐步扩大中国共产党在国际社会的话语权,具体体现在以下几个方面。

第一,让国际社会了解到,自 1935 年遵义会议之后,中国共产党不断成熟起来,并形成了以毛泽东为核心的坚强统一领导,能够在不依赖共产国际的前提下,独立自主地解决中国革命一系列重大问题。

第二,让国际社会感知到,中国共产党不是照搬照抄马克思列宁主义,而是将马克思主义中国化。正如美国著名记者冈瑟·斯坦(Gunther Stein)所言:"马克思主义已经变成中国的了。共产主义在应用于中国社会的实践中彻底中国化,这使我印象很深,觉得它是一个无可否认的事实,而不是什么宣传宣传的。"①正是在中国化的马克思主义——毛泽东思想的指导下,中国革命才能战胜一个又一个艰难险阻,取得一个又一个伟大胜利。

第三,让国际社会认识到,中国共产党领导的全民族抗战,是世界反法西斯战争的"东方主战场",为世界反法西斯战争作出了重大贡献。尤其是毛泽东提出的"持久抗战"的总方针,更为世界人民所津津乐道。1939 年 3 月,苏联《真理报》刊登《民族解放斗争中的中国共产党》,盛赞抗战爆发以来中国共产党领导的八路军、新四军以自己的英勇行动鼓舞了全国人民。

三、为世界人民革命斗争提供有益借鉴

毛泽东思想是马克思主义普遍原理同中国革命具体实际相结合的产物,是马克思主义本土化的光辉典范。毛泽东思想的海外传播,有利于推广马克

---

① [美]冈瑟·斯坦:《红色中国的挑战》,马飞海等译,上海译文出版社 1999 年版,第138 页。

思主义本土化的成功经验,同时为世界人民革命斗争提供有益启示,从而鼓舞世界人民的革命热情与斗志。

(一) 推广马克思主义本土化的成功经验

1938 年 3 月,在中共中央政治局会议上,王明坚持把抗战希望寄托在国民党的正面战场,强调在军队方面要服从国民党的统一领导,主张速决战。对此,毛泽东提出反对意见,强调抗战的持久性。会议决定派任弼时去莫斯科向共产国际汇报中共党内这一分歧,恳请共产国际能够对中国共产党的发展给出具体建议。在经过汇报商议后,中国共产党驻莫斯科共产国际的代表王稼祥带回了具体指示:"在毛泽东、朱德领导下的中国共产党,在极其困难和错综复杂的中国革命环境中,通过发展建立抗日统一战线和根据实际情况制定一系列可行可靠的应对政策,取得了积极的成效,是对马克思主义的活学活用。"①共产国际领导人季米特洛夫的指示,宣判了王明抗战思想的错误和毛泽东路线的正确,给了毛泽东和中国共产党极大的鼓舞。

随后,毛泽东在六届六中全会上提出马克思主义中国化的命题,指出:"使马克思主义在中国具体化,使之在其每一表现中带着必须有的中国的特性,即是说,按照中国的特点去应用它,成为全党亟待了解并亟须解决的问题"。② 中国共产党结合中国革命的具体实际,充分运用马克思主义基本理论,在实践中形成了新形态的理论,即毛泽东思想。毛泽东思想的海外传播,无疑推广了马克思主义本土化的成功经验。

(二) 为世界人民革命斗争提供理论借鉴

中国民族民主革命的胜利离不开毛泽东思想的正确指导。毛泽东思想的海外传播,也为世界人民的革命斗争提供了理论借鉴。

---

① 《王稼祥选集》,人民出版社 1989 年版,第 138 页。
② 《毛泽东选集》第二卷,人民出版社 1991 年版,第 534 页。

一是必须依据具体的国情,探索适合本国实际的革命道路,才有可能取得民族民主革命的胜利。中国革命之所以历经曲折最终取得胜利,最关键的是找到了"农村包围城市,武装夺取政权"的正确道路。毛泽东有关"工农武装割据"和游击战争的思想传播海外,对亚非拉国家夺取民族民主革命的胜利有着重要的借鉴意义。二是必须建立广泛的统一战线,才有可能取得民族民主革命的胜利。中国共产党在领导民族民主革命的过程中,团结一切可以团结的人,调动一切可以调动的积极因素,在不同时期建立不同的统一战线。正是依靠统一战线,壮大了自己的力量,摧垮了敌人的力量,取得了革命的胜利。毛泽东有关统一战线的思想传播海外,为世界人民革命斗争也提供了有益启示。

(三) 鼓舞了世界人民的革命热情与斗志

中国人民以自强不息、不屈不挠的斗志,结束了外敌肆意宰割的历史,甩掉了"东亚病夫"的帽子。那么,中国自立于世界民族之林的"秘钥"又是什么? 这引起了国际社会的密切关注。毛泽东思想作为中国革命的行动指南,理所当然地引起了国际社会的极大兴趣。

毛泽东在与斯诺、史沫特莱的访谈中指出,要建立世界反法西斯同盟,并及时挽救战争危机。中共领导的军队浴血杀敌,粉碎了日本法西斯侵略中国的企图,赢得了世界人民的肯定和称道。中国是反法西斯战争的东方主战场,牵制日本兵力最大,歼灭敌人人数最多。中国共产党领导人民军队进行抗战,发挥了中流砥柱的作用,鼓舞了亚非拉人民的反法西斯斗争。1937 年 5 月,毛泽东在延安代表中国共产党致信西班牙政府,对西班牙人民反法西斯斗争,表示坚决的支持和声援。1939 年 9 月,毛泽东在延安干部大会上,对遭受法西斯侵略的波兰人民深表同情,强烈谴责德国法西斯侵略行径。1941 年 10 月,中国共产党召集东方民族友人座谈会,来自日本、印度、印尼、菲律宾、马来亚、缅甸、泰国、朝鲜、越南和中国国内各民族代表出席了会议,将东方各民族的反法西斯斗争和解放运动推上一个历史的新阶段。

第三节 新民主主义革命时期毛泽东思想海外传播的重要启示

新民主主义革命时期,毛泽东思想海外传播取得了显著成效,也为新时代中国化马克思主义国际传播赋能宝贵的现实启示。

一、坚定中国化马克思主义的理论自信

毛泽东思想是马克思主义中国化的第一大理论成果。中国共产党将马克思主义基本原理与中国实际相结合,积极弘扬中华传统文化精髓,不断学习借鉴国外优秀文明成果,最终形成了毛泽东思想。随着中国革命形势向前发展,指导中国革命的毛泽东思想也不断发展,并在国际社会广泛发声。毛泽东思想的海外传播,彰显了中国化马克思主义的理论自信。正是这种高度的理论自信让中国共产党得到国际社会的逐步认同,由此在国际社会不断扩大自身的话语权。

(一) 理论自信来源于毛泽东思想的科学性与真理性

中国共产党不仅经历了大革命的洗礼、完成了万里长征,而且还历经抗日战争,打败了日本侵略者,又在国共内战时期夺取全国胜利,这一切赢得了世界关注的目光。指导中国革命取得胜利的毛泽东思想也由此在国际社会引起强烈反响,并在海外广泛传播,这无疑彰显了毛泽东思想的理论自信。

毛泽东思想的理论自信关键在于坚持马克思主义的指导。1930 年,毛泽东在《反对本本主义》一文中写道:"我们说马克思主义是对的,决不是因为马克思这个人是什么'先哲',而是因为他的理论,在我们的实践中,在我们

的斗争中,证明了是对的。我们的斗争需要马克思主义。"①中国在革命道路上经过多番尝试和摸索,在各种社会思潮相互激荡中得出了中国革命斗争需要马克思主义,也只有马克思主义能在中国大地扎根发芽的结论。但是坚持马克思主义的指导,并不是盲目照搬照抄,而是既坚持马克思主义的基本原理,又结合中国的具体实际不断发展马克思主义。毛泽东思想就是如此形成和发展的,因而具有牢不可破的科学性与真理性。

(二) 理论自信来源于中国革命的成功实践

毛泽东思想的理论自信绝不是盲目的自信,而是来源于中国革命的成功实践。具体而言,早在第一次国内革命战争时期,毛泽东以马列主义为指导,深入实际调查研究,初步提出了新民主主义革命的思想。土地革命战争时期,毛泽东坚持马克思主义基本原理同中国革命的具体实际相结合,在探索中国革命道路的实践中,提出并阐述了农村包围城市、武装夺取政权的革命道路理论。抗日战争时期,毛泽东科学阐述了新民主主义革命的对象、动力、领导力量、性质和前途等基本问题,实现了马克思主义与中国革命实践相结合的历史性飞跃,标志着毛泽东思想的成熟。解放战争时期和新中国成立后,毛泽东又提出了马克思主义基本原理与中国革命和建设的具体实际进行"第二次结合"的任务,形成了社会主义革命和建设的重要思想。总之,正是将每个时期中国革命成功的实践经验加以总结、提炼,才形成毛泽东思想;也正是在毛泽东思想的指导下,中国革命才克服一个又一个的艰难险阻,取得一个又一个的伟大胜利。正因如此,毛泽东思想才更有理论自信,并从中国走向世界。

(三) 理论自信来源于中华文化精髓的传承弘扬

中华传统文化源远流长,积淀着中华民族最深沉的精神追求。毛泽东从

---

① 《毛泽东选集》第一卷,人民出版社 1991 年版,第 111 页。

小研读历史典籍,对中国传统文化有着深刻的理解。他认为,只有把马克思主义和中国历史、中国文化有机结合起来,才能使马克思主义更好地指导中国革命。

1938 年,毛泽东在六届六中全会上指出:"我们是马克思主义的历史主义者,我们不应当割断历史。从孔夫子到孙中山,我们应当给以总结,继承这一份珍贵的遗产"。毛泽东特别重视从诸子百家主张中汲取智慧,充分肯定孔子"和而不同"的思想,指出统一里有斗争,既要团结,又都斗争;毛泽东赞同孟子"得道者多助,失道者寡助"的观点,鼓舞中华民族抗战的士气;毛泽东思想的精髓——实事求是,来源于班固《汉书》中的"修学好古,实事求是"。

正因为毛泽东思想根植于中华民族优秀的传统文化之中,所以它有更深厚的历史优势和理论优势,更有利于进一步增强毛泽东思想的理论自信,从而在国际社会有更大的话语权。

(四) 理论自信来源于对国外文明成果的学习借鉴

毛泽东思想的理论自信绝不盲目排斥国外优秀的文明成果,而是对其善于学习借鉴。"十月革命一声炮响",中国人开始掌握马克思列宁主义这一思想理论武器。毛泽东指出:苏联共产党"不但会革命,也会建设","我们必须向他们学习"。① 毛泽东在《论人民民主专政》中明确表示:"走俄国人的路,这就是结论。"②毛泽东在探索中国革命道路时,认识到中俄两国国情尽管有相同或相似的地方,但也有不同的地方。因此,中国革命既要"以俄为师",又要"以苏为鉴",始终坚持"走自己的路"。③ 针对王明等人奉苏联经验为圭臬的"左"倾错误,毛泽东明确指出:"我们还应该尊重中国革命战争的经验"④,

---

① 《毛泽东选集》第四卷,人民出版社 1991 年版,第 1481 页。
② 《毛泽东选集》第四卷,人民出版社 1991 年版,第 1471 页。
③ 《邓小平文选》第三卷,人民出版社 1993 年版,第 95 页。
④ 《毛泽东选集》第一卷,人民出版社 1991 年版,第 172 页。

因为中国革命和军队有自己特殊的情况。在不断深入探索的过程中,毛泽东坚持以"农村包围城市",成功开辟了一条符合中国国情的革命道路。

毛泽东在"以俄为师"的道路上,同时强调要"以苏为鉴",总结了学习国外先进经验的原则,即与中国实际相结合,既不盲目排外,也不全盘照抄,要进行有创造性的学习。后来毛泽东提出"我们必须尽可能地首先同社会主义国家和人民民主国家做生意,同时也要同资本主义国家做生意"①,主张向国外学习,汲取国外一切优秀文明成果。

毛泽东思想海外传播过程,同时也是与国外优秀文明成果相互学习、交流、互鉴的过程。正是吸取国外优秀的文明成果,毛泽东思想海外传播才更有理论自信。

二、切实加强国际传播的行动自觉

中国共产党干革命、搞建设、促改革,都不可能在一个自我封闭的环境里进行,必须加强中国化马克思主义的国际传播,争取国际社会更多的理解、认同与支持。

早在1929年六届二中全会上,中共就认识到对外宣传的重要性,通过了《宣传工作决议案》,提出要"加紧国际的宣传"的方针。在八年抗战期间,为建立国际反法西斯统一战线,中国共产党愈加重视对外宣传工作,通过出版著作和发行报纸等途径,大力推动毛泽东思想走出国门,走向世界,发出中国共产党强有力的声音。对此,英国学者亨利认为,"在获得和维持政治权力方面,毛泽东的宣传艺术使得他手握的笔比手持的枪更加强大"。②

抗战期间,翻译家许孟雄等人将《论持久战》译成英文出版,让国际社会对中国抗日战争有了更全面的了解,此文被国际社会赞誉为"绝妙的教科书",赢得国际社会"加快对华援助"。1944年,《新民主主义论》英文版在美

---

① 《毛泽东著作选读》下册,人民出版社1986年版,第663页。
② Henry X., Hong Sun, "Mao's Art of Propaganda", *Public Affairs*, No.20, 2020, p.3.

国发行,美共总书记白劳德称其为"一部有历史重要性的著作"。1945年,重庆谈判期间,延安印出了第一本外文书——《论联合政府》英文版。1948年,中共中央东北局将《毛泽东选集》(东北版)译成俄文本,并把《目前形势和我们的任务》等经典著作译成俄文介绍到国外。

中国共产党人不仅在国内积极推动理论外宣,而且在海外也积极进行宣传工作。1927年,中国留学生在美国出版不定期刊物《先锋》,后又改名为《先锋周报》《先锋报》。其内容主要是宣传中国共产党的抗日主张,号召海外侨胞和各国民众支援中国的抗日战争。

与在美国出版的《先锋报》相呼应,中共驻共产国际代表团在欧洲出版了《救国时报》,它是中国共产党在海外从事抗日救国宣传的机关报。自1935年创刊到1938年停刊,《救国时报》共出版152期,在国外发行遍及43个国家,拥有9600多订户,广受海外侨胞欢迎,甚至在澳洲、非洲和印度都有读者。通过这份报纸,毛泽东的许多论著被传播到国外。不仅如此,1937年7月30日陈云的《随军西行见闻录》也发表于该报,使世人了解到长征的真实情况。可见,《救国时报》存在的时间虽短,但其作用巨大,它"在所有重大历史事件面前,都走到了时代的最前列,发出了时代的最强音"。①

抗战期间,中国共产党还利用走出国门的各种机会,向世界人民宣传自己的政策主张,扩大自己的国际影响。其中影响最大的事件就是董必武等人借出席联合国成立大会之机开展宣传工作,他们为华侨带去了一批毛泽东著作,同时,还多次向华侨宣传中国革命,让华侨了解到真实的中国共产党和解放区。

抗战胜利后,中共在海外宣传的力度进一步加大,并在香港开辟新的对外宣传战线,创办新民主出版社,出版了香港版的《毛泽东选集》,主要包括:《论持久战》《新民主主义论》《论联合政府》等重要著作。同时,该社还通过设在

---

① 林全民:《〈救国时报〉介绍》,《抗日战争研究》1994年第1期。

东南亚和日本、法国、美国、古巴等地的代销点,将毛泽东著作向海外传播,产生了积极的影响。①

三、积极争取国际社会的鼎力支持

新民主主义革命时期,毛泽东思想海外传播必然会受到国民党统治当局的重重阻碍,在这种背景下,积极争取国际社会的鼎力支持已显得尤为重要。

(一) 各国共产党的真诚援助

在毛泽东思想海外传播的过程中,除中国共产党自身积极努力之外,各国共产党基于无产阶级国际主义原则,给予了真诚援助,这是毛泽东思想海外传播的外部动力,也是取得成效的重要原因。无论是共产国际和苏联共产党最早发表毛泽东著作,还是美国共产党支持创办《先锋周报》,抑或是法国共产党鼎力相助《救国时报》,都体现国际主义原则将各国共产党连在一起了。各国共产党的真诚互助,不仅加速中华民族的解放进程,也助推毛泽东思想走向世界。

(二) 西方记者的不懈努力

斯诺、史沫特莱、斯特朗、爱泼斯坦等西方记者曾先后访问延安,他们的作品使中国共产党的东方奇迹传遍世界,毛泽东思想也随之走出国门。自 1936 年底,斯诺先后在《密勒氏评论报》等英文报刊上连载发表了 30 余篇访问陕北的报道,1937 年英国戈兰茨公司出版了《红星照耀中国》,该书先后译为 20 多种文字,传遍并轰动整个世界,被誉为"红色经典"中的经典。1938 年,毛泽东曾这样评价斯诺:"当我们被整个世界遗忘的时候,只有斯诺来到这

---

① 参见薛琳:《民主革命时期中国化马克思主义的国际传播路径》,《对外传播》2016 年第 9 期。

里,来认识我们,并把这儿的事情告诉外面的世界。所以,我们将永远记住斯诺对中国的巨大帮助。"①

1944 年 6 月中外记者参观团访问陕甘宁边区,这次访问是中共外宣史上的一次重要事件,周恩来称之为"我们外交工作的开始"②。1946 年,毛泽东会见美国记者安娜·路易斯·斯特朗,这次会谈使"一切反动派都是纸老虎"的著名论断很快为世人所了解。后来,斯特朗根据自己同中共领导人的多次谈话完成了西方第一篇论述毛泽东思想的文章,即《毛泽东的思想》,该文分为"毛泽东思想的来源"、"毛泽东路线的发展"、"毛泽东的六大著作"和"毛泽东科学的预见"等四部分。③

正是共产国际的宣传和西方记者的报道,使得毛泽东和他领导的中国革命以清新的形象出现于国际社会,大大澄清了国内外对毛泽东和中国共产党污蔑的谣言,并推动了毛泽东思想的海外传播。

(三) 独立自主的原则坚守

独立自主是毛泽东思想"活的灵魂"之一。我党坚持把外宣工作"放在自己力量的基点上",对待外国记者的态度是既不排外,也不惧外媚外,而是坚持"民族、人民和党的立场"及"主动、真实,诚朴、虚心、认真的原则"去开展工作。在实践中,我党充分做好前期调查和分析研判后,以认真工作和真诚态度,积极将外国记者"争取过来",借助他们将我党的理念"宣传出去",实现我党的目的。1940 年,外国记者冲破重重险阻,来到延安,奔赴前线。同年 12 月 25 日,中共中央为此发出了《关于对待英美籍新闻记者态度的指示》,指出:必须认识外国记者对"提高我们的外交地位有

---

① 转引自孙华、王芳:《埃德加·斯诺研究》,湖南师范大学出版社 2012 年版,第 74 页。
② 中共中央:《关于外交工作的指示》,1944 年 8 月 18 日。
③ 参见[美]安娜·路易斯·斯特朗:《毛泽东的思想》,香港光华书屋 1947 年版,第 22—28 页。

极大的影响","应当把他们当做外交代表看待","应采取欢迎与招待之态度"。

总体而言,在新民主主义革命时期,尽管中国共产党处境艰难,但在争取外国记者传播毛泽东思想和党的方针政策过程中,始终保持主动性和独立性,绝不为外人所利用,积极维护中国共产党形象和实现中华民族的利益。

第三章　新中国成立以来毛泽东思想的海外传播

新中国成立是 20 世纪世界最重大的事件之一。它有力地冲击了帝国主义殖民统治和东方战线,壮大了世界和平、民主与社会主义力量,为正在争取国家独立、民族解放的被压迫民族和被压迫人民树立了榜样。正因如此,作为中国革命和建设的科学指南、中国共产党和中国人民宝贵的精神财富,毛泽东思想受到世界人民的广泛赞誉,并在海外广泛地传播。

第一节　新中国成立后毛泽东思想海外传播的深刻原因

新中国成立后,国际社会"对中国的了解是当前人类面临的最迫切的精神上和实际上的要求,这一要求日益迫近"。① 如何了解中国?"一个可行的解决办法就是研究中国,研究其革命目标,即民族独立和现代化,而最好是研究那些制定这些目标的领导人。"②可见,当时世界迫切了解中国的内在需要奠定了毛泽东思想海外传播的客观背景。透过这种内在需要,我们可以探寻

---

① 廖盖隆、李峰华:《毛泽东大典》(三),沈阳出版社 1993 年版,第 18 页。
② 廖盖隆、李峰华:《毛泽东大典》(三),沈阳出版社 1993 年版,第 18 页。

毛泽东思想海外传播的政治、经济、文化、历史等方面的深刻原因。

一、新中国站起来的巨大影响

第一,新中国国际地位的提高引起世界瞩目。1949 年新中国的成立,不仅开辟了中国历史的新纪元,同时也增强了被压迫民族和被压迫人民反对帝国主义的信心,改变了世界东西方力量的对比,给世界政治、经济格局带来深刻的影响和震动。从此,被称为"东亚病夫"的中华民族站立起来,自立于世界民族之林,并在以毛泽东为首的中国共产党的领导下,发扬自强不息的民族精神,自力更生、艰苦奋斗,取得了社会主义革命和建设的伟大成就,中国在世界上的政治地位不断提高,且愈发引起世界的广泛关注。如果谁忽略中国的存在,谁就会犯战略性错误。对此,1968 年美国历史学会主席费正清在发表《70 年代的任务》演说中指出,美国之所以在亚洲接二连三遭到失败,就因为它不了解亚洲,执行了错误的政策。他强调:"中国是一个特殊的世界问题,需要特殊对待。必须把中国古老的格言'知彼知己,百战不殆'变为新时代的东西"。正是基于这种战略策略上的考量,海外国家特别是西方学术机构开始注重对中国问题的研究,首先是从了解中国领导人毛泽东和传播研究毛泽东思想开始。尽管此时中外文化交流渠道还不畅通,但一些海外学者已经开始有针对性地开展毛泽东生平及毛泽东思想的研究,"毛泽东学"逐渐成为国际学术界的一个专门研究领域。正如有海外学者见到毛泽东时所说:"当你在中国进行了一场革命的同时,你也革了外国的'中国学'的命。"①当然,正如美国学者裴宜理(Elizabeth J.Perry)所说,美国学界在研究中国问题时,总是抱着一种"要了解敌人的冷战心理"。②

第二,中国共产党领导中国革命和建设事业所取得的成就,令世界刮目相

---

① [美]埃德加·斯诺:《漫长的革命》,上海人民出版社 1975 年版,第 208 页。

② Elizabeth Perry, "Partners at Fifty: American China Studies and the PRC", Washington: *Paper for conference on "Trends in China Watching"*, 1999, p.13.

看。无论是赞同者还是反对者,都会关注领导中国人民站起来的中国共产党,其中毛泽东的形象居于首要地位。因此,国际社会一直都关注毛泽东的理论创造和实践活动。从斯诺的《红星照耀中国》到索尔兹伯里(Salisbury)的《长征——前所未闻的故事》,他们所描写的英雄群像都生动地再现了毛泽东作为党的政治领袖和思想权威的地位与作用。20 世纪 30 年代斯诺在延安时就已发现:"毛泽东在中国共产党势力范围内的影响,今天大概比什么人都大。……他的关于共产党政策的一些主要讲话,是值得认真考虑的,这些政策很可能成为中国命运发生根本变化的重要手段。"①可以毫不夸张地说,中国共产党 1921—1976 年的历史,大部分都留下了毛泽东领导的记录。1992 年以来施拉姆和许多西方学者精心编辑和翻译的杰作——《通向权力之路:1912—1949》10 卷本则全面反映毛泽东领导中国革命的心路历程。"没有共产党就没有新中国"也可理解为没有毛泽东思想指导下的共产党,也就没有新中国,也就没有新中国的进步与发展。同时,新中国在发展中所经历的艰难曲折也烙有毛泽东的深刻印记。所以,国际社会无论要了解中国共产党的过去与现在、成功与挫折,都必须以历史的连续性思维方法,去认识毛泽东及毛泽东思想的完整内容,这也是新中国成立后毛泽东思想在海外继续传播的重要原因。

总之,毛泽东在中国共产党历史上的领袖地位,毛泽东思想对中国共产党的指导地位,必然伴随新中国站起来的深刻影响而被世界所认同。因此,国际社会要探寻新中国站起来的深刻影响,不能不了解和研究毛泽东及毛泽东思想,不能不促使毛泽东思想的海外传播。

二、国际政治格局变化的曲折反映

第一,国际共产主义运动的曲折发展,引发世界对毛泽东及毛泽东思想的

---

① 　[美]埃德加·斯诺:《斯诺文集》第二卷,新华出版社 1984 年版,第 65—72 页。

格外关注。从 20 世纪 50 年代末开始,由于苏联的大国霸权主义,导致中苏两党的政治分歧和争论,出现以苏联东欧为首的"社会主义大家庭"对中国的政治批判。中苏之间的白热化论战,尤其是中国的"九评"社论,无疑引起西方资本主义世界的注意,使其从国际政治发展战略的角度把研究重心转向亚洲和中国。尽管当时毛泽东和毛泽东思想在苏联、东欧受到冷遇,但总体而言,毛泽东和毛泽东思想在世界依然受到格外关注。美国十月同盟主席迈克尔·克朗基认为:"毛泽东的思想有超出中国国界以外的伟大国际意义。毛泽东的哲学著作帮助奠定了我们运动的思想基础。"①在毛泽东逝世 10 周年之际,日本工人党机关报《人民新报》号召全党开展毛泽东思想的学习运动,并强调着重学好毛泽东的哲学著作。

第二,亚非拉第三世界反帝反殖民族民主革命,需要毛泽东思想的指导。毛泽东成功开辟了农村包围城市的革命道路和社会主义建设的道路,为那些与中国独立前政治、经济结构相似的第三世界国家提供了学习借鉴的范例。毛泽东思想成为亚非拉第三世界争取民族解放和社会解放的理论武器与实践指南,毛泽东著作在第三世界拥有无数的读者,毛泽东也因此成为第三世界各国的精神领袖。对此,美国学者特里尔认为:"在 20 世纪五六十年代,许多第三世界国家把毛泽东看做是反对殖民主义的人格化身,他比苏加诺、尼赫鲁、纳赛尔更具魅力。因为他知道,要在落后的民族实施新政,不仅需要诅咒西方,而且需要在本土进行自力更生的变革。"②在特里尔看来,毛泽东在世界的影响,也许只有罗斯福、列宁、丘吉尔等少数人能够与之相提并论。

第三,毛泽东把马克思列宁主义同中国革命和建设实际创造性地结合起来并取得卓越成就,引起各国进步人士的尊重与肯定,进而对毛泽东思想进行

---

① 转引自廖盖隆、李峰华:《毛泽东大典》(三),沈阳出版社 1993 年版,第 22 页。
② [美]特里尔:《毛泽东的肖像》,萧延中:《从奠基者到"红太阳"》,中国工人出版社 1997 年版,第 36 页。

广泛传播与研究。无论是西方"自由派"的"异端论",还是"左派"的"发展论",都认为毛泽东思想是一种以在中国实现共产主义为目标的革命发展战略,都承认毛泽东思想不仅源于马克思列宁主义,更重要的是丰富和发展了马克思列宁主义。意大利《方针报》指出:"毛泽东思想体现着在亚洲最大国家进行社会主义革命和亚洲、非洲、拉丁美洲反帝斗争普遍化时期的马列主义的发展阶段。"日本著名的马克思主义哲学家松村一人认为,"毛泽东哲学的意义在于:它不仅仅是马列主义哲学具体地应用于中国革命的特殊实际,并具有中国民族的形式,而且还具有国际意义。"日本学者竹内实认为:"毛泽东是一位以中华民族为对象奋斗一生的人物。把他放到中国悠久历史的长河中研究,他应该在中华民族历史上占有一席之地。""抹杀毛泽东的名字,也就抹杀了中国革命的历史。"①西方著名的毛泽东研究专家施拉姆在《马克思主义者毛泽东》一文中指出:"毛泽东是一位世界性人物。对他的评价如果用通常对世界性人物的评价来估量是远为不够的,这不仅是因为在他领导中华人民共和国的四分之一世纪的时间里,恢复了中国国际地位,领导 9 亿中国人民进行现代化事业,而且还由于他在那个时期的大部分时间里,也无愧于国际马克思列宁主义而成为马克思列宁主义的第一流的实践家和革新家——这是在西方传统以外的国家中第一个这样做的人。"②

　　基于上述种种深刻原因,毛泽东思想在海外广泛传播是必然的。历史表明,正是由于国际社会对毛泽东思想的需要,"对毛泽东给予巨大的信任",对中国共产党和新中国给予巨大的信任,才有毛泽东思想在海外的广泛传播。毛泽东作为历史巨人随着历史的发展将愈加具有世界意义,毛泽东思想在世界历史长河中将愈加闪烁着真理的光辉。

---

① 转引自萧延中:《从奠基者到"红太阳"》,中国工人出版社 1997 年版,第 20 页。

② 转引自廖盖隆、李峰华:《毛泽东大典》(三),沈阳出版社 1993 年版,第 21—22 页。

三、东西方思想文化交流的必然要求

中华民族五千年灿烂的思想文化蕴含博大精深的东方智慧,对世界具有不可抗拒的吸引力。但是,自近代西学东渐以来,随着中国国力的衰落,中国文化在东西方思想文化交流中也处于被动和弱势状态。直到1949年新中国的成立,改变了中国半殖民地半封建社会的性质,代表东方智慧的中国文化获得新生,并引起世界的青睐。

当然,代表新中国成立后的中国先进文化,已不再是中国传统的思想文化,而是把中华优秀传统文化与现代精神相结合、把马克思主义普遍原理与中国具体实际相结合的毛泽东思想,毛泽东思想不仅来源于马克思主义,而且批判地继承了中华优秀传统文化,正是这种"血缘"关系,奠定了毛泽东思想在中国思想史上的重要地位以及对世界思想文化的影响。所以,在东西方思想文化交流过程中,毛泽东思想作为一种根植于中国传统文化的现代思想体系,作为一种能够重振民族精神、占据社会主导地位的意识形态,必然引起世界的瞩目,并在海外广泛传播。正如英国学者亨利指出:推进毛泽东思想海外传播,"不仅是理解中国政治文化和促进言论自由的需要,而且也是深入理解西方民主选举和世界政治议程的需要"。[1]

第二节　新中国成立以来毛泽东思想海外传播的流变

新中国成立后,毛泽东思想海外传播经历了曲折的发展过程。"文化大革命"之前,在中国政府的强力推动下,苏联政府积极配合主动宣传毛泽东思想,第三世界更是大力宣传毛泽东思想,欧美学界冲破各种政治阻力展开对

---

[1] Henry X.,Hong Sun,"Mao's Art of Propaganda",*Public Affairs*,No.20,2020,p.3.

毛泽东思想的研究。"文化大革命"十年间,国内外形势风云变幻,第三世界国家宣传毛泽东思想达到巅峰,苏联和东欧社会主义国家却展开反毛泽东思想宣传,欧美学者对毛泽东思想进行多维度学术研究。改革开放后,国际国内形势发生新的变化,海外学者更加客观、理性地对毛泽东思想展开学术研究,并体现出"现实性渐远、学术性渐近"的特点。

一、毛泽东思想在海外广泛宣传与传播(1949—1966)

1949 年中华人民共和国的成立,引发了国际社会的普遍关注,坚定了全世界被压迫民族反对殖民统治、争取民族独立的信心。正是在这样的背景下,作为指导中国革命取得胜利的毛泽东思想,在国际社会受到广泛赞誉。尽管也曾遭到西方资本主义意识形态的重重阻挠,但毛泽东思想在全世界的传播已成燎原之势不可阻挡。

(一) 中国政府强势推动

中华人民共和国成立后,为顺应世界各国人民的迫切愿望和需要,中国政府采取各种有力措施,强势推动毛泽东思想的海外传播。

1. 政策保障逐步到位

新中国成立之初,国家出台许多政策,强力保障毛泽东思想海外传播的顺利推进,使得毛泽东思想海外传播更具权威性和主动权。1951 年,经中共中央政治局商议,成立"毛泽东选集出版委员会",决定《毛泽东选集》的编纂、修改、整理的任务由委员会负责,并确定由毛泽东直接接管和主持工作。同年,国家出版总署发出通知,要求努力做好《毛泽东选集》的出版发行工作。1953年,外文出版社草拟《对于〈毛泽东选集〉英语本发行的初步意见》并报中宣部,胡乔木阅后转报刘少奇审批同意。① 国家对《毛泽东选集》外文版发行的

---

① 参见方厚枢:《毛泽东著作出版纪事(1949—1982 年)》,《出版史料》2001 年第 1 期。

大力支持,表明对毛泽东思想海外传播的高度重视。

1960 年,中央外事小组工作规划强调,世界人民正处于革命事业的高峰期,为了满足战略的需要,必须进一步强化和扩大毛泽东思想的海外传播。1962 年,国务院外事办负责人表示,毛泽东思想已成为世界普遍真理,国际社会学习和了解的愿望强烈,我们要用毛泽东思想影响全世界 90%的人民。[1]在中国政府强势推动下,有关政策相继出台,规范并指导了毛泽东思想海外传播的顺利开展。

2.权威机构组织实施

中国政府组织权威机构出版发行毛泽东著作,为毛泽东思想海外传播提供坚实的组织保障。1961 年中央专门成立了毛泽东著作翻译室。[2] 为了辅佐传播工作的有序进行,1966 年又成立毛泽东著作刊行领导小组。

上述权威机构的成立、组织和快速实施,不仅使毛泽东思想海外传播纳入国家组织的工作日程,同时也确保了毛泽东思想海外传播统一筹划、有序推进。1966 年 10 月,外文版毛主席著作译介出版规划小组进一步部署外文版出版事宜,决定由外文出版社组织实施出版《毛泽东选集》外文版,共 12 种语言。[3] 权威机构组织实施翻译出版毛泽东著作,质量更能确保,成效更加显著。

3.翻译队伍不断壮大

由于中外文化的差异,语言障碍是首先需要冲破的困境。毛泽东思想能够在海外传播,与优秀翻译人才所作出的杰出贡献密不可分。1952 年,徐永英、孟用潜两人负责组织翻译《毛泽东选集》英文版;1960 年,周恩来下达指示,任命伍修权、姜椿芳为负责人,分别用英、法、西、俄、日等 5 种语言,组织翻

---

① 参见周东元等编:《中国外文局五十年史料选编(1)》,新星出版社 1999 年版,第 209 页。

② 参见王桂环:《让毛泽东著作走向世界——访中央编译局原副局长尹承东》,《北京党史》2013 年第 3 期。

③ 参见郭选:《毛泽东著作外文版出版纪事》,《对外传播》1996 年第 12 期。

译出版《毛泽东选集》第四卷外文版。为了保证《毛泽东选集》第四卷后期翻译工作的顺利完成,金岳霖、曹若茗等翻译大家也加盟进来,推进了翻译工作的有序开展。[1] 1949—1965 年,《毛泽东选集》翻译出版成绩斐然,被公认为权威译本,并以多种语言在海外广泛传播,深受读者喜爱好评,[2]1967 年 1 月,外文出版社设立了毛泽东选集翻译室,除社内原有成员之外,为确保翻译质量,还从有关单位借调了高水平翻译学者,翻译队伍不断壮大,甚至达 200 余名。与此同时,17 个外国语文组也相继成立。因毛泽东军事著作翻译的专业性较强,特地从军事科学院聘请了两名军事顾问,进一步充实翻译队伍[3]。

(二) 苏联主动传播毛泽东著作

由于深刻的政治原因和高度的意识形态化,苏联对毛泽东思想的传播呈现明显的阶段性特征。在 20 世纪 50 年代末之前,中苏两党、两国在政治、经济、文化等方面密切合作,对毛泽东思想的传播持积极肯定的态度。当时,斯大林开始清醒地认识到以毛泽东为代表的中国共产党的实际力量,出于对中国共产党的关注与支持,对中国革命伟大成就的肯定与赞赏,苏联在宣传毛泽东思想方面发挥了至关重要的作用,并引导毛泽东思想在世界范围内的传播。

1949 年新中国成立后的第三天,苏联即与中国正式建立外交关系。面对"冷战"大幕的拉开,苏联义无反顾地支持新生的社会主义中国,积极主动地译介毛泽东著作,宣传毛泽东思想。1949 年,在毛泽东和周恩来首次出访苏联之际,斯大林认为,中国为争取民族解放而掌握了强大的思想理论武器,建议毛泽东统编其著作为选集,同时出版俄文版《毛泽东选集》,用中国革命的基本经验,推动东方各国人民解放事业的发展。周恩来对此提议表示赞成,

① 参见尹承东:《从毛泽东著作的翻译谈建国以来的中译外工作》,《中国翻译》2009 年第 5 期。
② 参见马祖毅、任荣珍:《汉籍外译史》,湖北教育出版社 2007 年版,第 704 页。
③ 参见郭选:《毛泽东著作外文版出版纪事》,《对外传播》1996 年第 12 期。

毛泽东希望得到苏联理论专家的援助。斯大林立即委派苏联杰出理论家尤金,来华援助整理编纂毛泽东著作。① 正是在苏联官方的支持和推动下,毛泽东著作在苏联的传播更加顺畅。

1952年,莫斯科出版社出版了《毛泽东选集》第一卷后,苏联外国书籍出版局相继出版了《毛泽东选集》二、三、四卷。《毛泽东选集》编选的著作都是经毛泽东亲自反复斟酌、慎重选择、仔细校对的。随着《毛泽东选集》在苏联的发行,苏联出现了一系列高度评价《毛泽东选集》的专题文章,其中1952—1953年相继在《真理报》和《共产党人》刊登的有关文章最为典型。当《毛泽东选集》一至三卷在莫斯科传播之际,苏联理论家尤金指出,毛泽东著作的核心和实质是强调毛泽东思想对马克思列宁主义的继承性,其中第一卷即是马克思列宁主义强大生命力的新见证。1952年8月26日,尤金在《真理报》发表了《毛泽东选集第一卷》评介文章,在文中尤金不仅阐述了《毛泽东选集第一卷》的著作篇目和集中探讨的问题,而且还指出毛泽东思想对于"受压迫殖民地的共产党和人民进行解放斗争"的作用。他认为:"所有共产党,拥护和平、提倡民主和拥护社会主义的人民,只要阅读毛主席论著,革命战争的众多卓越范例都能被发现。"维·米海耶夫、阿·亚历山大罗夫等苏联著名学者也在《真理报》《共产党人》等报刊上撰文推介《毛泽东选集》,他们认为:"中国共产党不是教条式地、而是创造性地领会了马克思列宁主义,成功地把马克思主义理论应用于中国的实践,因而大大地丰富了马克思主义的理论"。②

苏联还最早向世界宣传推介毛泽东的两部经典哲学著作《实践论》《矛盾论》。1950年12月联共(布)中央机关刊物《布尔什维克》全文刊载了毛泽东的《实践论》,同月18日在联共(布)中央机关报《真理报》全文转载,并配发编

---

① 参见散木:《苏联驻华大使尤金见证中苏关系史中的曲折(上篇)》,《党史博览》2012年第11期。

② 转引自尚庆飞:《国外毛泽东学研究》,江苏人民出版社2008年版,第243—244页。

辑部文章《论毛泽东的著作〈实践论〉》,对其内容进行全面介绍和高度评价。1950年12月30日《实践论》又在中共中央机关报《人民日报》上发表。《实践论》是马克思主义革命斗争的经验总结,正是在苏共和斯大林的关注与支持下,它被作为一项政治任务受到高度重视,能在国内尚未公开发表之前,率先在苏联和东欧积极地传播。

毛泽东的《矛盾论》在国内公开发表后,得到苏联理论界普遍的肯定,苏联还在《布尔什维克》杂志1952年第9期、第11期刊登了《矛盾论》一文,并对此作了高度的评价。伊·普列歇夫斯基和阿·所波列夫在介绍《毛泽东选集》第二卷的署名文章中一致认为:"《矛盾论》这一著作,在反对理论上的教条主义和经验主义的斗争中,在反对政策上的主观主义的斗争中,具有伟大的意义。这一著作给了党的政策以理论基础,指出了把马克思主义庸俗化对中国共产党活动的危害。"[1]1958年苏联科学院哲学研究所组织编写的《马克思主义哲学原理》中引用《实践论》《矛盾论》中的观点,并认为"毛泽东的《矛盾论》是一篇具有重大理论价值的著作,是对马克思主义唯物辩证法理论的卓越贡献"。

苏联共产党和理论界为《实践论》《矛盾论》的传播,倾注了极大的心血和热情,给予了充分的肯定和研究。不仅如此,1957年毛泽东的《关于正确处理人民内部矛盾的问题》发表后,当时苏联学者对社会主义社会基本矛盾的思想又给予了高度的评价。[2]

《毛泽东选集》及《实践论》《矛盾论》等哲学著作在苏联的传播,为苏联专家学者提供了直接、丰富的研究材料,由此很多评述《毛泽东选集》的文章相继发表,并对毛泽东著作给予了高度评价,引起了国际上第一次毛泽东思想研究思潮的兴起。1954年出版的苏联大百科全书第26卷用很大篇幅介绍了

---

[1]　转引自廖盖隆、李峰华:《毛泽东大典》(三),沈阳出版社1993年版,第33页。

[2]　参见贾金玲:《国外毛泽东思想研究的历史进程及主要理论成果概述》,《国外理论动态》2011年第4期。

毛泽东和毛泽东著作,明确指出:"毛泽东著作是对马克思主义科学宝库的丰富,对于一切国际民族解放运动和共产主义运动有巨大的理论的和实际的益处。"

总之,苏联理论界在苏共和斯大林的领导下,为扩大毛泽东思想的世界影响作出了重大的贡献。只有尊重历史的存在,才能正视现实的变化,预见未来的发展。

(三) 第三世界广泛传播毛泽东思想

亚非拉第三世界人民由于长期处于新老殖民主义的压迫下,被掠夺了政治权利和民主自由,因此,他们渴求从毛泽东著作中获取民族解放斗争的经验,推动民族解放事业的发展。

1. 毛泽东著作海外传播广泛

亚非拉第三世界人民在民族民主革命的过程中,亲眼见证和体验到中国共产党和中国政府实行的国际主义政策,这就更加促使毛泽东思想在第三世界的传播。

这一时期,学习、研究毛泽东思想的活动已经不限于各国的无产阶级政党,各种革命组织的领导者和进步青年都在积极学习毛泽东著作。叙利亚大马士革出版社经理艾迪卜·东巴基为满足读者需要,组织翻译阿拉伯文版《毛泽东选集》1—3卷、毛泽东著作单行本多种。[①] 伊拉克政府为摆脱西方控制的困扰,急需借鉴中国取得独立解放胜利的经验,他们组织学者翻译、整理毛泽东的一些著作,仅1955—1961年六年间发行的毛泽东著作就超过50万册。

印度独立后,虽开展了土地改革,但改革很不彻底,民众普遍存在的贫困问题从未得到根本性解决,所以印度纳萨尔派领袖查鲁·马宗达极度崇拜

---

① 参见范小强、马宁:《近百年来毛泽东著作海外出版传播》,《出版史研究》2016年第10期。

毛泽东,认为毛泽东思想是马克思列宁主义的发展,是解决印度社会问题的良方,他主张全身心接受毛泽东思想,党内成员也对毛泽东思想坚信不疑。

泰国共产党在政治路线方面,于1961年"三大"上首次确立毛泽东思想的指导地位,将马列主义和毛泽东思想作为党的指导思想。在军事路线方面,泰国共产党奉行毛泽东"农村包围城市,武装夺取政权"的革命道路理论,坚持"服务人民、发动人民、依靠人民"的人民武装路线。①

在非洲地区,毛泽东著作的传播呈上升趋势,因为许多国家都把中国当作争取民族独立、摆脱殖民统治的光辉榜样。埃塞俄比亚、贝宁、马达加斯加等国政府都曾以官方的态度向国民发出号召,学习毛泽东著作,掌握中国革命的基本经验。仅1962年至1966年五年间,毛泽东著作在尼日利亚发行了85万册,坦桑尼亚发行了53万册,阿尔及利亚发行了64万册,加纳发行了138万册,埃及发行56万册。此时的毛泽东著作在非洲大陆成为当之无愧的超级"畅销书"。到了60年代后期,中国国际书店发行国家名单中大量增加了非洲大陆国家:突尼斯、塞拉利昂、塞内加尔、苏丹、埃塞俄比亚、索马里、贝宁、桑给巴尔、喀麦隆、象牙海岸、尼日利亚、乌干达、坦桑尼亚、摩洛哥、加纳、马达加斯加等国家和地区,几乎包含了整个非洲大陆。

其中马达加斯加、埃塞俄比亚等几个国家都曾由本国先进的革命组织者发出号召,学习借鉴中国取得革命胜利的经验,提高国民的思想觉悟。因此,毛泽东著作在这些国家大受欢迎。最为突出的是埃塞俄比亚,1962—1966年订购大量毛泽东著作,累计约97万册。埃塞俄比亚图书文具店长期代理中国国际图书进出口,到改革开放后一直保持着合作关系。加纳政府在恩克·鲁玛执政时期,曾主张大力向中国学习,并通过人民书店等常年销售毛泽东著作,以保证读者需求。②

---

① 参见范小强、马宁:《近百年来毛泽东著作海外出版传播》,《出版史研究》2016年第10期。
② 参见何明星:《天下谁人不识君——毛泽东著作的海外传播》,《光明日报》2011年7月5日。

在拉美地区,古巴、智利、阿根廷等国广泛传播《毛泽东选集》及毛泽东著作单行本。起初仅有巴西共产党所经营的胜利出版社、旗帜书店、文化交流俱乐部销售《毛泽东选集》等,后来乌拉圭人民联合出版社翻译出版毛泽东的《在延安文艺座谈会上的讲话》西班牙文版。在古巴,1959 年推翻独裁政权后,古巴人民社会党所创办的古巴书店、新民主同盟所办的光华书店,都提高了毛泽东著作发行出版的积极性,由每种 2000 册至 5000 册不等。①

总之,20 世纪 50—60 年代,毛泽东著作几乎传遍亚非拉第三世界各个国家和地区,学习、研究毛泽东著作的人数之多,阶层之广,在人类文化史上绝无仅有。从统帅到士兵,从国家元首到普通百姓,从大学教授到大中学生,学习、研究毛泽东著作,已形成一股不可抗拒的时代洪流。

2.毛泽东军事思想备受追捧

毛泽东军事思想是我军的治军之道、立军之魂、强军之本,是我国国防和军队建设的根本指导思想。毛泽东军事思想吸收了中外历史上优秀的军事思想,运用无产阶级的战争观和方法论,从而形成了毛泽东军事思想完整的理论体系,这一思想体系无处不融注着马克思主义的基本原理。它不仅在我国军事思想发展史上占据极为重要的地位,而且在世界军事史上也占有重要一席之地。20 世纪 50—60 年代,亚非拉地区正在进行民族解放运动,因此,毛泽东军事思想受到热捧,许多国家派学者到中国"取经",学习毛泽东游击战争经验。西方一些国家称古巴、越南的革命胜利,是"毛泽东式"的胜利。

对毛泽东军事著作,如《中国革命的战争问题》《论持久战》《战争和战略问题》《抗日游击战争的战略问题》等,以及毛泽东的军事思想,如"关于帝国主义和一切反动派都是纸老虎""在战略上藐视敌人,在战术上重视敌人"等,许多第三世界的民族主义者都广泛而深入地学习和研究,并给予高度的评价。他们认为,毛泽东不仅是中国革命的领袖,同时又属于世界革命的精神导

---

① 参见何明星:《天下谁人不识君——毛泽东著作的海外传播》,《光明日报》2011 年 7 月 5 日。

师。坚实的理论基础和长期的战争实践,使得毛泽东的军事战略思想拥有强大的生命力,也一直持续照亮着亚非拉人民争取民族解放和国家独立的道路。

毛泽东军事思想高度重视战争中的物质力量和精神力量的关系问题。他认为,战争的最后胜负是军队的物质力量,在物质力量具备了的条件下,军队的精神力量又可以转化为物质力量,这种精神力量如思想政治工作、官兵的思想觉悟和士气,在战争中起着巨大作用。第三世界领导革命斗争的政治家和军事家,都十分注重研究毛泽东军事思想关于两种力量的观点,一种是精神力量,即武装第三世界革命者的头脑,使得他们懂得怎样在艰苦环境下最终战胜敌人;另一种是物质力量,如步枪、机枪、地雷等军事装备,帮助他们消灭殖民侵略者。对于取得战争胜利而言,物质力量和精神力量,二者缺一不可。

毛泽东军事思想内容充实,且独树一帜,对世界产生了广泛而巨大的影响。第三世界的共产党人和先进分子把毛泽东军事思想传入本国,对于组织革命政党,开展民族民主革命运动起了重大作用。非洲第一位黑人总统曼德拉曾称,为了开展武装斗争,他阅读过毛泽东的军事著作,他所创建的"民族之矛"队伍,都是经过毛泽东军事思想培训出来的。[①]

(四) 欧、美曲折传播毛泽东思想

新中国诞生后,以美国为首的西方阵营,无论在政治、经济、文化等各方面都对新中国采取严密的封锁政策。在这种意识形态严重对立的环境下,再加之"麦卡锡主义"的盛行与危害,使得毛泽东思想在西欧、北美的传播步履维艰。[②]

1. 麦卡锡主义的危害

新中国成立之初,毛泽东思想在美国的传播遭遇逆境阻碍。1950 年,美

---

① 参见何明星:《天下谁人不识君——毛泽东著作的海外传播》,《光明日报》2011 年 7 月 5 日。

② 参见贾金玲:《国外毛泽东思想研究的历史进程及主要理论成果概述》,《国外理论动态》2011 年第 4 期。

国参议员麦卡锡公然指责著名"中国学"家拉铁摩尔是苏联在美国的头号间谍,对毛泽东领导的中国革命有过较高评价的外交官和新闻记者横加迫害,由此开启素有"美国文革"之称的麦卡锡主义。1950 年至 1954 年间,以麦卡锡为代表的极右势力在美国引发反共浪潮,其影响波及美国政治、外交和社会生活等各个方面。由于麦卡锡主义的沉重打击,文化界人士费正清、斯诺、史沫特莱等因客观评价中国问题而遭受迫害,美国毛泽东思想传播与研究显得异常艰难,曾一度陷入低迷状态。① 面对麦卡锡主义的肆虐,某些学者并没有屈服,他们排除干扰,对毛泽东的生平和思想进行了学理性的梳理和研究,进一步传播了毛泽东思想。

2. 毛泽东思想的曲折传播

(1)欧美民间学者的传播贡献。即使美国对华实施封锁政策,遏制、阻扰毛泽东思想在西方的传播,也依然阻挡不了西方一些民间学者和进步势力对毛泽东思想的向往。如 1950 年《毛泽东在延安文艺座谈会上的讲话》英译本几乎同时在美国国际出版社和英国《现代季刊》发行。同时《毛泽东选集》第 1 卷在英、法两国也相继问世,然而传播历程并非一帆风顺,一些以传播毛泽东著作和先进书刊为主要工作的西方书店,受到极端的打压。一些西方国家由于反动当局对进步书刊的封锁,导致这些国家的群众只能从亚非拉各国获得毛泽东著作。②

欧美国家的民间学者对毛泽东思想的传播贡献了自己的力量,做了很多的努力。1957 年,英国记者菲利克斯·格林在英国与中国之间往来,对中国印象积极正面。20 世纪 60 年代,他利用巡回演讲机会来介绍新中国的发展,使人们信服毛泽东和中国共产党并非想象中的可怕与好战。民间传播者路易思,曾担任韦恩州立大学蒙泰斯分院的教授,他以课堂及演讲的方式在校园展开毛泽东思想传播,他讲的"从道家思想到毛泽东思想"课程,吸引诸多听众

---

① 参见尚庆飞:《国外毛泽东学研究》,江苏人民出版社 2008 年版,第 198—199 页。
② 参见陈葆华:《国外毛泽东思想研究评述》,陕西人民出版社 1993 年版,第 27—28 页。

甚至大量美国左派和黑人领袖。

美国学者在遭遇麦卡锡主义迫害的艰难背景下,依然出版了一批评述毛泽东思想及中国革命的著作,其中影响最大、反响最好的两本著作分别是本杰明·史华慈的《中国共产党与毛泽东的崛起》,以及史华慈、费正清与康拉德·布兰特(Conrad Brandt)三人合编的《中国共产党历史文献》。1951 年,本杰明·史华慈出版了《中国共产党和毛泽东的崛起》,提出了"Mao-ism"(毛主义)这一专有名词。该书被国外学术界普遍认为是毛泽东研究的开山之作。费正清编辑出版了自己的《1946—1950 年著作和演讲选录》一书,用大量珍贵的资料向人们说明:虽然共产主义在一些美国人看来好像是坏事,但在大多数中国人看来却是好事。为了进一步说明自己的观点,费正清等三人合作编辑了《中国共产党历史文献》(1952),这部文献资料影响了整整一代海外毛泽东研究的学者,它主要阐述了中国共产党运动的历史以及具有广泛影响的"毛主义"形成过程和理论特征。

虽然这一时期由于政治关系影响,国外毛泽东思想研究的成果不多,但值得提及的是,美国著名大学,如耶鲁大学、哥伦比亚大学、哈佛大学等,相继设立了"东方学"或"中国学"等权威研究机构,其中 1956 年正式成立的以费正清为首的哈佛大学东亚研究中心,促使研究毛泽东思想的队伍逐渐壮大。[①]该中心被耶鲁大学教授史景迁(Jonathan D.Spence)等称为"二战后中国学研究的全球中心"[②]。

(2)毛泽东思想传播回暖。1958 年之后,麦卡锡主义的阴霾散去,美国官方逐渐转变对华态度,鼓励开展中国问题研究,甚至为研究组织提供专项研究基金。在官方的支持推动下,美国的当代中国问题研究有了迅猛发展的势头。美国学界关于冷静客观地剖析、研究中国的呼声日益高涨,特别是中苏分歧公

[①]　参见尚庆飞:《国外毛泽东学研究》,江苏人民出版社 2008 年版,第 199 页。

[②]　Jonathan D.Spence,"The Passions of Joseph Needham",*The New York Review of Books*,August,14,2008.

开后,开始努力整理有关毛泽东及毛泽东思想的资料,学术研究的气氛渐趋活跃。1958 年,美国国会通过了《国防教育法》,以鼓励展开海外问题研究,给当代海外中国问题研究的发展提供了契机。美国政府提供专款于各研究机构,洛克菲勒、卡内基等基金会也拨款援助"中国学"研究。仅 1958 年至 1970 年间,美国政府为当代中国研究提供 1504 万美元资金,各大基金会拨款约 2382 万美元。① 由于新的形势的出现和充裕的资金支持,东亚研究中心和中国研究中心也在各大学纷纷成立,积极开展专题研究并着手培育新生研究力量。美国的哈佛、哥伦比亚、耶鲁、加利福尼亚、斯坦福、普林斯顿、印第安纳等大学,均设有中国问题研究机构,英国的伦敦大学、牛津大学、利兹大学和德国的图宾根大学、慕尼黑大学也有一些知名的毛泽东思想研究机构和研究学者。

随着新中国国际影响的进一步扩大,毛泽东思想在欧美的宣传传播步入了一个崭新时期。抗美援朝期间,美国官方高度重视研究毛泽东军事著作和哲学著作,注重学术研究,学术成果斐然。1954 年到 1955 年,英、法等国相继出版《毛泽东选集》第一卷。从 20 世纪 60 年代起,欧美诸国普遍翻译出版毛泽东著作,《毛泽东选集》一至四卷在挪威、瑞典、荷兰、希腊先后翻译成本国语言出版。最先在英美传播的毛泽东文艺著作——《在延安文艺座谈会上的讲话》,随后又传播至西班牙、意大利、葡萄牙等国家。

到 20 世纪 60 年代末,欧美有关毛泽东思想的研究机构已增到 50 多所,研究毛泽东思想的学者人数也随之增多,涌现出施拉姆、G. A. 科恩(Gerald Allan Cohen)、魏斐德(Frederic Evans Wakeman)、R. 特里尔(Ross Terrill)、M. 奥克森伯格(Michel Oksenberg)、陈志让(Jerome Chen)等一大批知名专家。这一时期欧美国家对毛泽东思想的研究成果如下所示。

---

① 参见中国社会科学院文献情报中心编:《美国中国学手册》(增订本),中国社会科学出版社 1993 年版,第 2 页。

作　者	书　　名	出　版　社	时间
G.克里尔	从孔子到毛泽东的思想	新美洲文库出版公司	1960
施拉姆	毛泽东的政治思想	普雷格出版社	1963
G.萨默斯	中国共产主义:毛主义的神话	华盛顿大学出版社	1963
J.鲁	毛泽东思想中的反斯大林主义倾向:毛主义的起源研究	明尼苏达大学出版社	1963
G.A.科恩	毛泽东的共产主义	芝加哥大学出版社	1964
B.康普顿	毛的中国	华盛顿大学出版社	1966
陈志让	毛与中国革命	牛津大学出版社	1967

其中陈志让的《毛与中国革命》反响较大。《毛与中国革命》是一本传记性著作,该著作力图将毛泽东思想的研究同毛泽东的亲身经历和中国的革命事业紧密联系起来,客观、系统地反映国外多年来对毛泽东思想研究的见解,并勾勒出毛泽东思想形成和发展的轨迹。这些学术著作扩大了毛泽东思想的国际影响,为中国化马克思主义海外传播作出了重要的贡献。

从20世纪60年代起,欧美诸国广泛发行毛泽东著作,希腊、挪威、瑞典、荷兰先后翻译出版《毛泽东选集》一至四卷。《毛泽东选集》英译本原为5卷,为方便学习做了简缩。欧美学者虽然对于毛泽东哲学思想的认识存在分歧,但对其认识极有深度。他们编辑了《毛泽东〈实践论〉入门》,包括《矛盾论》《实践论》《辩证法唯物论》《北戴河哲学谈话》《杭州哲学谈话》等文章,还翻译编辑整理了《毛泽东〈关于正确处理人民内部矛盾问题〉入门》,收集了毛泽东有关历史唯物论的文章。此外,毛泽东独具特色的军事著作也在欧美受到特别重视。法国、瑞典合编了《毛泽东军事文选》两卷本,1965年9月17日瑞典记者柏林马克在《劳动报》上发表评《毛泽东军事文选》文章指出:"今天在瑞典的书店可以买到二次大战以来最重要的政治著作——《毛泽东军事文选》。不读毛泽东著作的人就不可能抓住今天世界政治中、力量斗争中或许是最重要的因素。"①

　　西方毛泽东思想传播与研究的升温与当时国际国内环境密不可分。第一,新中国成立以来,尽管面临许多内忧外患,但在中国共产党坚强领导下,全国人民始终坚持艰苦奋斗、自力更生的精神,克服革命道路上的重重困难,不仅巩固了新政权,而且在社会主义革命和建设中成就显著,帝国主义对中国长期实施的遏制、封锁政策彻底失败。正是如此,以美国为首的西方社会,认识到中国是世界上一支不可忽视的力量,同样,指导中国革命和建设的毛泽东思想也不可忽视。

　　第二,东方帝国主义殖民主义体系遭受了沉重的打击。朝鲜、越南等地军事侵略失败的前车之鉴,使得美国为首的西方社会越来越深刻地意识到,仅凭武力是难以征服中国乃至东方的,必须采取和平演变的方式"不战而胜"。对此,美国总统尼克松呼吁有必要"减少我们在世界范围内过度扩张的承诺",而把"重点放在优先领域"。② 为了顺应这一变化,美国学者意识到要加强对中国问题的研究,特别是要着重研究他们所谓的"毛主义"。美国政治问题研究专家费正清提到中国问题因其特殊性需要特殊对待。他认为,中国确实是为数不多的具有特殊的连续性、中立性和优越性的国家。中国不够强大,无法征服世界,但世界仍然无法忽视其综合实力,所以中国的国际地位,特别是中美关系,在人类生存的议事日程上至关重要、不容忽视。只有"知己知彼,百战百胜。同中国和解,必须努力奋斗,必须获胜"。③ 费正清此番言论清晰地说明西方"中国学"问题研究的政治性质。

　　第三,中苏争端也是西方研究现代中国,尤其是研究毛泽东思想的重要动因。20 世纪 50 年代末,中苏两党意识形态存在分歧,争端持续到 70 年代。

　　① 廖盖隆、李峰华:《毛泽东大典》(三),沈阳出版社 1993 年版,第 90—92 页。
　　② Edward Friedman, "The Nixon-Mao Pact", *Bulletin of Concerned Asian Scholars*, 1969, pp. 15-17.
　　③ [美]费正清:《七十年代的任务》,《美国历史评论》1969 年第 3 期。

西方为此发表了不少评论,抨击毛泽东思想,尤其在哲学思想方面更是大做文章。① 此时西方对毛泽东思想的研究政治色彩浓厚,不够客观公正。

在毛泽东思想传播与研究升温期间,欧美涌现了一大批研究毛泽东思想渊源问题的学者。对这一问题的讨论引发了围绕毛泽东政治战略及其理论来源的一场大辩论,争论的双方是美国右翼学者与"自由派"学者。这场发生在20世纪60年代的"阴谋论"与"异端论"之争,被美国哈佛大学教授杜维明称为威特福格尔与史华慈"著名的争论"。②

争论一方是美国右翼学者卡尔·A.威特福格尔教授,他对中国持有敌视态度,并自称以研究"东方集权主义"而闻名。其观点认为,毛泽东思想在农民问题、土地革命和新民主主义革命理论问题上没有做出任何原创性的贡献,毛泽东的《湖南农民运动考察报告》《新民主主义论》都是列宁主义思想的复刻,威特福格尔坚持的观点就是当时国际流行的"阴谋论""莫斯科中心"说。他坚决否认毛泽东思想的创造力,认为中国革命是斯大林指挥下的国际阴谋的产物,毛泽东的理论与实践只是马克思和列宁的关于东方殖民地理论的转移。"阴谋论"即是威特福格尔的发明。

争论的另一方是美国客观主义派或称"自由派"学者,其主要构成人员为哈佛大学东亚研究中心费正清教授和他的学生本杰明·史华慈教授。他们认为中国的共产主义战略并非阴谋的产物,"毛主义"有其独创性,因而毛泽东思想只能说在形式上是马克思主义,在实质上与马克思主张的革命战略有着本质区别。在此意义上,它是马克思主义的异端。史华慈还认为:"毛奠定他的非正统政策的基础是他1927年2月写的《湖南农民运动考察报告》,这份报告把农民当做革命运动的关键和核心了。正是这份报告,对整个共产国际

---

①　参见赵怀普:《中国谋求打开对欧关系的努力》,《当代中国史研究》2003年第4期。

②　参见陈葆华:《国外毛泽东思想研究评述》,陕西人民出版社1993年版,第41页。

路线的一次含蓄性的挑战。"①根据史华慈的说法,马克思、恩格斯、列宁都认为农民在社会主义革命中是保守的,甚至是反动的。《湖南农民运动考察报告》则是"毛主义"在形成阶段最清晰、最生动的勾勒和描绘。在史华慈看来,若按照马克思列宁主义的观点,革命的先锋队是建立在城市无产阶级基础上的,而《湖南农民运动考察报告》以农民为革命先锋队。这种观点似乎构成了毛泽东夺取政权的理论基础。与马克思强调经济对意识的决定作用相比,毛泽东更强调政治意识的作用。为此,他们认为毛泽东在中国推行的革命战略与当年马克思和列宁设计的思想不同。史华慈为了应对威特福格尔的挑战,在1960年《中国季刊》第2期发表了《"毛主义的传说"的传说》一文。当辩论陷入僵持状态时,《中国季刊》又在第3期上发表《"毛主义的传说"或"传说的传说"》,宣告第一场辩论的结束。

"自由派"早在20世纪50年代就提出著名的"毛主义异端论"。尽管威特福尔格对毛泽东思想与马克思列宁主义之间的关系作过比较详细的考察,但他企图从这种联系中寻找中国革命与中国国情不符的证据,认为它是列宁和斯大林从外部强加给中国的"极权主义"革命。另一方面,史华慈虽然研究了毛泽东思想对马克思列宁主义的独创性贡献,但他认为毛泽东思想是马克思列宁主义"异端"的结论,表明他既没有把马克思列宁主义看作是一种不断发展的开放体系,又过分夸大了毛泽东思想的"独创性"的意义。从思维方法视角上看,前者实际上是在用一般否定特殊,而后者则强调特殊性到了脱离一般性的地步,两者都割裂了一般和特殊的关系。②

(五) 日本对毛泽东思想的传播逐步兴起

日本和中国是一衣带水的邻国,两国之间的思想文化交流历史悠远。后

---

① [美]史华慈:《中国的共产主义与毛泽东的崛起》,中国人民大学出版社2006年版,第77页。

② 参见廖盖隆、李峰华:《毛泽东大典》(三),沈阳出版社1993年版,第167页。

因日本侵华战争,两国之间的文化交流受到很大阻碍和损害。在第二次世界大战结束后,日本许多先进革命者和进步人士希望学习和研究中国共产党灵活机动的战略战术,为日本民众指明斗争方向。自此,日本民众掀起学习毛泽东著作的热潮。"1951 年,在《毛泽东选集》问世之后,日本立即于 1952 年出版了日文版,尽管外文出版社在出版传播毛泽东著作中起的作用不容忽视,但日本出版商是毛泽东著作在日本出版传播的中坚力量,岩波书店、角川书店和中央公论新社等日本主流出版商的介入对于提升毛泽东著作的传播效果具有十分重要的作用。"①

为满足广大民众的需求,1952 年日本陆续出版多种版本的《毛泽东选集》1—3 卷,许多毛泽东论著单行本也出版发行,其中"《矛盾论》和《实践论》的单行本印数达 30 万册"。② 日本对毛泽东哲学思想的研究,无论是资料收集还是研究的广度和深度,都居世界之首。由日共《毛泽东选集》翻译委员会发行的《毛泽东选集》第四卷达 7000 部,不到一个月,就被民众订购一空。后又出版了《毛泽东选集》第四卷第二版。日本各地还创建了各种专门研究毛泽东著作的学习会、讲座会、座谈会,有的地方还创立了毛泽东思想学院,方便长期组织学习和宣传毛泽东思想和培养理论人才。③ 日本研究机构和出版社共同努力,在此期间翻译出版的毛泽东著作如下:

译者或翻译机构	文　　章	出版机构	时间
日本中国研究所	新民主主义论、游击战争的战略问题	日本中国研究所	1949
八木宽	在延安文艺座谈会上的讲话	沈阳民主新闻社	1949
日本国防问题研究会	论人民民主专政	日本国防问题研究会	1949
日本中国研究所	中国革命战争的形式问题	日本中国研究所	1950

---

① 诸葛蔚东:《毛泽东著作在日本的出版传播与影响》,《出版参考》2016 年第 9 期。
② 赵永茂:《毛泽东哲学思想研究在国外》,中共中央党校出版社 1993 年版,第 92 页。
③ 参见赵永茂:《毛泽东哲学思想研究在国外》,中共中央党校出版社 1993 年版,第 93 页。

续表

译者或翻译机构	文　章	出版机构	时间
日本中国研究所	中国的人民民主主义	日本中国研究所	1950
日本中国问题研究所	农民运动与农民调查	日本中国问题研究所	1950
日本中国资料社	关于民族统一战线	日本中国资料社	1951
日本现代中国研究会	毛泽东论文集	第三书房	1951
尾崎庄太郎	实践论及其学习	日本中国资料社	1951
尾崎庄太郎	实践论×矛盾论	国民文库	1952
浅川谦次	农村调查与农民运动	国民文库	1953
毛泽东选集刊行委员会	整风文献	日本国民文库	1953
毛泽东选集刊行委员会	新民主主义论	日本国民文库	1954
野间清	向社会主义之改变	日本国民文库	1954

新中国成立之初,毛泽东哲学思想在日本也得到推广。《实践论》《矛盾论》这两部代表性的哲学著作在中国陆续正式发表后,立刻引起日本学界的广泛重视。日本学界认为,与传统的研究方法不同,毛泽东的《实践论》以实践为主题,从实践出发,抓住了辩证唯物主义认识论的核心和关键。日本学者指出,毛泽东关于实践概念的定义是广泛的,生产生活、阶级斗争和科学实验这三种实践形式对于人类认识的产生、发展发挥着重要作用。日本学界对于《矛盾论》的研究也成果斐然。关于矛盾特殊性问题,日本学界认为,毛泽东从事物发展的各个阶段分析矛盾的特殊性,真正体现了具体问题具体分析的马克思主义灵魂。《实践论》《矛盾论》由日本法政大学文学部教授松村一人和东京都立大学竹内好译成日文,译本印数多达 30 万册,受到日本读者的广泛欢迎。

日本学者认为,《实践论》和《矛盾论》是毛泽东思想与中国革命实践相结合的产物,"毛泽东为解决中国革命极端复杂的各种问题,进一步系统发展了马克思列宁主义哲学,把辩证唯物主义推向新的阶段,是全世界人民争取解放的现代的马克思列宁主义的经典著作,是取之不尽,用之不竭的伟大的思想武器"。"作为党的一切活动的基础,认真执行群众路线,科学调查社会情况,用一分为二这个革命观点分析矛盾,具有重要意义。日本把《矛盾论》《实践论》作为指导日本革命的理论基础。"①从 20 世纪 50 年代到 60 年代,日本"一批进步学者积极从事毛泽东和毛泽东思想研究,并撰写出许多专著,如:1954 年松村一人所著《辩证法的发展》一书,对毛泽东的《实践论》《矛盾论》进行了专门的研究,并予以较高的评价"。②

在此期间,由于受美国牵制,日本对中国的态度并非特别友好,这对毛泽东思想在日本的传播产生较大负面影响。1964 年,中苏关系破裂,中日两国共产党在对待苏联问题态度上的分歧使双方关系恶化,使得依靠日共等左翼书店出版毛泽东论著的渠道受阻,毛泽东著作在日本的传播不畅。总体而言,20 世纪 50—60 年代,尽管日本民间组织积极学习毛泽东著作,但存在各种不稳定性;日本官方政府由于意识形态的差异,对毛泽东思想的传播持有抵触情绪。所以,毛泽东思想在日本的传播并未达到预期的高潮。

二、毛泽东思想海外传播呈多样化态势(1966—1976)

20 世纪 60—70 年代,国际国内形势变幻莫测,毛泽东思想在世界各地的传播也呈现出不同的时空效应。

(一)"文化大革命"十年国际国内形势风云变幻

在党的历史上,"文化大革命"期间是"左"倾错误占据主导思想并持续时间最长的时期。这场"文化大革命"给党、国家和全国各族人民带来了沉重的灾难。③ 同时中苏论战以及中国"文化大革命"的爆发,则进一步刺激了海外学者对中国现状和毛泽东思想的广泛研究。正是在这个特定的历史时期,

---

① 廖盖隆、李峰华:《毛泽东大典》(三),沈阳出版社 1993 年版,第 70 页。
② 雍桂良:《毛泽东著作在国外的出版与传播》,《图书馆理论与实践》1993 年第 4 期。
③ 参见中共中央党史研究室:《〈中国共产党党史(1949—1978)下册〉》(第二卷),中共党史出版社 2011 年版,第 966 页。

"毛泽东热"席卷世界,并达到高潮。

(二) 第三世界国家对毛泽东思想传播达到巅峰

20世纪60—70年代毛泽东著作风靡世界,并对亚非拉地区的第三世界国家进行民族解放斗争具有重要的借鉴作用。① 第三世界的马克思主义者、民族民主革命战士及广大劳动群众,始终结合本国实际学习和运用毛泽东思想,毛泽东思想在第三世界的传播广泛,甚至达到巅峰。

毛泽东思想在第三世界的传播并非偶然,而是有其深刻原因。首先,究其根本则是第三世界人民对自由、进步的向往和民族民主革命的需要。一个国家,一个民族,如果没有这种社会需要,无论再好的思想理论,也无法在那里广泛传播。第三世界有领导人民进行长期斗争的先进政党和组织,同时,社会主义革命力量逐渐壮大,更加鼓舞了第三世界人民的革命斗争,他们的民族民主革命运动急需先进的思想指导。其次,自1840年鸦片战争以来,中国开始沦为半殖民地半封建社会,长期处于帝国主义、封建主义和官僚资本主义的残酷压迫与剥削之下,当时许多第三世界民众和中国人民一样,他们也遭受相同的苦难,因此,指导中国革命的毛泽东思想,使第三世界民众看到了光明,希望借鉴毛泽东思想改变自己国家和民族的命运。最后,第三世界人民通过学习毛泽东著作,了解到中国革命和建设的伟大成就并深受鼓舞,因而学习毛泽东著作的热情更加高涨。②

"文化大革命"期间,《毛主席语录》成为海外毛泽东著作传播的主要载体。据不完全统计,《毛主席语录》在国内外以50多种文字出版,共计500多种版本,发行销量超过50亿册,并销往亚洲、非洲、拉丁美洲在内的150多个

---

① 参见张生祥、张利萍:《毛泽东著作在坦桑尼亚的传播与接受》,《天津外国语大学学报》2018年第4期。

② 参见廖盖隆、李峰华:《毛泽东大典》(三),沈阳出版社1993年版,第130页。

国家。"当时,全世界 30 多亿人口,人均拥有《毛主席语录》1.5 册。"①这在中国书籍出版和发行史上树立了不可逾越的纪录,被国际上公认为"二十世纪世界最流行的书""世界上读者最多的书"。②

这一时期,正是第三世界民族解放独立运动和社会变革蓬勃发展之时,毛泽东思想的海外传播满足了各国人民的实际斗争和精神需求,"毛主义"的"国际粉丝"在第三世界名流中不断增多。南非黑人领袖曼德拉因领导反种族隔离运动而被判有罪入狱。在狱中,他研读《毛泽东选集》,并将南非和非洲大陆的民族解放与中国的革命运动进行对比;委内瑞拉已故总统查韦斯曾一再公开表示对毛泽东的终生敬佩,并牢记"美帝国主义是纸老虎"。③

20 世纪 70 年代上半期,墨西哥美洲发行社成为毛泽东著作发行的主力军,每次订购数量均超过万册。1974 年该社进口中国图书 20 多万册,其中毛泽东五篇哲学著作 8 万册。1975 年又提出订购 30 万册,其中《毛主席语录》就占据 10 万册。哥伦比亚独立运动期间,随着各种革命组织与日俱增,对毛泽东著作的需求也呈迅速增长之势,从首都、省会到偏僻乡村,毛泽东著作和各种政治小册子的订单从 1967 年的 6 万多份飙升至 1971 年的 40 多万份。1970 年,当社会党人阿连德当选总统,智利形成了一股学习中国、学习毛泽东著作的热潮。④

在非洲,20 世纪 60—70 年代,毛泽东在坦桑尼亚声名远播,其著作更是坦桑尼亚甚至非洲的畅销书,深受非洲人民欢迎。毛泽东思想风靡坦桑尼亚的原因之一,即中国争取民族独立胜利的经验,正是坦桑尼亚等非洲国家摆脱殖民统治、实现国家独立所需要借鉴的。⑤

---

① 吴继金、贾向红:《毛主席语录趣谈》,《党史纵览》2014 年第 1 期。
② 范小强、马宁:《近百年来毛泽东著作海外出版传播》,《出版史研究》2016 年第 10 期。
③ 刘火雄:《毛泽东著作海外传播流变》,《对外传播》2014 年第 3 期。
④ 参见何明星:《天下何人不识君——毛泽东著作的海外传播》,《光明日报》2011 年 7 月 5 日。
⑤ 参见张生祥、张利萍:《毛泽东著作在坦桑尼亚的传播与接受》,《天津外国语大学学报》2018 年第 4 期。

除此之外,在学习和研究毛泽东哲学思想,运用毛泽东哲学世界观和方法论,制定指导革命和建设的方针和政策方面,第三世界取得了显著的理论成果。第三世界人民对于毛泽东哲学著作的研究,主要集中于《实践论》《矛盾论》两大论著,他们认可《实践论》和《矛盾论》是"唯物辩证法的最好的作品"。他们研究《实践论》《矛盾论》不是从兴趣出发,而是为了从中获得解决问题的方法论。

首先,关于《实践论》的研究。有学者认为,毛泽东虽然指出实践的形式是多样的,但他强调生产斗争、阶级斗争和科学实验这三种形式的重要性,这一思想是具有深刻意义的。有学者指出,毛泽东的认识论和辩证法具有统一性。在毛泽东那里,辩证法既是认识理论又是实践理论。印度学者曼诺拉简·莫汉蒂(Manoranjan Mohanty)详细地阐述了毛泽东关于认知过程的辩证法。他指出,毛泽东的认识是从肯定物质观念的基础开始的,实践与认知的相互依存、相互促进和相互转化,是一个复杂的辩证过程。只要人类社会存在,人类改造社会、改造自然的斗争不停止,这种认识过程的辩证法就不会终结。

其次,关于《矛盾论》的研究。曼诺拉简·莫汉蒂的《毛泽东的政治哲学》是一部比较全面研究毛泽东哲学思想的著作。作者认为,毛泽东关于特殊性和普遍性关系的思想对于中国哲学具有极端重要性,是理解矛盾问题的总钥匙。第一,中国共产党创造性活动的哲学基础是特殊性和普遍性的辩证法。从哲学的角度来看,马克思列宁主义的普遍真理与中国的具体实践相结合是普遍性和特殊性关系的辩证法。第二,作者钻研了《矛盾论》特别是其中的矛盾特殊性理论后,强调指出:"毛泽东的著作一再明确表明,不能把辩证法降格为一成不变的教条,矛盾特殊性理论也并非教条,因为各国国情不同,可以有不同的结论。指出这一点,我们认为是领会了毛泽东辩证法的精神实质。"第三,作者揭示出中国共产党人关于普遍性和特殊性辩证关系的思想是非常正确的。第三世界的人民除了注重《实践论》和《矛盾论》,还关注其他哲学思想,如战争中的物质力量和精神力量的关系问题及依靠群众、动员群众进行人民战争的问题等。

总之,长期以来,第三世界国家在毛泽东哲学思想的理论研究和实际应用上均取得了巨大成就。第三世界人民学习毛泽东著作,研究毛泽东哲学思想,有其明显的特点,一是具有广泛性。毛泽东著作几乎传遍亚非拉各个国家和地区;毛泽东思想的影响深远,遍及整个第三世界;学习毛泽东著作的人数众多、阶层广泛。二是具有实践性。学习、运用毛泽东经济思想解决经济问题,学习、运用毛泽东军事思想制定灵活机动的战略战术。[1]

(三) 苏联和东欧国家进行反毛泽东思想宣传

20世纪50年代后期中苏关系逐步恶化,为了满足政治需要,在苏联一个有组织、有目的地批判毛泽东思想的高潮开始出现。苏联和东欧理论界从思想体系、理论渊源等方面对毛泽东思想采取全盘否定的态度,进行全面的污蔑批判,扮演了意识形态附庸的角色。苏联、东欧学者迎合政治需要,从肯定和赞颂毛泽东思想转为批判"毛主义",彻底否定毛泽东新民主主义革命理论,批判毛泽东哲学论著《实践论》和《矛盾论》。他们认为毛泽东著作不仅对马克思主义哲学未有丝毫贡献,而且还修正了马克思主义哲学,使其变得庸俗化、简单化。在实践上,他们认为毛泽东思想不仅给中国革命和建设带来极大的危害,而且也影响了社会主义国家以及第三世界的团结。[2] 在此期间,由斯特拉格夫斯基等人编写的《毛主义——马克思列宁主义思想政治上的敌人》和《毛主义思想政治本质》两本书,比较集中地反映了他们对毛泽东思想攻击歪曲的观点。除此之外,这一时期还有大批歪曲批判毛泽东思想的著作见下表。今天需要我们对其从反面了解,从正面批驳,以维护毛泽东思想体系的科学性。[3]

---

[1]　参见廖盖隆、李峰华:《毛泽东大典》(三),沈阳出版社1993年版,第131—139页。

[2]　参见张广信、马启民:《国外毛泽东思想研究评析》,陕西人民教育出版社1993年版,第42页。

[3]　参见廖盖隆、李峰华:《毛泽东大典》(三),沈阳出版社1993年版,第37页。

作　者	著　作	出版机构	时间
乔治·帕洛克兹·哈尔瓦思	毛泽东:蓝蚁国王	伦敦,Secker and War-burg 出版社	1962
格尔布拉斯	毛的假社会主义	莫斯科新闻出版社	1968
康斯坦丁诺夫和斯拉德科夫斯基	对毛泽东思想理论的批判	苏联思想出版社	1970
科尔巴什	毛泽东主义的经济理论	苏联政治出版社	1971
乔治·厄本	毛主席的奇迹	英国汤姆·斯特西出版社	1971
鲁缅采夫	"毛泽东思想"的根源和演变	莫斯科科学出版社	1972
吉尔金诺夫	毛主义的思想体系和政策	保加利亚索菲亚出版社	1975

　　这些著作全面歪曲和攻击毛泽东思想,内容充斥着强烈的政治偏见和反华宣传,缺乏客观性,学术价值低。第一,歪曲毛泽东哲学思想的理论渊源和阶级本质。用"一源说"否认毛泽东哲学与马克思主义哲学之间的继承关系。不仅否定毛泽东哲学思想的科学性,而且把中国现代政治思潮中的无政府主义、乌托邦主义同毛泽东哲学思想根源联系起来,以所谓毛泽东哲学思想的阶级本质是小资产阶级,来否定毛泽东哲学思想的无产阶级本质。第二,歪曲毛泽东哲学思想体系,以实用主义和折中主义来否定毛泽东哲学思想体系的系统性与科学性,歪曲《实践论》是经验论,《矛盾论》是折中主义。第三,歪曲毛泽东认识论思想,对《实践论》进行全面批判,推翻了以往的客观评价,发起全面否定攻势,杜撰《实践论》抄袭苏联哲学著作的情节,推论毛泽东的认识论是"狭隘经验论"。

　　总之,苏联对毛泽东思想的歪曲和批判,显然不是从历史中寻求真理的正确态度,它反映了中苏关系恶化背景下的异常研究状态,也从另一个侧面反映了毛泽东思想在苏联和东欧产生的巨大影响。

（四）欧美国家多维度研究毛泽东思想

在美国,伴随"毛泽东热"的兴起,涌现了一大批专门研究中国问题的学术团队,研究机构多达 200 多个,研究人员多达 3000 余人。以美国为首的资本主义国家不断扩大毛泽东思想研究的广度和深度。"毛泽东热"的出现,反映了毛泽东思想在欧美国家传播的进一步深入。

1. 毛泽东思想研究成果增多

到 20 世纪 60 年代末,欧美毛泽东思想研究不断升温,涌现出施拉姆、A. 科恩(Carl Cohen)、魏斐德、R. 特里尔、R. 斯卡拉皮诺(Robert Scalapino)、陈志让等一大批学者。他们广泛搜集研究资料,自由开展学术研究,并不注重实际应用。这一阶段的主要研究成果见下表。

作者	著　作	出版机构	时间
阿瑟·科恩	毛泽东的共产主义	芝加哥大学出版社	1964
陈志让	毛泽东与中国革命	英国牛津大学出版社	1965
陈肖新	按照中国传统和革命发展的毛思想	美国盐湖犹他大学出版社	1970
艾克曼	毛泽东思想与马克思列宁主义	美国西雅图华盛顿大学出版社	1972
卡诺	毛和中国:从革命到革命	美国瓦依金出版社	1972
韦克曼	历史与意志:毛泽东思想的哲学透视	中央文献出版社	1976

根据美国学者斯卡拉皮诺分析,欧美学者关于毛泽东思想研究的论著大致可分为三种类型:第一类为传记性著作,第二类为从中国历史发展中解读毛泽东思想的史学著作,第三类为对毛泽东思想进行解读的著作。①

---

① 参见孙帅:《欧美学界毛泽东思想研究评述》,《毛泽东邓小平理论研究》2016 年第 9 期。

20世纪60年代到70年代,欧美各国对毛泽东哲学思想评述的著作和文章日益增多,其中相当部分具有学术价值,如美国学者格拉伯曼(Grabman)1968年出版的《毛泽东:辩证法大师》,法国米歇尔卢瓦(Michelle Lois)1971年发表的《〈实践论〉法文版前言》,美国弗赖伯格(Fryburger)1977年发表的《毛泽东的军事辩证法》。这些著作主要从辩证法、认识论等方面比较客观、公正地评价了毛泽东哲学思想。①

欧美学者在关于中国近代史的著作中经常涉及对毛泽东思想的研究,如《伟大的中国革命》《剑桥中华人民共和国史》等著作都以中国近现代史为背景,研究毛泽东思想。这几部著作都有关于毛泽东思想的内容,探讨了毛泽东思想与中国近现代历史的关系。

欧美学界有很多专门对毛泽东思想进行解读的著作,如《历史天平上的毛泽东》《毛泽东的思想》《毛泽东思想的批判性透视》等著作都对毛泽东思想进行了系统的研究,重点探讨了毛泽东思想的发展历程、毛泽东思想与中国传统文化的关系、毛泽东思想与马克思主义的关系、毛泽东思想中的农民阶级与工人阶级的关系等,研究了毛泽东思想在中国工业化和现代化进程中的历史作用,评述了毛泽东思想的社会价值和政治影响。②

2.全面介绍和研究毛泽东思想

一是对毛泽东政治思想的研究。比起其他方面,西方对毛泽东政治思想的研究更为重视,论域也极为广泛。他们普遍认为,政治思想是毛泽东思想的核心,是重中之重。毛泽东是否是一位伟大的哲学家,在西方学术界还存在争议,但对于他作为一位政治家、军事家,则是举世公认的。从内容上看,西方学者对毛泽东政治思想的研究主要包括:毛泽东早期政治思想、新民主主义革命时期毛泽东政治思想、晚年毛泽东政治思想、毛泽东政治思想与实践、毛泽东

---

① 参见陈葆华:《国外毛泽东思想研究评述》,陕西人民出版社1993年版,第33页。
② 参见孙帅:《欧美学界毛泽东思想研究评述》,《毛泽东邓小平理论研究》2016年第9期。

政治遗产的评价、"文化大革命"的评价等。① 1977 年狄克·威尔逊(Dick Wilson)的《毛泽东在历史上的地位》在剑桥大学出版社出版;1979 年约翰·斯塔尔(John Bryan Star)的《继续革命:毛的政治思想》在美国普林斯顿大学出版社出版。《毛泽东在历史上的地位》是毛泽东逝世后在西方出版的第一部评价毛泽东的论文集,全书共有 10 篇论文,13 位作者大多是著名的汉学家,他们从事现代中国研究已有多年。收录的论文集从总体上都是对毛泽东历史贡献的客观评价,但由于它是在 1977 年 1 月出版,毛泽东逝世仅几个月,我们党尚未作出对毛泽东的历史评价决议,因此存在某些"左"的影响,观点有些偏颇不可避免。它的出版,在西方引起很大的轰动,并畅销一时。总体而言,多数学者是以积极态度比较客观地评价了毛泽东的历史贡献。

国外学者认为,毛泽东政治思想具有以下特征。第一,实践性。理论与实践相互作用,并与革命目标相结合,既是毛泽东思想的基本特征,也是其政治思想的主要特征。② 第二,斗争性。斯塔尔认为,毛泽东的政治思想是建立在一个中心理论上的,即引起事物变化的斗争和矛盾理论。毛泽东政治著作,带有鲜明的阶级斗争色彩。第三,群众性。西方学者认为,毛泽东作为伟大的无产阶级领袖,一心为民,关心群众,以虚心开放的心态向群众学习,始终保持虚怀若谷的本色。在毛泽东著作中,强调群众利益、群众观点和群众路线占有相当大的比例,表现出了鲜明的群众性特征。第四,继承性。西方学者普遍认为,毛泽东政治思想是中国社会历史条件下的产物,批判继承是毛泽东政治思想的重要特征,毛泽东对中国文化的批判继承,都是立足现实,根据实际境遇来决定的,特别是对中国文化传统历来持批判继承的态度,取其精华,去其糟粕。③

---

① 参见尚庆飞:《国外毛泽东学研究》,江苏人民出版社 2008 年版,第 204 页。
② 参见柳青:《对沃马克关于毛泽东政治思想实践性的简要评析——读布兰特利·沃马克》,《黑河学刊》2016 年第 5 期。
③ 参见陈葆华:《国外毛泽东思想研究评述》,陕西人民出版社 1993 年版,第 190—200 页。

二是对毛泽东哲学思想的研究。20世纪60—70年代,欧美发表大量有关毛泽东哲学思想的著作和文章,其中很多有较高学术价值,如1968年出版的美国格拉伯曼的《毛泽东:辩证法大师》等。有些文章则没有学术价值,如美国阿瑟·科恩(Arthur Cohn)写的《毛泽东的唯物辩证法》全面歪曲和攻击毛泽东哲学思想。当然,还有一些著作虽观点偏颇,但仍属于学术研究,如1977年出版的美国学者约翰·斯塔尔著的《继续革命·毛的政治思想》,认为毛的整个生活和思想在"文化大革命"中达到顶峰,①毛泽东的政治哲学不仅是证明其夺权合理化的理论,也是一种具有逻辑缺陷的政治哲学,在"文革"实践中产生了灾难性的后果。

三是采用"比较研究法"。即将毛泽东思想同马克思、恩格斯、列宁以及同时代的葛兰西(Antonio Gramsci)、卢卡奇(György Lukács)、马尔库塞(Herbert Marcuse)等人的思想相比,比较它们的异同之点,从而探索毛泽东思想的独创性。有比较才有鉴别,但运用不当,也会出现片面的认识,得出错误的结论。如美国威特福格尔(Wittfogel)将马克思、列宁关于东方殖民地解放问题的论述与毛泽东关于农民革命理论相比较,由此得出毛泽东完全移植了马克思、列宁的理论,毛泽东思想只是"一种传说"的错误结论。由此可见,对于一种意识形态从其产生到属性的确定,仅仅把握一个问题进行比较是不够的,不仅要看到它们之间的联系,还要看到它们之间的差异。只有坚持用系统、全面、联系和发展的观点与方法看问题,才能得出客观正确的结论。②

3.翻译出版毛泽东著作

从内容上看,20世纪60—70年代,西方翻译出版毛泽东著作大体分为四类:一类是政治方面的著作,包括对时局的论述、对中国革命动力和前途的分析与主张、对国内外的声明通告及在各种会议上的讲话;二类是哲学著作,其中《实践论》《矛盾论》《关于正确处理人民内部矛盾的问题》等哲学著作传播

---

① 参见陈葆华:《国外毛泽东思想研究评述》,陕西人民出版社1993年版,第190—200页。
② 参见陈葆华:《国外毛泽东思想研究评述》,陕西人民出版社1993年版,第36页。

甚广;三类是军事著作,法国、瑞典、希腊等国合编的《毛泽东军事文选》,引起西方学界及军事领袖们的高度重视;四类是文艺评论著作,《在延安文艺座谈会议上的讲话》《毛泽东论文学与艺术》是当时最早传播的毛泽东文艺著作。欧美大量翻译出版毛泽东著作表明,毛泽东思想蕴含许多闪光点,有很多可以挖掘和研究的价值,因而受到欧美的重视。

　　这一时期西方对毛泽东生平的研究开始重视,出版了不少这方面著作。其中,施拉姆所写的《毛泽东》是对毛泽东生平研究较有代表性的著作,该书在广阔的世界历史背景下,着重从政治方面介绍了毛泽东从少年时代到新中国成立的革命经历。因其较早编写,所以它在研究毛泽东生平领域具有开拓性作用。《毛泽东》在西方产生较大影响,自 1976 年修订再版后,陆续重印 8次。《毛泽东》一书,1986 年被翻译成中文,虽然其某些观点仍值得商榷,但它仍具有一定学术价值。

4.学术研究流派的兴起

　　随着毛泽东思想的广泛传播,欧美研究毛泽东及毛泽东思想的学术流派逐渐兴起,主要分为三个学派,即以魏特夫(Karl August Wittfogel)为代表的"右派",以费正清、史华慈为代表的"自由派"及以佩弗·沃尔德(PEF Wohlde)为代表的"新左派"。在 20 世纪 60—70 年代,他们借助于《中国季刊》(*The China Quarterly*)和《近代中国》(*Modern China*)杂志为阵营,先后展开了两次大争论:首先,"右派"和"自由派"围绕毛泽东思想同马克思主义间的关系展开了激烈的辩论。① 魏特夫等右派学者虽然对马克思主义研究有着很高的造诣,但他们从极右的反共立场出发,认为毛泽东思想是列宁、斯大林思想的附庸,中国的社会主义运动是苏联的附庸品,所谓的"毛主义"其实并没有什么创新之处。而史华慈等"自由派"学者针对魏特夫的偏颇片面观点,

---

　　① 参见曹景文:《海外视域下的毛泽东研究》,《江西师范大学学报》(哲学社会科学版)2015 年第 1 期。

论证了毛泽东思想的原创性,①"毛主义"有着鲜明的中国特色,对马克思主义有着独特的贡献。在以史华慈为代表的"自由派"学者强大攻势下,最终"右派"学者逐渐败下阵来。

但"自由派"中的一些年轻学者对老一辈学者的观点并不完全认同。到了20世纪70年代,佩弗等"新左派"学者迅速崛起,又对史华慈、施拉姆等"自由派"学者的观点进行了激烈的批判。他们认为,毛泽东思想是马克思主义基本原理与中国革命的具体实际相结合的产物。针对老一辈学者通常竭力用马克思主义理论来阐释毛泽东晚年的"左"倾错误,"新左派"对此展开强烈攻势,使得某些"自由派"学者感到招架不住,纷纷表示要修正自己的观点。

当然,也有阿里夫·德里克(Arif Dirlik)、尼克·奈特等欧美学者认为,毛泽东思想是对马克思主义的背离,毛泽东的"农村包围城市"战略和建立农村革命根据地的思想不符合正统的马克思主义观点。实际上,这些观点夸大了毛泽东思想和马克思主义的异质性,进而把毛泽东思想视为"异端"。针对"毛泽东思想是对马克思主义背离"的观点,很多欧美学者表达了不同看法。他们认为,"马克思主义"不应该是一个静止的教条,而应该是一个发展的过程。在这个层面来看,毛泽东思想是对马克思主义的发展。

从学术流派的兴起,足以看出欧美对毛泽东思想展开全面而深入的研究,也从侧面反映欧美学者对毛泽东思想的浓厚兴趣,毛泽东思想在欧美的传播总的来说是成功的,但对毛泽东思想的认识存在很多偏颇和错误。

(五) 日本刊行《毛泽东集》

毛泽东思想在日本的传播与研究已有半个多世纪之久,这是日本当代"中国学"问题研究的重要内容。在20世纪60—70年代,日本涌起一股毛泽东思想的学习与研究的热潮,总体而言,对毛泽东思想的评价是肯定的,

---

① 参见孙帅:《欧美学界毛泽东思想研究评述》,《毛泽东邓小平理论研究》2016年第9期。

发展的趋势是健康的。日本对于毛泽东思想的研究,无论是其规模还是涉及的领域,在国际社会都居于前列。①

1. 深刻认知毛泽东思想

毛泽东思想在日本的传播,随着日本国内政治经济形势的变化而变化,也受中国政治形势的影响而出现波澜起伏。第二次世界大战后,日本先进知识分子和广大民众,吸取战争失败的教训,进一步觉醒起来,希望从毛泽东思想那里寻找日本的出路。从20世纪50年代到60年代,日本学界山崎谦、大井正于、松村一人、竹内好等围绕《矛盾论》《实践论》的评价,展开了热烈讨论,态度严肃认真,研究水平较高。

“文化大革命”期间,日本学界对毛泽东思想的态度异常复杂。一方面,青年“新左翼运动”蓬勃兴起,几乎所有的大学都建立毛泽东思想学习小组,学习、讨论异常热烈;另一方面,在政治领域内,围绕着毛泽东思想展开了激烈的辩论,争论的焦点问题是关于“无产阶级专政下继续革命的理论”的评价。一些学者坚持和维护毛泽东思想,以致对毛泽东晚年理论与实践上的失误缺乏清醒的认识,误将“无产阶级专政下继续革命的理论”当作毛泽东对马克思主义理论的创新性进展。还有一些学者对这个理论正确批判的同时,又对毛泽东思想全面贬低,甚至极少数右翼分子借机全面否定毛泽东思想。总之,这个时期对与错、是与非掺杂在一起,对毛泽东思想的分析与评价使日本思想界处于一个理论上的反思与研究的过程。

日本学界之所以出现上述情况,其原因是多方面的。一方面,由于“文化大革命”是在毛泽东无产阶级专政继续革命的错误理论指导下发动的。在这场运动中,科学的毛泽东思想被歪曲,错误却被认为真理,并在国际上广泛宣传,甚至在中国粉碎“四人帮”之初仍然把这个谬论视为毛泽东对马克思列宁主义最重要的贡献,个人崇拜和极左思潮到达极端。这些趋势迅速蔓延到日

---

① 参见陈葆华:《国外毛泽东思想研究评述》,陕西人民出版社1993年版,第1页。

本,影响日本学界的倾向和观点。另一方面,20 世纪60—70 年代,中苏两党意识形态分歧严重,苏联当局组织发表不少反华文章,其中包括抨击和否定毛泽东和毛泽东思想的文章,在国际上产生了恶劣影响,当然也会波及日本。①

2. 毛泽东著作研究成果显著

20 世纪60—70 年代,中日友好关系的发展为毛泽东著作在日本的传播创造了稳定的外部环境。在已出版的著作中,有关于毛泽东的传记、思想史、毛泽东著作版本考证等内容。著名的毛泽东文献学研究专家竹内实主编出版了《毛泽东集》10 卷本,后又出版了《毛泽东集补卷》。《毛泽东集》和《毛泽东集补卷》共收录毛泽东1917 年至 1949 年的近千篇著作,为日本学者提供了一套较为系统的基础资料和有价值的文献。日本在这一时期,花费大量精力,搜索如此浩瀚的资料,在世界上是独一无二的。这套资料从整合到出版,极大推动了日本学者对毛泽东及毛泽东思想研究工作的深层次开展。《毛泽东集》和《毛泽东集补卷》,是目前毛泽东国外著作文献编辑中最系统、最仔细、最全面并最具权威性的版本,它为毛泽东思想在日本的传播与研究提供了坚实的资料来源。②

三、毛泽东思想海外传播与深入研究(1978 年以来)

1978 年党的十一届三中全会后,中国进入改革开放和社会主义现代化建设新时期,这一时期尽管毛泽东思想在海外的传播显得相对平静,但海外对毛泽东思想的研究却更加深入,其实这也是对毛泽东思想的隐性传播。

(一) 改革开放与国内外形势的新变化

以十一届三中全会为契机,中国共产党开始纠正毛泽东晚年错误,彻底否

---

① 参见陈葆华:《国外毛泽东思想研究评述》,陕西人民出版社 1993 年版,第8—9 页。
② 参见张广信、马启民:《国外毛泽东思想研究评析》,陕西人民教育出版社 1993 年版,第45 页。

定"文化大革命"的理论和实践,正确评价毛泽东的历史地位,坚持和发展毛泽东思想的科学体系,总结社会主义建设的经验教训,坚持改革开放的基本国策,开辟中国特色社会主义道路。这一历史性的变化使海外学者对毛泽东思想的传播与研究产生巨大震动,他们认为需要对此进行深刻的反思。[①]

20 世纪 80 年代后,和平与发展成为当今世界的主题。中苏关系的解冻和两党正常关系的恢复,为苏联及东欧国家学者由批判转向缓和对话,客观、冷静地传播与研究毛泽东思想创造了条件。[②]

1981 年,《关于建国以来党的若干历史问题的决议》的发表,给海外学者深刻影响,他们开始反思以往对毛泽东思想传播与研究存在的表面性与片面性,充分利用改革开放后我国出版的大量档案材料和国际学术交流的有利机会,不断修正和补充以往的研究成果,建立了以毛泽东思想研究为旨趣的学术机构,如澳大利亚、新西兰以及欧美纷纷设立毛泽东思想研究中心,并举办相关学术研讨会。总体而言,这一阶段毛泽东思想研究水平有了较大提高。[③]

(二) 毛泽东思想的海外传播与深入研究

1. 韩国毛泽东思想研究逐步回暖

20 世纪 50 年代韩国建国后,毛泽东著作的译介与研究一度呈现荒芜状况。至 60 年代,毛泽东著作的韩语译本仍处于一片空白,但韩国有关毛泽东的书籍却有所增加。该时期毛泽东及其著作的研究在韩国逐渐回暖。20 世纪 80 年代后,韩国对毛泽东著作的翻译及研究达到高潮,其中,由朴宰雨、李旭渊、金宜镇和李腾渊翻译的《在延安文艺座谈会上的讲话》韩语版至少有四种,打破了韩国建国后毛泽东著作翻译的空白。李腾渊是韩国四位译者中出

---

① 参见张广信、马启民:《国外毛泽东思想研究评析》,陕西人民教育出版社 1993 年版,第 54 页。

② 参见张广信、马启民:《国外毛泽东思想研究评析》,陕西人民教育出版社 1993 年版,第 54 页。

③ 参见曹景文:《海外毛泽东研究概述》,《贵州文史丛刊》2002 年 1 期。

版毛泽东著作选集译本最多的学者。1989 年,杜来出版社陆续出版了三本由李腾渊编译的毛泽东文选——《矛盾论·实践论》《论持久战·新民主主义论》《延安文艺讲话·反对党八股》,堪称毛泽东著作韩文出版历史上的重要成就。①

2. 澳大利亚毛泽东思想研究步入正轨

在毛泽东和毛泽东思想研究领域,澳大利亚是后起之秀。20 世纪 80 年代后,澳大利亚对毛泽东及毛泽东思想的研究风起云涌,出版了大量研究毛泽东和毛泽东思想的书籍和论文,主要有泰维斯(Frederick C.Teiwes)的《中国的领导人、合法性和冲突:从超凡魅力的毛泽东到继承政治》《毛营垒里的政治:高岗和 20 世纪 50 年代前期的党内派别活动》《中国走向灾难之路:大跃进运动中的毛泽东、中央政治家和省级领导人,1955—1959》、尼克·奈特的《毛泽东思想评论》《毛泽东思想的批评性透视》等。②

随着澳大利亚毛泽东和毛泽东思想研究的不断深入,海外毛泽东和毛泽东思想的研究中心也随之转移到澳大利亚,其标志就是澳大利亚学术界就毛泽东和毛泽东思想研究展开了两次大规模的论战,第一次是关于毛泽东思想产生的心理因素的论战,第二次是关于如何区分"正确的毛"和"错误的毛"的争论。在第二次论战中,《澳大利亚中国事务杂志》上刊登了几篇观点迥异的文章,包括格雷厄姆·杨(Graham Young)的《毛泽东与社会主义社会的阶级斗争》、弗里德里克·泰维斯(Friedrich Travis)的《彭德怀与毛泽东》、洛厄尔·迪特默(Lowell Dittmer)的《毛泽东之后的十年》③,此外,还有尼克·奈特发表的《西方毛泽东研究:分析及评价》、保尔·黑利(Paul Healy)写的

① 参见李大可、全炯俊:《韩国八十年代出现毛泽东著作翻译高潮》,《中国社会科学报》2012 年 5 月 28 日。
② 参见胡再德:《澳大利亚的毛泽东思想研究》,《江西师范大学学报》(哲学社会科学版)2011 年 2 月第 1 期。
③ 这些文章刊登在 *The Australian Journal of Chinese Affairs* 1986 年,其中部分文章被翻译为中文发表在 1992 年、1993 年的《毛泽东哲学思想研究》上。

《毛研在西方：关于毛和传统马克思主义的争论》等①,这几篇文章展示了澳大利亚学者关于毛泽东和毛泽东思想研究的新观点与新方法,标志着西方毛泽东和毛泽东思想研究的新趋向。

3.欧美毛泽东思想传播与研究取得显著成果

党的十一届三中全会之后,毛泽东思想在欧美的传播依然盛行,虽然没有亚非拉地区反响那么强烈,并运用于实践之中,但涌现了一批研究毛泽东思想的学术机构。美国有哈佛大学费正清东亚研究中心、斯坦福大学中国资料研究部,英国有伦敦大学现代中国研究中心,该中心出版的《中国季刊》载有研究毛泽东思想的大量文章。同时还出现了一批以施拉姆为代表的专家学者。施拉姆 30 年来对毛泽东思想多方面研究,发表和出版了大量文章、著作,在毛泽东思想研究方面取得了卓越成就。还有许多学者撰写了有关毛泽东政治思想、哲学思想、毛泽东传等方面的专著,在欧美很有影响。如哈佛大学 R.特里尔写的《毛泽东传》1980 年出版后,被英国、西班牙、以色列等 30 多个国家的报刊连载,引起极大轰动,被称为"世界关于毛泽东的最重要的著作"。在中国,《毛泽东传》发行量已突破 50 万册。欧美学者不仅自己研究,而且还组织对毛泽东思想的学习、讨论,认为"毛泽东留给我们的马列主义——毛泽东思想是一个珍贵的强大的武器"②,进一步扩大了毛泽东思想在欧美的影响。

4.亚非拉毛泽东思想传播进入新时期

党的十一届三中全会后,亚非拉毛泽东思想传播进入新时期。亚非拉学者结合自己的经验教训,重新学习毛泽东思想,对于毛泽东的地位、作用、价值,作出全面而公正的评价,并奉毛泽东为第三世界人民的精神导师。特别是

---

① 《西方毛泽东研究:分析及评价》的中文译文刊登在《毛泽东思想研究》1989 年第 2、3、4 期。《毛研在西方:关于毛和传统马克思主义的争论》的中文译文刊登在《毛泽东思想研究》1996 年第 2 期和 1997 年第 2 期。

② 转引自廖盖隆、李峰华:《毛泽东大典》(三),沈阳出版社 1993 年版,第 96 页。

当中国共产党《关于建国以来党的若干历史问题的决议》对毛泽东和毛泽东思想作出全面的科学的评价后,第三世界学者为之欢欣鼓舞。随着第三世界国家纷纷取得民族独立,他们需要进一步提高对毛泽东思想的理解和运用水平,于是由学习毛泽东的哲学著作,开始转向深入系统的理论研究,具有代表性的是印度学者曼诺拉简·莫汉蒂所著的《毛泽东的政治哲学》。

在《毛泽东的政治哲学》这部著作中,莫汉蒂认为:"中国革命的哲学,是中国近百年来革命运动的产物,特别是中国近五十年的历史,产生了具有深远意义的革命运动的某些政治哲学的思想,这些思想不是毛泽东个人想象力的产物,它们是通过以毛泽东主席为首的中国共产党进行种种成功和失败的试验,才逐步形成和发展起来的。"[①]由此可见,作者的见解是十分深刻的。

莫汉蒂还十分强调理论和实践的相互关系。他指出,毛泽东的新民主主义革命理论引导中国完成了反帝反封建和反殖民主义的社会改革。但作者认为,在 1949 年以后中国开始了建设社会主义的艰巨任务,毛泽东特别强调在整个社会主义时期都要实行阶级斗争不断革命的路线,这和新民主主义革命理论是密切相关的,是有其连续性的;此外,作者最后从哲学角度研究了毛泽东思想,特别是毛泽东的唯物辩证法,他认为这是了解中国革命和实践的关键。由于莫汉蒂是在"文化大革命"结束后不久写的这本专著,他的观点不能不受当时客观条件的影响,但是在一定程度上也反映了亚非拉第三世界国家研究毛泽东思想的真实状况。

第三节　新中国成立后毛泽东思想
海外传播的重大影响

毛泽东思想海外传播,不仅扩大了中国化马克思主义的国际影响力,提升

---

① 转引自廖盖隆、李峰华:《毛泽东大典》(三),沈阳出版社 1993 年版,第 129 页。

了中国国家形象,增进了国际社会对中国的理解与支持,同时也对世界产生了深远影响。毛泽东是 20 世纪中国对世界影响最大的历史人物,毛泽东思想在世界很多地方都掀起巨大的思想波澜。

一、提升新中国的国际话语权

话语权实质上是一种软实力。在后冷战时代,软实力与硬实力对比来,其影响有过之而无不及。所以,在当今世界,几乎所有国家都高度重视对外宣传推广能力,几乎所有政治家都把支持或推进对外宣传工作作为政府的一项基本职能。①

毛泽东思想海外传播在贡献人类文明的同时,也不断提升新中国的国际话语权。自毛泽东思想海外传播伊始,出现了近代"西学东渐"以来中国对外思想传播的最高峰。毛泽东思想的广泛传播不仅对 20 世纪国际共产主义运动的发展产生了重要影响,而且标志着中国人的思想文化在沉寂数百年之后重新回到世界舞台的中央,对人类文明多样性的发展提供了精神引导。毛泽东思想的海外传播,让中国在国际社会中有更大的话语权,有助于提高中国的国际影响力,塑造和平外交形象。毛泽东思想的海外传播,还让国际社会感知到,中国共产党不是模仿马克思列宁主义,而是将马克思主义的基本原理与中国革命建设的具体实践相结合,并产生了中国化的马克思主义,即毛泽东思想。在毛泽东思想的指导下,中国革命和建设一次又一次地克服困难和障碍,并取得一个又一个辉煌的胜利。

毛泽东思想的海外传播,不仅扩大了中国化马克思主义的国际影响力,凸显了中国化马克思主义的世界意义,并增进了国际社会对中国的理解与支持,也对世界产生了深远影响。毛泽东思想关于反抗压迫的学说,为全球被资本压迫和剥削的民族与人民指明新的方向,让各国人民充分理解中国政府的态

---

① 参见习少颖:《1949—1966 年中国对外宣传史研究》,华中科技大学出版社 2010年版,第 1 页。

度和民间的声音,让世界人民感受中华文化的独特魅力并接纳中华文化。正是通过毛泽东思想的海外传播,弘扬了中国文化,展现了中国风范,从而树立中国在国际社会中的良好形象,大大提升了中国国际话语权。

二、鼓舞亚非拉民族解放运动

毛泽东思想作为中国革命的行动指南,毫无疑问赢得了第三世界的重视,因为毛泽东思想极大地促进了人类解放的历史发展,成为了亚非拉第三世界学习的典范。中国的革命和建设的胜利极大地鼓舞了亚非拉民族解放运动的发展,亚非拉第三世界努力寻求中国取得革命胜利的宝贵经验。

毛泽东思想的海外传播,为亚非拉第三世界人民的革命斗争提供了经验借鉴。一是要赢得民族民主革命的胜利,必须依据具体的实际,探索适合本国国情的革命道路。中国革命历经波折最终取得胜利,最关键因素是找到了"农村包围城市,武装夺取政权"的正确革命道路。毛泽东有关"工农武装割据"和游击战略的思想传播海外,对亚非拉国家夺取民族解放胜利有着重要的指导意义。二是要想取得最终胜利,必须建立统一战线。在领导民族民主革命的过程中,中国共产党团结了一切能够团结的力量,动员了一切可以动员的积极因素,在不同时期建立了不同的统一战线。依靠统一战线,增强了自己的力量,摧毁了敌人的力量。

20世纪50年代后,亚非拉许多地区深受中国民族民主革命胜利的鼓舞,爆发了前所未有规模巨大的民族解放运动。在这些国家和地区《毛泽东选集》的出版,满足了实际斗争的需要,上至领导人物下到普通民众,都从《毛泽东选集》中汲取思想的力量。[①] 在这些读者中,有许多是从小读着毛泽东著作成长起来的领导者,他们深受毛泽东思想的启发,组织革命政党,建立武装队伍,发动民族民主革命运动。

---

① 参见廖盖隆、李峰华:《毛泽东大典》(三),沈阳出版社1993年版,第127页。

　　在亚洲,最早将毛泽东思想传播到这些国家的是先进的革命团体和政党领导人。在传播毛泽东思想的过程中,亚洲许多国家的共产党人高度重视毛泽东哲学世界观和方法论的学习,以便提高党员的理论水平。菲律宾共产党曾规定,毛泽东思想是党章的指导思想。以色列总理内塔尼亚胡曾这样评价毛泽东:他改变了一个被西方嘲笑为“东亚病夫”的中国,并已成为极具现代凝聚力民族国家,使几亿受尽压迫的中国人能够把自己的命运掌握在自己手里,这给我们民族带来震撼性的鼓舞。尼泊尔共产党一直奉行“毛泽东主义”,历经数十年忍辱负重,最终凭借自己的力量赢得尼泊尔民心,结束了国家君主制,并建立了联邦民主共和国,这在尼泊尔历史上具有重大意义。尼泊尔首任总理普拉昌达是典型的毛泽东崇拜者与毛泽东思想信奉者,他坦承:“没有毛泽东主义的指导,便没有尼泊尔联邦民主共和国的今天。”①

　　在非洲,非洲统一组织前秘书长塞勒姆认为,没有毛泽东思想的理论指导和中国无私的经济援助,非洲国家要想摆脱殖民主义,走上民族解放道路,独立自主地发展经济,必将作出更多的牺牲,要走更多的弯路。前非统组织秘书长萨利姆曾表示:“毛泽东思想对非洲影响深刻,尽管时代在发展,非洲很多国家的政治体制和经济模式都发生了巨大变化,但毛泽东思想并未过时,非洲国家仍从其思想中汲取养分,使国家获得更快的发展。”南非首位黑人总统曼德拉因革命活动被捕入狱后,在狱中潜心研究《毛泽东选集》。② 像曼德拉一样,津巴布韦民族领导人穆加贝总统也有着同样的经历,是在监狱中研读《毛泽东选集》,并在实际斗争中运用了毛泽东的游击战术,经过多年的不懈努力,最终取得革命胜利。非洲青年学者为了探寻行动指南,解决自己国家的民族民主革命问题,他们带着强烈的愿望,充满革命激情去学习毛泽东著作。

① 《细数海外逐渐升温“毛泽东热”的国家》,人民网 2015 年 8 月 21 日,http://fj.people.com.cn。

② 参见《曼德拉曾在狱中偷偷庆祝中国国庆　读完毛泽东选集》,《新京报》2013 年 12 月 7 日。

在拉美,20 世纪 60—70 年代,左翼思潮再次风起云涌,毛泽东的著作被推广宣传到拉美后影响了整整一代知识青年。"特别是毛泽东关于农民运动的理论,对拉丁美洲的革命事业尤其具有重大意义。在拉丁美洲,谁要是忽视农民这一重要力量,谁就休想领导人民革命取得胜利。"①包括登上拉美政坛巅峰的巴西总统卢拉·达席尔瓦、委内瑞拉总统乌戈·查韦斯、阿根廷总统费尔南德斯·德基什内尔等人,都深受毛泽东思想的深刻影响。尤其是乌戈·查韦斯,年轻时就已熟读毛泽东著作,对毛泽东特别钦佩敬重。他曾在讲话中引用毛主席语录,战略上要蔑视敌人,战术上重视敌人,并表示不要害怕敌人,不需恐惧帝国主义,只要委内瑞拉团结一致,必能战胜敌人。

三、推动欧美国家社会运动发展

20 世纪 50—60 年代,随着毛泽东思想在西方世界的广泛传播,欧美爆发了一系列社会运动,其中具有深刻影响的是美国女权运动、黑人权利运动和学生运动。

毛泽东的妇女思想是在分析整个社会存在和发展的基础上,去把握妇女问题的症结所在,进而从根本上提出妇女解放与阶级解放相结合的观点。《湖南农民运动考察报告》的出版,无疑是毛泽东妇女思想形成的开端。毛泽东认为:妇女解放必须走组织起来的道路,"最近农民运动一起,在许多地方,妇女跟着组织了乡村女界联合会,妇女抬头的机会已到,夫权便一天一天地动摇起来"。② 此外,毛泽东关于妇女平等参加革命的思想,赋予妇女解放运动以革命的合法性,毛泽东提出的"妇女能顶半边天"的思想,对妇女在革命、建设等各方面的地位与作用给予了充分肯定。

毛泽东的妇女思想也深深影响着美国的女权运动,并为其提供理论指导。毛泽东有关妇女解放的著作传到美国后,鼓舞美国妇女追求民主和自由,要求

---

① 李雪梅:《〈毛泽东选集〉海外传播的历程及启示》,《国外社会科学》2019 年第 3 期。
② 《毛泽东选集》第一卷,人民出版社 1991 年版,第 32 页。

在政治、经济、法律及家庭关系方面,与男子享有平等的权利和义务。女权运动作为一项标志性的运动,不仅深刻地烙印了那个时代,至今还深远影响着美国社会。

20世纪50—60年代,美国黑人民权运动如火如荼,成为当时美国一项重大的社会运动,最终促使联邦政府废除了种族隔离制度,从而在黑人历史上留下光辉的一页。

长期以来,美国黑人仍处于政治上无法掌权、经济地位低下、受教育程度低、生活环境恶劣等现实的不平等中。第二次世界大战结束后,世界民族解放运动蓬勃发展,特别是中国在毛泽东思想的指引下,取得民族独立解放的胜利,不仅鼓舞了非洲独立解放运动,也为美国的黑人运动提供榜样支撑,推动美国黑人运动的发展。黑人志愿团体和教会以及其他各阶层团体,齐心协力掀起了一场争取民权的运动。毛泽东提出的游击战、世界革命等思想,对20世纪60年代美国黑人领袖罗伯特·威廉及黑豹党都产生直接影响,他们推崇毛泽东,认同毛泽东思想。1963年8月8日,毛泽东发表《呼吁世界人民联合起来反对美国帝国主义的种族歧视、支持美国黑人反对种族歧视的斗争的声明》,无疑更加鼓舞了美国黑人斗争的信心。正是美国黑人的不断斗争,最终敦促美国国会通过强有力的法律,清除美国社会种族隔离和种族歧视的残余影响。

20世纪50年代末,美国社会爆发了各种形式的社会运动,来表达人们在精神上的迷茫困惑,整个社会变得混乱不堪,尤其大学生们在价值观和行为方式上,激烈地反对主流社会,形成了一种独特的文化,终于在20世纪60年代发展成学生运动。他们既追求包括与自身利益息息相关的最实际的"学生权利",还包括自由、平等和正义等崇高的、理想的"学生权利"。这是20世纪60年代美国学生运动爆发的最重要原因,也是学生运动的最主要内容。

毛泽东思想是指导20世纪60年代美国学生运动的旗帜之一,学生运动的领袖们研读了毛泽东著作,他们认为毛泽东将人权很大程度上理解为人民的权利,毛泽东追求的人权比西方人权的内涵更为丰富,把人权的概念,从政治、人身权利扩展到社会、经济和文化等方面,为美国学生运动提供了宝贵的思想指导。

当然,对于毛泽东思想推动欧美社会运动作用的评价要秉持实事求是的态度,不能过分地夸大,尤其关于毛泽东思想对美国黑人权利运动的影响评价,更应客观、公正。第一,必须联系当时的国际背景加以考察。虽然毛泽东思想对于美国黑人权利运动有巨大的指导和推动作用,但也与当时的非洲民族解放运动、古巴革命及其他革命家、思想家的影响分不开,因此,不能过分强调毛泽东思想的影响。第二,实际上毛泽东思想的影响主要集中在欧美社会运动的少数精英上,大部分激进分子对毛泽东思想和著作往往是一知半解,或采取实用主义态度,他们并没有掌握毛泽东思想的精髓和灵魂。第三,当时美国黑人接触到的毛泽东思想是以高度理想化的面貌出现的,显然与真正的毛泽东思想并不吻合。他们追求的是理想化的"毛主义乌托邦",而对当时陷入疯狂的"文化大革命"所造成的伤害与破坏难以知晓。

由此可见,由于语言障碍、文化隔膜及政治因素的影响,美国黑人所接受的毛主义在某种程度上是由他们自己的想象力创造出来的,是一种"创造性的误解",并非完全的真实。

第四章　邓小平理论、"三个代表" 重要思想和科学发展观的 海外传播

邓小平理论、"三个代表"重要思想及科学发展观科学回答了建设中国特色社会主义的一系列基本问题,形成了中国特色社会主义理论体系,实现了马克思主义中国化新的飞跃。因此,推动这一系列理论成果海外传播无疑是提高中国化马克思主义国际影响力的重要举措。

第一节　邓小平理论的海外传播

邓小平理论海外传播是伴随着中国改革开放凯歌行进的。20 世纪 70 年代末,中国的改革开放恰如一场革命正式拉开序幕。作为社会发展动力系统中的重要一环,改革开放不仅使中国发生了深刻的变化,同时也让全世界感受到了它的宏伟力量和巨大影响。作为擘画中国改革开放蓝图的总设计师邓小平,也因此成为世人关注的焦点。非但如此,这位伟人关于建设中国特色社会主义的理论也成为海外政界及学者争相传播和研究的课题。国外学者认

为他"是一位思路敏捷的世界伟人,具有敏锐的眼力和非凡的智慧"①,美国《时代》周刊也曾称邓小平领导中国改革开放的功绩改变世界史无前例,不少海外人士和知名学者对其为中国改革开放作出的贡献都给予高度评价,不仅称他为成功的社会主义改革家,更把此时的中国称为"邓小平时代"或"后毛泽东时代"。邓小平理论也正是乘着这股时代的东风传播于世界各地。

一、邓小平理论海外传播的时代背景

(一) 改革开放助推邓小平理论"走出去"

改革开放,是党的十一届三中全会中所作出的一项决定中国命运的关键决策。邓小平作为改革开放的总设计师,领导中国迈入改革开放和社会主义现代化的新时期,为世界和平与发展带来了强劲的动力。同时,"邓小平热"开始在世界范围内悄然兴起,邓小平理论海外传播也受改革开放热潮的推动翻开新的一页。改革开放之初,国外关注中国的社会焦点和学术视野开始集中在邓小平及其改革开放的伟大创举之上,力赞这位伟人力挽狂澜,深刻改变了中国命运和影响了世界政治走向。"邓小平功绩史无前例",邓小平画像曾9次登上美国《时代》周刊的封面,邓小平2次被《时代》周刊评为"年度风云人物",这说明他对中国及世界的贡献受到国际社会的充分肯定和高度关注。此外,诸多海外学者以著作、论丛、时评等形式对邓小平改革开放的蓝图开展现实分析与历史探究。美国汉学家费正清主编的《剑桥中华人民共和国史(1966—1982)》、美国中国问题专家鲍大可(A.Doak Barnett)和拉尔夫·N.克拉夫(Ralph N.Clough)编的《现代化进程中的中国》、美国布鲁金斯研究所高级研究员哈里·哈丁(Harrie Harding)的《中国的第二次革命》等等便是这一时期极具性代表的著作。

随着1978年邓小平访日,日本也刮起了一股"邓小平旋风"。日本学者

① 张曙:《外国人眼中的邓小平》,《党史博采(纪实)》2014年第8期。

对邓小平的研究涉猎广泛,既涵盖邓小平的生平,同时又包括其主要思想。较具代表性的著作有 1983 年浅川健次主编的《邓小平新时代》,1986 年日本学者宇野重昭、小林弘二、矢吹晋合著的《从毛泽东时代到邓小平时代》等等。

伴随欧美之"热"和日本之"风",南美、东亚、非洲等不少发展中国家和地区也产生了访问中国、考察取经的强烈意愿,围绕中国改革开放的新闻、社评引起越来越多学者乃至世人的广泛关注。[①] 在世界学习研究邓小平理论和改革开放政策的浪潮推动下,国内外出版了一大批以邓小平名字命名的书籍,研究邓小平的生平及思想。较为典型的有傅高义(Ezra F.Vogel)所著的《邓小平时代》、理查德·伊文思(Richard Evans)主编的《邓小平传》等等,邓小平的名字和思想,被世界上越来越多的人所认识和接受,邓小平理论海外传播也得到了进一步发展。

(二) 经济全球化呼唤邓小平理论"走进去"

第二次世界大战后,各国之间经济往来愈加频繁,全球化市场不断扩大,国际化分工越来越细,各种交通方式和通信工具使世界各国之间的联系更加便利,经济全球化已从过去的理想转化为势不可当的潮流。在经济全球化日益深入的背景下,不同国家、民族之间的文明交流与文化交往也愈发紧密。如何使本国在经济全球化浪潮中求得生存并站稳脚跟,进而把握好乘势而上的时机以加快发展自身,成为世界各国迫切关注并亟待解决的问题。邓小平理论正是着眼于这一世界性课题,提出通过发展社会主义市场经济,不断扩大改革开放的深度与广度,让中国与世界各国在经济全球化浪潮中实现互利共赢。由此,邓小平理论所主张的社会主义市场经济能否在经济全球化浪潮中扬帆远航,助推中国现代化建设,开始成为世界关注的焦点。

---

① 参见马启民:《国外邓小平理论研究评析》,山东人民出版社 1999 年版,第 51 页。

面对波涛汹涌的经济全球化浪潮,邓小平审时度势,站在历史与时代的高度,主动出击,迎接挑战,成功开创了中国特色社会主义道路,既顺应了中国人民求生存、谋发展、向往美好生活的现实需要,也契合了世界和平与发展的时代潮流和国际大势。美国学者魏昂德(Andrew G.Walder)在《超越邓小平时代:中国的政治困境》一文中指出:邓小平理论"鼓励发展社会主义经济,重建民众对政府的信任,预示着对外部世界的更加开放"。①

历史表明,中国抓住了经济全球化所带来的机遇,并取得改革开放的巨大成就,为世界其他亟须发展走上现代化道路的国家提供了有益借鉴。同时,改革开放进程中所形成的邓小平理论,更是在全球产生了巨大的感召力和深远的影响力。推动邓小平理论海外传播,是经济全球化背景下各国人民对中国智慧的殷切期盼,也为低迷不振的世界经济发展贡献中国经验。

二、中国为邓小平理论海外传播所做的努力

(一) 建立新闻发言人制度

新闻发言人制度作为一种"舶来品",伴随着改革开放在中国快速发展,它架起了政府、媒体和公众沟通的桥梁,肩负起政务公开、新闻报道、舆情管控和国际传播等多项职能。该制度即指在特定时段内,由国家委派相关单位或代表,向中外记者阐述政府、某个组织对某一事项的态度和立场。概言之,凡属有关政府的重大事项(含政府决策、对突发事件的处理等)皆由代表该国的新闻发言人负责回应,该新闻发言人的立场及言论就是该国的立场及言论。

新中国自成立以来,一直采取记者招待会形式来表达政府对某些国内国际重大事项的看法与态度。然而,举办记者招待会费时费力,且表达国家立场的时效性欠佳。因此,1983 年中国正式宣布建立新闻发言人制度。这项制度

① Andrew G.Walder,"Beyond the Deng Era:China's Political Dilemma",*Asian Affairs:An A-merican Review*,Summer,1989.

的建立,在满足公众知情权、引导国际舆论、提高政府公信力和美誉度等方面发挥了重要作用。同时,它在宣传国家领导人及领导人思想方面也有举足轻重的地位,是中国官方与世界的"传话筒",在阐述中国立场时也向世界表明中国的态度和政策。

新闻发言人制度在邓小平理论海外传播的实践过程中,曾发挥不可替代的作用。邓小平的许多改革开放重大决策正是通过新闻发言人制度向世界传播,并产生深远的国际影响。

(二)　对外发行邓小平理论著作

这里主要指记录邓小平生平及其思想的文集、文选、论述摘编及讲话单行本等。据中央文献出版社相关数据显示,仅在 1987 年至 1997 年十年期间,中央文献出版社出版邓小平的著作和研究邓小平生平思想的著作多达 21 种。目前,据不完全统计,共有 200 多种不同版本的邓小平著作已问世。其中,最具权威性的是中共中央文献研究室编撰出版的《邓小平文选》《邓小平传》《邓小平年谱(1904—1974)》《邓小平年谱(1975—1997)》,此外,还有《建设有中国特色的社会主义》英、西、俄、日、德文版;《论当代中国基本问题》(即《建设有中国特色的社会主义》增订本)英、法、西、俄、日文版;《邓小平论香港问题》英文版;《邓小平论一国两制》英文版;《邓小平画册》英、法、日文版;《邓小平同志在中国共产党第十一次全国代表大会上的讲话》英、西、日文版;《在第十二次中国共产党全国代表大会上的讲话》英、法、西、俄、日文版等诸多邓小平著作。《邓小平文选》先后被翻译成英、法、德、俄、日、西班牙等文版,并在美国、英国、法国、日本等具有影响力的大国发售。据中共中央编译局介绍,1983年翻译出版的《邓小平文选》英文版在纽约发行,立即被抢购一空;同年翻译出版的《邓小平文选》日文版在日本受到读者好评,日本放送协会(NHK)在广播时采用了该译本。邓小平文集被英国《镜报》以英文版发行时,第一次印刷的一万余册很快便售罄,后又重印了两万余册,由此可见邓小平理论在国外受欢迎的程度。邓小平著作的大量出版,为国外读者了解邓小平及其思想打开方便之门,也为邓小平理论海外传播起到巨大推动作用。

三、邓小平理论在日本的传播

(一) 邓小平访日彰显个人魅力

1978 年 10 月,邓小平作为新中国成立后首位访日的国家领导人,受到了国内外媒体的广泛报道,日本也由此刮起了一股"邓小平旋风"。东京六大报纸分别发表社论、评论,有的还出了特刊,电视台从早到晚安排特别节目。据不完全统计,欢迎邓小平的仪式和互换批准书的播放,每天多达 2300 万人收看,收视率比平时增加了 10 倍。邓小平到访日本后,在东京日比谷的日本记者俱乐部,以邓小平为主角的一场记者招待会引起巨大轰动,邓小平幽默、坦率、务实和开放的风格让日本民众眼前一亮,人们亲切地称这种招待会为"邓小平风格"的招待会。当邓小平被问及钓鱼岛这个在当时比较敏感的问题时,邓小平睿智而又平静地给予回答,并坚信这一代没有完成好的事情,下一代一定会找到更好的方法。《每日新闻》说邓小平"既不显威风,也不摆架子,用低沉而稳重的声调和温和的口吻发表谈话——始终笑容满面地谈中日友好和世界形势——他是一个多么难得的'人才'"。[1] 就连当时的知名记者也评论说:"邓在日本访问期间扮演了一个中国超级推销员的角色,他以迷人的微笑和精力充沛的交谈给人留下了深刻的印象。"[2]一时间,邓小平在日本引起了巨大轰动,日本民众无不对这位极具魅力的中国领导人赞赏有加,这为邓小平理论在日本的传播奠定了深厚的民意基础。

---

[1] 李进、王甬:《扶桑列岛的"邓小平旋风"——1978 年邓小平访日纪实》,《党史文苑》1997 年第 2 期。

[2] 李进、王甬:《扶桑列岛的"邓小平旋风"——1978 年邓小平访日纪实》,《党史文苑》1997 年第 2 期。

（二）日本宏论中国改革开放政策

邓小平访日后，日本媒体持续广泛宣传报道中国改革开放政策。一方面，日本媒体对邓小平的传奇人生颇感兴趣，纷纷探讨邓小平是如何拉开中国改革开放大幕的。日本领导人感叹邓小平的来访产生了巨大影响，促进了中日友好关系走向新阶段。另一方面，中国改革开放政策引起了日本各大媒体的强烈反响，日本《时报》一篇文章认为：邓小平的改革开放政策，"不仅使中国人民大大受益，而且惠及亚洲，惠及世界"。"他是改变中国及亚洲和世界面貌的重要领导人。"日本学者冈部达味和毛理和子认为："1978 年 12 月中国开始了改革开放时代，80 年代的中国以搞活经济、对外开放和政治经济体制改革为三大支柱，出现了与 70 年代前毛泽东时代有质的不同的局面。经济社会和政治社会搞活了，中国进入了国际社会，而且中国的国际地位也同时提高了。在现代中国 40 年的历史上，改革开放时代是第一次使增长、稳定与和平同时存在的 10 年，这样说并不夸张。"①在日本，既有看好中国改革开放政策的，也有不看好中国改革开放政策的。然而，无论从哪个方面讲，中国无疑是当今世界最大的贸易市场了。基于这一认识，三菱、丰田等二百多家日本公司分别在《日本经济新闻》《每日新闻》等报上刊登广告，庆祝日中和平友好条约生效，这在日本国内是一次空前绝后的行动。

（三）日本学界研讨邓小平理论

第一，参与研究的学者众多。在日本学界，众多学者开展邓小平理论研究，并有许多著作和论文问世。其中有日本学者野纯一的《中国的迷惑——邓小平与毛泽东路线》，中嶋岭雄的《中国——历史、社会、国际关系》，内藤雄三的《毛与邓的分歧》，小林弘二的《中国对世界的认识与发展战略》，冈部达

---

① ［日］冈部达味、毛理和子：《邓小平时代的特点和意义》，参见冷溶主编：《海外邓小平研究》，山西经济出版社 1993 年版，第 17 页。

味和毛理和子合著的《改革开放时代的中国》,矢吹晋的《邓小平以后的中国经济》,伊藤诚的《市场经济与社会主义》,本场康治的《邓小平的长征》,高原明生的《邓小平的全方位外交》,国分良成的《邓小平时代与毛泽东时代的异同》,竹内实的《中国历史上的第四位伟人》,渡边利夫的《邓小平的经济思想与改革开放》,小川平四郎的《他不是改革开放一边倒》,等等,这些著作的出版很大程度上加深了日本社会对邓小平理论的认识和了解。

第二,对改革开放理论研究深入。日本学者伊藤诚在《市场经济与社会主义》一书中对邓小平经济体制改革多有论述。[①] 此外,还有学者从历史与现实的维度,探讨了中国改革开放的历史地位和时代价值,认为改革开放与邓小平理论关联紧密,是邓小平时代到来的标志。也有学者通过考察中国历史,认为十一届三中全会提出改革开放,其意义重大犹如遵义会议,是中国的又一个转折点,标志着中国社会工作重心的转移,对这一历史航向的把握上邓小平功不可没。不仅如此,在思想解放上,邓小平的贡献和功绩同样不容置疑。通过"真理标准问题大讨论",真正打破了"两个凡是"的思想束缚,纠正了长期以来人们对毛泽东思想的歪曲与误读,进一步巩固了毛泽东思想作为中共指导思想的重要地位。还有学者对邓小平的现代化发展战略、中国特色社会主义经济改革等进行了深入研究。

第三,研究方法呈现多样化特点。不少日本学者采用实地考察法、文献分析法、比较分析法等。《中国改革第一线:邓小平的政治展望》一书就是作者通过实地考察与访问而完成的,《中国的政治社会:探索邓小平以后》(1986年)则是作者综合运用实地考察、文献分析和比较分析相结合的方法写成的。《中国改革第一线:邓小平的政治展望》将中日进行对比阐述,认为中国有很多做法值得日本学习,例如"在许多地方都是年轻有为的青年担任要职,他们

---

① [日]伊藤诚:《市场经济与社会主义》,中共中央党校出版社 1996 年版,第 183—184 页。

已成为推动中国前进的动力"①。

四、邓小平理论在美国的传播

(一) 媒体宣传促进邓小平理论的传播

1979 年新年刚过,邓小平受美国总统卡特之邀,访问美国。作为第一个访问美国的中共领导人,邓小平此举引起了全世界的关注,当时美国三大主流电视网每天的黄金阶段都变成了"邓小平时间",邓小平以其独特的魅力在美国政界、学界、商界刮起了一股"邓小平旋风"。在访问期间,邓小平借美国记者采访之际,表明自己访美的目的与使命:一是希望促进中美双方的交流合作,二是期望能从美国学到先进技术和一切有益于中国发展的经验,三是同美国领导人就发展两国关系和维护世界和平与安全问题广泛地交换意见。②邓小平巧用当地媒体的影响力,表达与世界各国建立友好关系的愿望。此外,邓小平在休斯敦访问期间,还邀同美国西南地区的报纸、杂志主编和发行人共进早餐。

邓小平荣登《时代》周刊封面。在美国众多新闻类周刊中,《时代》周刊是影响最大、覆盖面最广的一个,被誉为世界"史库"。据不完全统计,从 1924 年以来,登上《时代》封面的中国人或华裔仅有 100 人次左右。而邓小平曾 9 次成为《时代》周刊的封面人物。其中更值得一提的是,邓小平还曾 2 次被评为该刊的"年度风云人物",即 1978 年和 1985 年,原因是《时代》周刊为邓小平大胆进行经济改革和主政后的务实而大胆的风格投上了赞赏的一票。其中 1986 年 1 月 6 日的《时代》周刊用了 25 页的篇幅介绍他。多次登上《时代》周刊体现了西方国家对邓小平的重视,也加快了美国民众对邓小平的了解,更有利于邓小平理论在美国社会的传播。

---

① [日]天儿慧:《中国改革最前线》,日本岩波书店 1988 年版,第 176—177 页。
② 参见王艳:《邓小平怎样向世界讲述中国故事》,《学习时报》2020 年 2 月 7 日。

（二）华莱士专访扩大邓小平理论的影响

1986 年,美国著名记者华莱士专访邓小平,并将采访内容在《60 分钟》著名访谈栏目完整播放。华莱士表示,"可以利用这一机会向世界传达我们想说的话"。① 在与华莱士的访谈中,邓小平向世界充分阐述了关于台湾问题的中国立场。当被问到中国为何实行改革开放时,邓小平指出,没有贫穷的社会主义,物质财富增加才是进入共产主义社会的前提条件。制作完成后,《60 分钟》分两次播出了对邓小平的采访。当人们再次看到邓小平谈笑风生的形象时,美国和世界轰动了,并在一周多的时间里,邓小平的谈话成为世界舆论的中心。节目播出后,美国社会对邓小平的谈话内容反响强烈,美国政府高层热烈讨论邓小平的外交政策,美国商界广泛探讨中国改革开放给他们带来的无限商机,美国群众对邓小平的个人魅力赞赏有加。华莱士专访的播出,扩大了邓小平理论在美国传播与影响。

（三）美国学界广泛深入研究邓小平理论

第一,哈佛学者最具代表性。邓小平访美后,哈佛学者将对中国的研究重点转向邓小平理论及改革开放政策。一大批研究邓小平生平实践活动的专著和论文相继问世。如费正清主编的《中国传统与变革》《伟大的中国革命》等。费正清花了不少篇幅来探讨邓小平及其领导的中国改革开放。"中共的政策从阶级斗争到经济改革的大转变,是中国革命手段的(如果不是目的)重大改变。"②在改革开放政策的引领下,中国在农业、工业、政治、文化、教育、党的建设等方面进行了大刀阔斧的改革,以至于"短短几年间,中国人的生活步调大

---

① 《与华莱士交锋:邓小平有话要说》,《中国新闻周刊》2012 年 6 月 18 日。
② 〔美〕费正清:《伟大的中国革命(1800—1985 年)》,世界知识出版社 2003 年版,第408—409 页。

为改观,所有这些变化改变了整个中国社会的根本面貌"。① 费正清认为,邓小平所领导的中国改革开放,不受任何意识形态的束缚,不拘泥于教条,他把精力集中于发展效益上,改革开放政策是以社会效益而非任何既定的意识形态为指导方针。

第二,研究成果丰富。《中国的双星》是国外最早提及邓小平的理论著作,由埃文斯·福代斯·卡尔逊(Evans Fordyce Carlson)所著,并于1940年在美国出版。卡尔逊在书中介绍了与邓小平第一次会面时的情景,他说邓小平的头脑像"芥茉一样辛辣"。② 而后,美国其他学者陆续出版了大量的研究成果。例如,戴维·W.张(David W.zhang)的《中国领导接班人危机中的周恩来与邓小平》《中流砥柱,各有千秋——周恩来与邓小平》《邓小平领导下的中国》,邹谠(Tsou Tang)的《历史性转变和过去的连续性》,阿里夫·德里克(Arif Dirlik)的《后社会主义——"有中国特色社会主义"的反思》,施拉姆的《邓小平超过毛泽东了吗?》《邓小平中国特色现代化的目标和未来的马克思列宁主义》,戴卫·巴克曼(David Buckman)的《对毛以后中国经济的不同看法》,理查德·鲍姆的《中国的四个现代化:新技术革命》,R.史密斯的《中国的资本主义之路》,J.德雷尔的《战士邓小平》,沈大伟的《政治家邓小平》,巴里·诺顿的《经济学家邓小平》,约翰·奈斯比特的《中国经济发展及趋势》,萨缪尔森的《中国——沉睡的经济巨人》,马丁·金·怀特的《社会改革家邓小平》,本杰明·扬的《造就一个实用的共产主义者:邓小平的早期生活,1904—1949》,石池雨的《中国对外政策的精髓》,吉尔伯特·罗兹曼的《中国的现代化》,派伊的《邓小平与中国的政治文化》等。除了这些学者的著作外,美国的多位政界大腕也出版了有关邓小平著作,如前总统尼克松的《1999,不战而胜》,吉米·卡特的《忠于信仰》、美国前国务卿布热津斯基的《实力与原

---

① 〔美〕费正清:《中国:传统与变革》,世界知识出版社2002年版,第639页。
② 〔美〕斯图尔特·施拉姆:《邓小平超过毛泽东了吗?》,《国外中共党史研究动态》1993年第1期。

则》等。美国学界政界出版的这些著作,加深了美国社会对邓小平理论的认识和了解。同时,凭借美国强大的影响力,这些著作在其他国家也产生巨大影响,有助于邓小平理论的国际传播。

五、邓小平理论在其他国家的传播

(一)"一国两制"制度受到世界赞誉

邓小平"一国两制"构想对人类政治文明作出独创性贡献,给世界各国树立了解决国内国际争端的光辉榜样。一方面,香港澳门的实践证明,"一国两制"是完全正确的。另一方面,为解决国际争端难题提供了全新的思路。菲律宾《世界日报》指出,以和平协商的办法解决复杂微妙的领土问题,它将成为南北朝鲜共处的先例。因此,邓小平"一国两制"的伟大构想受到世界舆论的广泛赞誉,为解决当今世界难题提供了全新的思路。

(二)越南领导人学习中国改革经验

中国改革开放的巨大成功,引起世界的广泛关注。多位发展中国家领导人表示要学习邓小平的改革思路。邓小平所强调的"实践是检验真理的唯一标准""发展才是硬道理",以及他的著名的"猫论",都表明他在改革开放过程中秉承实事求是的原则。这对越南触动很大,1986年越南开始的改革也坚持实事求是的原则。被誉为"越南邓小平"的阮文灵上台后,对内实行经济体制、政治体制改革,对外实行全方位的开放政策,而且改革模式和中国类似,都是一种渐进式改革。因此,越南的革新开放也取得巨大成功。国外领导人在学习邓小平的改革思路时,邓小平理论也随之传播到海外,并被其他国家所借鉴。

(三)其他国家撰写出版有关邓小平著作

自邓小平出访美日两国之后,国际上掀起了一股"邓小平旋风"。在此背景之下,国外有关邓小平及其理论的研究也如火如荼地开展起来,并出版大量有关邓小平的人物传记,如苏联学者巴拉赫塔、库兹涅佐夫的《风风雨雨六十五载——邓小平革命生涯》、亚诺夫斯基的《为了共同的利益一道前进》和雅科夫列夫的《邓小平的政治肖像》,德国记者弗兰兹的《邓小平传》,英国克林伯格的《中国的对外开放——对资本主义的试验》,法国诺拉亚的《邓小平:法国岁月》,俄罗斯威廉·奥弗霍尔的《邓小平:本世纪最后 25 年里最响亮的名字》,俄罗斯戈尔巴乔夫的《邓小平引导中国走上健康发展轨道》,澳大利亚大卫·古德曼的《邓小平与中国革命》,等等。此外,关于邓小平理论的研究,国外在事实上形成了欧美、日本和苏联(俄罗斯)三大研究基地。国外学者关于邓小平生平和理论的研究,在国际上树立了邓小平鲜活的永不服输的革命家形象,推动了邓小平理论的海外传播。

六、邓小平理论海外传播的影响

邓小平的改革开放政策,使中国的综合国力和国际影响力迅速提升。一方面,中国实行的社会主义市场经济体制改革,让其他社会主义国家改变了对传统社会主义的认识。另一方面,中国改革开放的巨大成功,为那些既想保持自身独立性又想走上现代化道路的国家提供了参照。发展中国家在谋求自身发展时,必须因地制宜,结合本国实际情况,切忌照搬照抄他国发展模式。在第三世界发展中国家中,有不少国家与中国的社会发展背景类似,都渴望复苏本国经济,促进社会发展。然而在实际操作层面,第三世界国家虽进行了艰辛的探索,却仍陷入发展的困境。很多第三世界国家对本国经济得不到发展、民生得不到改善一直束手无策,苦于找不到好的模式可供借鉴。邓小平在领导中国发展时也面临着这样一个问题,"什么叫社会主义,什么叫马克思主义?"①社会主义听起来确实很好,然而却绝不能停留在简单的"听"或"说"

---

① 《邓小平文选》第三卷,人民出版社 1993 年版,第 63 页。

上,要真正把握和体现社会主义之所以"好"的本质。邓小平从正确理解和认识社会主义初级阶段的基本国情入手,从理论和实践上逐步回答了"社会主义的本质"问题,即"解放生产力,发展生产力,消灭剥削,消除两极分化,最终达到共同富裕"。① 邓小平理论的海外传播极大地改变了人们对社会主义本质的认识。

在亚洲国家,邓小平理论引起了广泛关注。越南一直在研究中国的发展模式,希望从中获得有益的经验。从国情、发展水平和历史背景看,中国和越南有诸多相似之处。中国改革开放的成功,给越南以巨大启示,越南开始效仿中国,拉开市场经济改革的序幕,推动经济较快地发展。同样,中国的发展模式在拉美也备受关注。西方模式并没有给拉美带来经济的快速发展,而中国的发展为拉美提供了有别于欧美发展模式的更好经验。例如,面对日益严重的经济困难,古巴政府借鉴中国发展经验,于1993年引进市场经济要素,开始推出允许外商投资、承认小规模私有化等改革开放政策,并取得明显成效。

第二节 "三个代表"重要思想的海外传播

世纪交替,千年更始。面对云谲波诡的世界局势和波澜壮阔的改革开放,以江泽民同志为主要代表的中国共产党人领导中国人民与时俱进、迎难而上,在世界社会主义陷入低谷之际,科学研判形势,全面把握大局,坚决捍卫中国特色社会主义。而建设什么样的党,怎样建设党是在新的时代背景下中国共产党所面临的一个重大现实问题,它"直接关系到我们党和国家的前途命运"②。"三个代表"重要思想正是对这一重大现实问题作出了最直接、最根本、最科学的回答。"三个代表"重要思想鲜明体现了中国共产党对人民立场的坚持,对马克思主义关于社会基本矛盾理论的坚持,对党的群众路线和群众

---

① 《邓小平文选》第三卷,人民出版社1993年版,第373页。
② 江泽民:《论"三个代表"》,中央文献出版社2001年版,第32页。

观点的坚持。它将发展生产力、发展先进文化和实现最广大人民根本利益有机统一起来,强调发展是党执政兴国的第一要务,强调推进党的建设新的伟大工程,坚持把人民根本利益作为党的一切工作的出发点和归宿,创造性地回答了建设什么样的党、怎样建设党的重大理论问题,反映了当代世界和中国发展变化对党和国家工作的新要求。

随着"三个代表"重要思想的酝酿、形成、发展、深化,有关这一思想的海外传播与科学研究逐渐火热,其主要聚焦于"三个代表"重要思想与马克思主义、科学社会主义的关系问题,即围绕二者之间究竟是"背离否定",还是"继承发展"展开热烈讨论。除此之外,国外学界还认为"三个代表"重要思想是"新权威精神论"等。这些研究成果都充分体现并深化了"三个代表"重要思想在世界的隐性传播与深刻影响。

一、"三个代表"重要思想海外传播的背景

(一) 世界多极化态势为传播创造契机

冷战结束后,以江泽民同志为核心的党的第三代中央领导集体审时度势,敏锐地察觉到国际形势正在向多极化态势发展,认为和平与发展已成世界发展主流。这种对国际形势的敏锐判断为中国在世界舞台上纵横驰骋,在风云变幻的国际格局中谋求发展打下坚实基础。江泽民先后在党的十四大、十五大报告中对国际形势的发展方向、世界格局的变化趋势作出科学判断,明确指出随着各国综合实力的变化发展、国际关系的调整与平衡,各方力量正由两级向多级进行分化重组。

受经济全球化的影响,多极化趋势逐渐成为当今世界的一个突出特点,"一国独大"的单极世界早已不复存在,由极少数大国或国际集团垄断世界事务、支配他国命运的时代早已过去,无论在政治还是经济领域,多极化的态势都在加速发展。世界各个大国间的关系正在不断调整,多个力量中心正在逐

渐形成。随着贸易全球化的推进,各个国家不再属于发展中的孤岛,合作成为国与国之间最热切的期盼。国际舞台上不再仅仅是发达国家一枝独秀,广大发展中国家越来越成为不容小觑的新兴力量。在多极化趋势背景下,各国之间和平共处、合作共赢的呼声越来越高,促进世界和平与发展的条件与因素也越来越成熟。这些有利的国际形势,都为中国进一步改革开放,进一步融入世界,进一步传播"三个代表"重要思想创造了良好环境。

(二) 苏东剧变让世界重新审视社会主义

第二次世界大战后,世界社会主义发展势头高昂,显示出对资本主义的巨大优越性。然而,在 20 世纪 80 年代末 90 年代初,却出现了东欧剧变和苏联解体,世界社会主义开始进入低谷阶段,这对我国继续坚持中国特色社会主义道路提出严峻挑战。如何在西强我弱的国际背景下正确处理同资本主义国家的关系、如何在云谲波诡的复杂形势下更好地发展自己,这些都是我国发展所必须面临的重大问题。面对新世纪新形势,2000 年 2 月,江泽民首次提出"三个代表"重要思想,即"中国共产党始终代表中国先进生产力的发展要求,始终代表中国先进文化的前进方向,始终代表中国最广大人民的根本利益";同年 6 月,江泽民又提出"四个如何认识"的重大论断,其核心是如何认识和处理当代社会主义与资本主义的关系,进一步探索中国特色社会主义道路。总之,苏东剧变需要世界重新审视社会主义,同样,也需要中国进一步回答"建设什么样的社会主义,怎样建设社会主义;建设什么样的党,怎样建设党"这一重大时代课题。也正是在这样的背景下,"三个代表"重要思想扬帆远航,在海外开始广泛传播。

二、中国为"三个代表"重要思想海外传播所做的努力

(一) 加快推动互联网新媒体建设

21 世纪,世界新闻传播行业正面临一场深刻的革命,由第三次工业革命

催发的信息革命正逐步取代原先的新闻传播方式,信息技术对传播的变革的发生给予极大的促进,使传播媒介(载体)、传播方式、传播者和传播受众等发生革命性变化,各个国家也争相运用现代信息技术加强和改进对外传播手段。中国要想在国际舆论场上把握话语主导权,同样需要加入这场信息传播的技术变革,并通过新的传播方式,进一步向海外传播中国化马克思主义。

现代新闻传播最明显的变革就是传播媒介的变革,信息的传播不再受时空的限制。为适应信息传播的变革,中国主流媒体在20世纪90年代获得了重大发展,开通了一系列互联网宣传网站,尤其是《电脑报》网站成功融资500万美元,改制为"天极网",更预示了新闻媒体网站今后发展的一个新方向。中国网络媒体的发展,为"三个代表"重要思想在世界的传播提供了更宽广的路径。

(二) 进一步完善外宣制度建设

20世纪90年代,随着社会主义市场经济体制改革目标的确立,中国改革开放和现代化建设越来越要求有一个良好的外部环境,面对西方的宪政民主、新自由主义等企图颠覆社会主义性质的思潮,党的对外宣传工作显得越来越重要。因此,这一时期中共中央增设了对外宣传办公室,明确了宣传机构的基本任务和要求,强调要在理论、舆论、作品上下功夫,不断强化宣传队伍的政治觉悟、业务水平和工作作风。

进入21世纪,我国对外宣传意识不断增强,对外宣传工作不断走向制度化、法制化。一是对外宣传工作制度化建设。通过建立新闻发言人制度,对外宣传的重要作用进一步彰显。宣传工作的制度化建设明确要求党的宣传机构应努力做好四个方面的工作,其中涉及职责权限的明确与划分、宣传工作规章制度的科学与规范、宣传工作的考核与评价、先进制度与经验的总结与借鉴等。① 二是外宣工作法制化进程。党的十五大提出依法治国的基本方略后,外宣工作的法制化建设也迈出重要步伐。这一切都为"三个代表"重要思想的海外传播提供了良好的条件和环境。

三、"三个代表"重要思想在美国的传播

(一) 江泽民访美传播了"三个代表"重要思想

江泽民曾分别在 1993 年、1997 年和 2002 年三度正式访问美国。每一次访问都给美国社会留下了深刻印象,传播了"三个代表"重要思想。

1993 年 11 月 19 日,江泽民同美国总统克林顿在西雅图举行正式会晤。这次两国元首的会晤,打破了中美关系的僵局,为两国关系的升温创造了有利条件。时隔四年,即 1997 年 10 月,江泽民第二次访美,在哈佛大学作了题为《增进相互了解,加强友好合作》的演讲。他谈到,在经济上,中国要加快建立社会主义市场经济体制,实现工业化和经济的社会化、市场化、现代化;在政治上,加快推进民主化、法治化进程,保证人民充分行使管理国家和社会事务的权力;在文化上,实施科教兴国战略,不断丰富全民的精神文化生活,提高人民群众的思想文化素质。此外,中美两国元首就 21 世纪中美关系发展框架和发展方向达成共识,决定在中美三个联合公报的原则基础上处理两国关系,中美两国为促进世界和平与发展,共同致力于建立建设性战略伙伴关系。

2002 年 10 月,江泽民第三次访美,就中美关系、中国改革开放、完成祖国统一大业、国际和亚太地区的和平与发展等问题发表重要演讲。江泽民表示,中国坚持实施对外开放基本国策,与世界各国开展广泛交流与合作,积极借鉴和吸收国外先进文明成果。

江泽民三次访美取得重大成果,传播了"三个代表"重要思想,加深了中

---

① 参见才华:《中国马克思主义宣传机构建设理论研究》,博士学位论文,南开大学 2013 年。

美两国的交流与合作,具有重要的现实意义和深远的历史意义。

(二) 华莱士专访扩大"三个代表"重要思想的影响

世纪之交,美国《60分钟》的记者华莱士再次来华采访了江泽民。在谈及中美关系时,江泽民表示中美关系总的来讲是好的,并且中美关系继续向好也是双方共同的愿望。同时,江泽民认为,美国当局依然有霸权主义和强权政治的色彩。在谈及江泽民本人时,他谦虚地表示要始终为国家、为人民尽力做好工作。《60分钟》节目播出后,受到四千万美国民众的关注,中国政府也借此机会将国家的政治体制、人权立场、台海关系等焦点问题的态度与看法传递出去,让美国乃至西方各界人士了解中国领导人的智慧、能力与魅力,了解中国的改革开放与社会发展,扩大了"三个代表"重要思想在美国的传播与影响。

(三) 美国学者研究"三个代表"重要思想

美国"三个代表"重要思想的研究主要体现在以下几个方面:首先,关于"三个代表"重要思想的理论性质研究。美国学者对此持有两种不同观点,一个是"背离否定论",另一个为"发展继承论"。持"背离否定论"的学者及著作有:贾斯帕·弗斯米斯(Jasper Forsythe)的《十六大:继承并未发生》、曼斯·弗尼(Mance Furney)的《胡的地位在变化吗?》、布鲁斯·迪克森的《中国的红色资本主义》、詹姆斯·彼得拉斯(James Pietras)的《中国的过去、现在与未来》等。持"发展继承论"的学者及著作有:罗伯特·劳伦斯·库恩(Robert Lawrence Kuhn)的《他改变了中国:江泽民传》、罗威尔·迪特默的《领导变化与中国政治发展》等。

其次,关于"三个代表"重要思想执政理念的研究,有"新权威主义论"的代表人物及著作,如布热津斯基(Zbigniew Brzezinski)的《大失败:二十世纪共产主义的兴亡》;"新保守主义论"的代表人物及著作,如贾斯帕·弗斯米斯的《新保守主义和邓小平时代的终结》等代表性成果。

　　再次,关于"三个代表"重要思想的价值取向研究,有美国学者将"三个代表"重要思想视为"民族主义",这也成为海外"中国威胁论"的重要依据。较为突出的代表人物及著作有美国学者白杰明(Benjamin)的《玩弄外国人就是爱国:中国的激进民族主义》等。

　　最后,关于江泽民历史地位的研究是美国学者关注的一个热点。有学者认为江泽民是一个务实的马克思主义者,如李诚(Li Cheng)、里恩·怀特(Ryan WYETT)的《中国共产党第十五届中央委员会》持此观点;也有学者认为江泽民是一个藏而不露的政治改革家,如吉姆·弗里德里克(Jim Friedrich)的《走向繁荣的中产阶级》、罗威尔·迪特默的《领导变化和中国政治发展》持此观点。总而言之,美国学者对"三个代表"重要思想的研究,进一步扩大了其在美国的传播与影响。

四、"三个代表"重要思想在非洲的传播

(一) 江泽民提出系列对非外交思想

　　1996 年,江泽民访问非洲六国期间,在非洲统一组织(现非洲联盟)总部发表演讲,阐述了中国多项对非外交思想,并提出巩固和发展同非洲各国面向21 世纪长期稳定、全面合作关系的几点主张,获得非洲多国的一致赞赏。

　　一是关于非洲国际关系民主化的思想。江泽民认为非洲各国享有主权平等和内政不受干涉的权利,完全可以根据本国国情自主选择走什么道路,而且这种自主权是任何国家都无权践踏的。同时,江泽民强调在处理国际事务、化解国际矛盾、解决国际问题、应对国际安全与环境挑战上,非洲乃至世界各国都理应享有平等参与、共同协商的权利。① 当然,除了平等参与国际事务的权利外,对非洲来说最重要的就是发展问题,非洲要享有民主的国际关系,各国首先必须享有平等发展的权利。这种平等不只体现在各国的经济发展上,同

---

① 参见江泽民:《中非携手合作,共迎新的世纪》,《人民日报》2000 年 10 月 11 日。

时还涉及对各国物质生产方式、精神文化生活、社会交往方式等各方面差异性的尊重,保证非洲文明与世界其他文明同样享有国际民主的基本权利。

二是关于非洲国际合作反恐的思想。无论是非洲,还是中国都曾遭受恐怖主义的胁迫和危害。为此,江泽民提出国际合作反恐思想。一方面中国与非洲各国一道反对一切形式的恐怖主义。对于恐怖主义,中非无论是在认识上还是行动上都有达成一致意见,完全可以实现中非双方国际合作反恐。另一方面中非合作反恐始终强调拒绝双重标准,坚决反对打着反恐的幌子干涉他国内政。①

三是关于非洲人权观的思想。在江泽民看来,所谓的人权必须建立在国家主权的基础上。如果国家的尊严遭到践踏,民族独立遭到威胁,何谈民主?何谈人权?西方国家或利用制度标准,或借口人权问题,干涉非洲各国的内政,实质上就是对非洲各国民族尊严的践踏,对其国家主权的侵犯。这种恶劣行径纯属新殖民主义,是中国坚决反对的。②

(二) 援助非洲带去中国友好声音

时空是最好的验证。中非友谊源远流长,跨越万水千山,经历半个多世纪,恰似穿越时空的恋人,深情厚谊与日俱增,不断得到巩固和发展。面对非洲长时间灾难频仍下的落后状态,在世纪之交,中国不仅主动与非洲各兄弟国进行无条件的经贸合作,以活跃其市场环境,推动其经济发展。与此同时,中国还给非洲无条件的贷款和大批资金支持,中国企业大量进入非洲,帮助他们开展基础设施建设,在科技、教育、文化、卫生等领域帮助非洲人们改善生活。这些大型国企对非洲的援助也代表了中国共产党和中国政府的声音,传递了中国和非洲国家友好交流、和平发展的情谊。中非友好往来促使"三个代表"重要思想在非洲的传播,让世界更多地方了解到中国的经济、政治、文化、外交

---

① 参见夏吉生:《中非关系史上承前启后继往开来的新里程碑》,《西亚非洲》2007 年第 2 期。

② 参见《江泽民文选》第一卷,人民出版社 2006 年版,第 123 页。

等思想。

此外,21 世纪之初的"中非合作论坛"也成为"三个代表"重要思想在非洲传播的重要载体。该论坛向非洲各国介绍了中国的外交立场,特别是关于建立公平合理国际新秩序的主张,为新世纪中非友好对话搭建新平台,为新世纪的中非深化合作构筑新框架,开启了中非友好合作的新篇章。

五、"三个代表"重要思想在其他地区的传播

(一)"三个代表"重要思想在欧洲的传播

改革开放以来,随着传媒技术的发展,欧洲一些主流媒体也能在第一时间了解中国的动态。不论是国内的重大事件,抑或是江泽民访问欧洲,报道中国已经成为欧洲媒体的常态化工作。英国《泰晤士报》记者莫格曾专访江泽民,两人就互联网、西藏问题、经济问题深入交流,江泽民智慧、和善、处之泰然的形象深受欧洲民众欣赏。法国《欧洲时报》《法兰克福汇报》、俄罗斯国际文传电讯社、爱沙尼亚通讯社等报纸、电视台都对"三个代表"重要思想作出分析与评价,普遍认为这一思想有助于中国共产党在新的历史阶段更好地发挥其核心领导作用,更好地领导中国人民,更好地建设中国现代化。这一思想是完全符合中国的党情、国情,将助力中国继续繁荣发展。欧洲各大媒体争相报道"三个代表"重要思想,体现了中国的日渐强大,也体现改革开放中的中国同欧洲国家的联系更加紧密。这些变化更加有利于"三个代表"重要思想在欧洲的传播。

(二)"三个代表"重要思想在日本的传播

江泽民在任期内两度访问日本。1992 年,江泽民出访日本,发表了重要演讲,并参观了日本广播协会新闻中心和高清晰度电视系统。这次演讲向日本全国作了现场直播。在演讲中,江泽民表达了对中日友好关系的最新看法,

受到在场各界人士的鼓掌与欢呼。1998 年,江泽民再次出访日本,他在早稻田大学发表了题为《以史为鉴,开创未来》的演讲。他表示,我们坚持在和平共处五项原则的基础上同所有邻国和世界各国发展友好合作,为维护世界和平、促进共同发展的崇高事业而不断作出新的贡献。江泽民在日本回答记者提问时,就当时敏感的台湾问题也作了说明,他谈到在如何处理台湾问题上,中日之间已经有了充分和明确的指导原则,并阐明中日关系的发展必须建立在不干涉中国内政的政治基础之上。江泽民两次访问日不仅加深了日本社会对他本人的了解,而且此后通过《江泽民文选》日文版在日本的出版,"三个代表"重要思想在日本得以更深远地传播。

(三)"三个代表"重要思想在古巴的传播

古巴是第一个同中国建交的拉美国家,该国虽然同中国相隔千里,但交往已久,并且同属于社会主义国家,双方都在进行改革开放。中国的改革开放有邓小平作为总设计师,而古巴的变革同样有个"邓小平"——劳尔·卡斯特罗。外界将邓小平的著名论断"不管黑猫白猫,抓到老鼠就是好猫",与劳尔·卡斯特罗的名言"大豆和大炮一样重要,甚至更重要"相提并论。1993 年11 月 21 日,江泽民作为中国国家主席首次出访的国家便是古巴,在此江泽民阐述了中国独立自主的外交政策。江泽民也是卡斯特罗兄弟会晤次数最多的中国国家元首。苏东剧变后,世界社会主义运动陷入低谷。中古两国元首多次互访,交流怎样应对国际局势的新变化。正是通过元首外交这种特殊方式,"三个代表"重要思想在古巴得以传播,并且古巴也效仿中国,逐步进行政治经济体制改革(古巴称之为模式的"更新"),踏上一条在变革开放中坚持、在巩固和发展中完善的社会主义道路。例如在政治方面,古巴改善党的领导,加强党内民主,坚持党的群众路线,精简党政机构,加强廉政建设,加强对腐败、违纪行为的监督和惩治,这些都与"三个代表"重要思想不谋而合。通过模式的"更新",古巴不仅顶住了美国的经济制裁、金融封锁和贸易禁运,而且推动古巴的社会主义事业不断前进。

六、"三个代表"重要思想海外传播的影响

(一)加深了中国同世界的友好交流

一是江泽民国际战略思想的海外传播,为中国与周边国家的睦邻友好筑牢根基,为我国社会主义现代化建设争取到了一个良好的国际环境。江泽民在党的十六大报告中阐述了中国发展同周边国家关系的基本思路。他指出:"我们将继续加强睦邻友好,坚持与邻为善、以邻为伴,加强区域合作,把同周边国家的交流和合作推向新水平。"①二是不断调整和改善与大国的关系。江泽民认为:"大国在维护世界和平与稳定,裁减军备,促进各国发展和保护人类生存环境方面应承担更大的责任和义务。"②因此,这一时期中国极为重视与大国关系的调整和改善,先后与俄罗斯、日本、美国等国家建立合作互信的伙伴关系。三是江泽民提出与发展中国家团结合作的基本主张,得到广大发展中国家的支持与认同,加深了与第三世界国家的团结合作关系。

(二)鼓舞了其他社会主义国家的发展

"三个代表"重要思想的海外传播,既向世界各国展现了中国作为社会主义国家的强大生命力,也给世界其他社会主义国家带来了宝贵经验,极大鼓舞了这些国家坚持走社会主义道路的信心。中国特色社会主义制度的成功,让发达国家不容小觑的同时,也让社会主义国家从"苏东剧变"的阴霾下慢慢走出,寻求现代化发展的新道路。

---

① 《江泽民文选》第三卷,人民出版社 2006 年版,第 567 页。
② 《江泽民论有中国特色社会主义(专题摘编)》,中央文献出版社 2002 版,第 535—536 页。

第三节 科学发展观的海外传播

接力奋进续伟业,继往开来谋新篇。当历史进入 21 世纪,以胡锦涛同志为主要代表的中国共产党人,紧紧抓住我国发展的重要战略机遇期,在全面建设小康社会进程中推进实践创新、理论创新、制度创新,强调坚持以人为本、全面协调可持续,形成了科学发展观,成功在新的历史起点上坚持和发展了中国特色社会主义。科学发展观不仅是我们党必须长期坚持的指导思想,同时其海外传播也在国际社会产生深远影响。

一、科学发展观海外传播的背景

(一) 世界面临巨大的发展难题

冷战时期两大阵营的尖锐对立,使得各国经济发展都受到了不同程度的阻碍。进入新世纪后,虽说经济全球化进程加快,世界经济有了一定程度的复苏,然而,世界所面临的全球性问题繁多且变化多端,给各国仍带来不小挑战。尤其是"物质资本被视为唯一稀缺的资源,资本短缺被看作加速经济发展的最主要障碍"①。随着社会不断发展,这种依靠物质资本的增长方式逐渐开始引发一些社会问题,工业发展与农业发展不协调、经济发展与城市化不协调和经济发展与社会发展不协调等一系列问题开始暴露,单纯依靠物质资本投入的粗放型发展模式难以为继。

世界发展的困境日益引发社会和学界的高度重视与广泛研究。全球范围的能源紧张、资源短缺、环境恶化、灾害频繁,促使人们进一步思考发展的价值取向。国际社会对世界发展特别是发展中国家的发展问题予以高度关注,在深入思考和总结过程中,世界发展理念也随之发生深刻变化,从传统的单纯强

---

① 徐长生:《经济起飞阶段资本的形成和运用》,《江汉论坛》1994 年第 10 期。

调经济增长的发展观向以综合化为趋势的新发展观转变。

（二）国际社会交往联系日益紧密

马克思曾指出："各民族的原始封闭状态由于日益完善的生产方式、交往以及因交往而自然形成的不同民族之间的分工消灭得越是彻底,历史也就越是成为世界历史。"①时至今日,没有哪一个国家可以摆脱经济全球化浪潮,也没有哪一个国家可以独善其身地发展,国际社会的交往联系正日益紧密。不仅如此,在科技革命与思想革命的推动下,面对多极化的世界格局,全球性的治理体系正在形成,和平与发展已成为大势所趋,合作、共赢已成为时代潮流,不可逆转。"一体化的世界就在那儿,谁拒绝这个世界,这个世界也会拒绝他。"②面对百年未有之大变局,究竟是选择开放、合作、互利,还是选择封闭、对抗、孤立;面对风险和挑战,究竟是选择齐心协力共同化解,还是选择貌合神离独自应对,这些问题不仅关系到各国利益,而且关乎整个世界乃至全人类的前途命运。现实已经向我们给出了答案,"没有哪个国家能够独自应对人类面临的各种挑战,也没有哪个国家能够退回到自我封闭的孤岛"。③

二、中国为科学发展观海外传播所做的努力

在全球化趋势下,跨文化交流势不可当。正因如此,中国在现代化建设进程中需要不断了解世界,同样世界各国也需了解中国,既包括了解中国历史、中国文化、中国故事,也包括了解中国特色、中国风格、中国气派等。为增强中华文化的影响力,让世界进一步读懂中国,中国政府不仅从 2004 年开始陆续在海外设立"孔子学院",加强包括"和谐世界"理念在内的中华文化的对外宣

---

① 《马克思恩格斯选集》第一卷,人民出版社 1995 年版,第 88 页。
② 习近平:《在纪念马克思诞辰 200 周年大会上的讲话》,人民出版社 2018 年版,第 22 页。
③ 习近平:《决胜全面建成小康社会 夺取新时代中国特色社会主义伟大胜利——在中国共产党第十九次全国代表大会上的报告》,人民出版社 2017 年版,第 58 页。

传,还通过打造新的传播格局,拓宽对外宣传渠道,为科学发展观的海外传播作出更大的努力。

(一) 向世界传播和谐世界理念

2005年9月,中国国家主席胡锦涛在联合国首脑会议上,发表题为《努力建设持久和平,共同繁荣的和谐世界》重要演讲。整个演讲贯穿了共建和谐世界的理念,强调"尊重各国自主选择社会制度和发展道路的权利,相互借鉴而不是刻意排斥,取长补短而不是定于一尊,……努力消除相互的疑虑和隔阂,使人类更加和睦,让世界更加丰富多彩;应该以平等开放的精神,维护文明的多样性,促进国际关系民主化,协力构建各种文明兼容并蓄的和谐世界"。①

和谐世界理念实质上强调各国在国际交往中应秉持相互尊重的基本原则,包括对他国政治、经济、文化、社会发展道路及发展方式的尊重,提倡文明对话与交流,在多样化中共建共享人类文明成果。

和谐世界理念与中国优秀传统文化"和合"思想的精髓相一致。孔子学院是在海外设立的以教授汉语和传播中华文化为宗旨的非营利性机构,它秉承孔子"和为贵""和而不同"的理念,旨在建设共同繁荣的和谐世界。如今,孔子学院已成为各国人民之间增进了解和友谊的纽带。孔子学院在中华文化海外传播、软实力建设及和谐世界构建方面都产生了非常积极的作用。孔子学院在传播中华文明与智慧的同时,不仅向世界展示了中国这个文明古国的博大胸怀,让世界更加了解中国,了解中国人民的价值观念,而且让世界各国更加深入地了解中国所倡导的和谐世界理念的精神实质。

(二) 我国媒体在海外传播中国声音

胡锦涛指出:"颠覆政权都是先从占领舆论阵地开始","在国际舆论格局

① 《十六大以来重要文献选编(中)》,中央文献出版社2006年版,第997页。

西强我弱的现实中,中国对外宣传需要对西方传媒借对外报道之名,利用全球化、地球村信息传播途径,行意识形态渗透之实的做法给予高度重视。"①党的十六大以来,我国政府从国家发展的战略高度,极为重视国际传播的地位和作用,并对我国外宣工作进行了全方位的研究与谋划。针对国际传播西强我弱的态势,党和政府"及时准确地宣传我国对国际事务的主张,着力维护国家利益和形象,不断增进我国人民同各国人民的相互了解和友谊,逐步形成同我国国际地位相适应的对外宣传舆论力量,为全面建设小康社会营造良好的国际舆论环境"②。

为适应全球化、网络化、现代化的时代发展要求,党和政府不断打破旧思维、老套路,充分把握并遵循国际传播的特点和规律,积极营造有利于中国发展的外部舆论环境,以长效化、市场化、可持续为目标,主动拓展外宣阵地,打造既有中国特色,符合中国利益,又有全球视野,反映国际动态的国际传播重要一极。通过广播、电视、印刷、互联网等媒介形成中国特色的对外传播体系,打造党和政府思想舆论传播阵地,不断展示中国外宣实力,切实增强对西方的吸引力和影响力。

在国际广播媒体上。即使 21 世纪,对于许多发展中国家来说,获得外部信息最主要、最经济的大众传媒仍是广播。中国国际广播电台就是最好的例子。它是我国改革开放 40 多年来国际传播的最主要媒介,也是海外受众最多、影响最大的国际广播机构之一。截至 2011 年的研究显示,中国国际广播电台利用十多个国家的电台向世界各地播放约 20 种语言节目。

在国际电视媒体上。改革开放 40 多年来,中央电视台实现了一次又一次的历史性跨越。2007 年中文国际频道形成多语种、多频道全球同步播出的电

---

① 《胡锦涛总书记在全国宣传思想工作会议上发表重要讲话》,《法制日报》2003 年 12 月 8 日。

② 《胡锦涛总书记在全国宣传思想工作会议上发表重要讲话》,《法制日报》2003 年 12 月 8 日。

视外宣新构架。①

在印刷媒体上。有被国内外誉为中国最具权威性的英文媒体之一《中国日报》,以《人民日报》为首的面向国内传播同时也具国际传播功能的报纸、杂志。《人民日报》在世界五大洲 130 个国家派有常驻记者。2007 年以来,《人民日报》(海外版)陆续与海外华文媒体合作,创办了英、加、日、韩、匈牙利、意大利、奥地利等多家海外周刊。

在互联网媒体上。进入 21 世纪,中国从构建网络主流舆论引导新格局的国家发展战略高度,决定实施"中央重点新闻网站"工程。到 2003 年左右,中央分批确定新华网、人民网、中国网、中青网、国际在线、中国日报网、中国经济网、央视国际网站等八家中央重点新闻网站。从传播力与技术可行性来看,网络媒体是天然的对外报道媒介,因此,包括上述八家中央重点建设的新闻网站在内的各类网站,事实上都是中国外宣网络媒体。②

三、科学发展观在欧洲的传播

(一) 达沃斯论坛传递中国经济政策

2005 年,在第 35 届"为艰难的选择负起责任"为主题的冬季达沃斯论坛年会上,国务院副总理黄菊发表题为《科学发展观与 21 世纪的中国经济》的特别致辞,表达了在科学发展观指导下,中国经济与世界经济发展相互依存与共同繁荣。2007 年 9 月,首届"夏季达沃斯"论坛在大连举行,会议沿用 2007 年达沃斯年会的主题"变化中的力量平衡"。温家宝总理出席开幕式并致辞,强调中国的发展不会威胁任何国家,中国有信心着力解决经济发展中问题,继续保持快速发展。

---

① 参见崔保国:《2009 年:中国传媒产业发展报告》,社会科学文献出版社 2009 年版,第 231 页。
② 参见何国平:《中国对外报道思想研究》,中国传媒大学出版社 2009 年版,第 111 页。

（二）胡锦涛在欧洲阐述和平发展战略

2011 年底，胡锦涛对奥地利进行了首次国事访问，并出席了二十国集团领导人戛纳峰会。此次欧洲之行以促使中奥由双边合作向多边合作深化发展为契机，通过理论阐发与实践先行的方式开拓了中欧关系发展新局面。通过《合力推动增长　合作实现共赢》的演讲，胡锦涛不仅向二十国集团阐明了中国对促进世界经济增长的立场，即坚持在增长中兼顾平衡，坚持在合作中谋求共赢，坚持在改革中完善治理，坚持在创新中不断前进，坚持在发展中共促繁荣，而且宣布对同中国建交的最不发达国家 97% 的税目产品给予零关税待遇，得到国际社会和广大发展中国家的广泛赞誉。

（三）欧洲学者深入研究科学发展观

随着中国的发展，西方学界开始反思"中国崩溃论""和平演变论"，并将中国的发展经验概括为"中国模式"。有学者认为科学发展观是对西方模式诸如自由化市场的批判，也有学者否定"中国模式"，认为中国的发展变化只是符合客观规律的表现，谈不上"模式"。还有学者从多角度对科学发展观进行深入研究，一方面将其与"可持续"话语相联系，另一方面将其与收入分配等问题相联系，认为这是用以解决收入差距等问题。[1] 德国托马斯·海贝勒在研究中国模式时指出："与以最大限度追求利润、财富及消费为标志的新自由主义的市场社会不同，和谐社会的目的是建设一个社会公正的、安全的社会，一个政治和睦的社会。"[2]欧洲学者对科学发展观的深入研究，也是科学发展观在欧洲不断传播的具体体现。

---

[1]　参见［德］海克·霍尔比格著，吕增奎译：《当代中国的意识形态重构：决定因素、进展和局限》，《国外理论动态》2009 年第 12 期。

[2]　［德］托马斯·海贝勒：《关于中国模式若干问题的研究》，《当代世界与社会主义》2005 年第 5 期。

四、科学发展观在日本的传播

(一) 胡锦涛"暖春之旅"

2008 年 5 月 6 日至 10 日,中国国家主席胡锦涛与日本首相福田康夫举行了首脑会谈,开启了一场"暖春之旅"。在此次会谈中,中日双方签署了《中日关于全面推进战略互惠关系的联合声明》,这是中日两国关系上的第四个共同文件。"联合声明"所约定的中日两国加强政治互信,促进互利合作,共同应对全球性课题等方面内容具有重要意义。在经过十年的所谓"政冷经热",甚至"政冷经冷"的低谷后,中日关系从此加速趋暖,逐步走上"政热经热"的道路,标志着过去一直因历史问题而无法达致互信的不正常关系正在逐步走上正常化轨道。

胡锦涛此次"暖春之旅",受到日本媒体的高度关注,《日本经济新闻》《读卖新闻》《东京新闻》《朝日新闻》四大报纸都在头版位置以显著篇幅加以报道,这为科学发展观在日本的传播进行了"热身"。

(二) 日本媒体积极评价科学发展观

党的十八大后,"科学发展观"和"中国特色社会主义"成了日本媒体重点解读的话题。日本《朝日新闻》撰文指出,胡锦涛总书记在中共十八大报告中强调,"高举中国特色社会主义伟大旗帜,以邓小平理论、'三个代表'重要思想、科学发展观为指导","坚定不移沿着中国特色社会主义道路前进,为全面建成小康社会而奋斗",强调中国坚持改革开放,"既不走封闭僵化的老路、也不走改旗易帜的邪路"。《朝日新闻》还认为,胡锦涛总书记所提出的科学发展观已成为中共的指导思想之一,此举具有重大意义和深远影响,表明中国已成为世界大国并有绝对的自信,不论在内政还是外交上都将坚定不移地沿着中国特色社会主义道路继续前进。

（三）民间友好交流推动科学发展观在日本传播

2008 年 5 月 11 日,日本侨报社创办的星期日汉语角在东京西池袋公园举行第 39 次交流活动,参加者就胡锦涛主席的"暖春之旅"进行热烈讨论。主办者向大家介绍了《人民日报》海外版的相关报道,特别推荐了胡锦涛在早稻田大学的演讲稿和中日联合新闻公报。参加者说,从安倍首相当年的"破冰之旅",到温家宝总理的"融冰之旅",再到福田康夫首相的"迎春之旅",特别是这次胡锦涛主席的"暖春之旅",中日关系终于从冬天走到春天,两国人民无不欢欣鼓舞。参加者认为,胡锦涛主席的"暖春之旅"取得圆满成功,期待"暖春之旅"为 21 世纪的中日关系带来一个又一个春华秋实的美好季节。日本主流媒体《朝日新闻》的记者采访了此次汉语角交流活动,受访者认为在科学发展观指导下,中国改革开放取得显著成效。

五、科学发展观在美国的传播

（一）胡锦涛访美阐释科学发展观

胡锦涛在任期间两度访问美国。2006 年胡锦涛访美时,发表了题为《深化互利合作,促进共同发展》的重要讲话。在讲话中他谈到,中国将适度利用国外能源作为必要补充,但是必须遵循国际规则,和其他国家一道共同维护能源市场秩序。2011 年胡锦涛访问美国时,发表了题为《建设相互尊重、互利共赢的中美合作伙伴关系》的重要演讲,再次对科学发展观的基本内涵作出完整的阐释,强调发展是解决中国问题的关键,中国的发展必须坚持科学发展观。胡锦涛在美国发表的官方演讲,以及同美国社会的友好交流,都明确阐述了科学发展观思想,这对于科学发展观在美国的传播起到了积极的促进作用。

(二) 美国高官来华研学科学发展观

科学发展观在美国的传播与影响不仅体现在国内多家新闻媒体的宣传报道和众多学者的学术研究,还凸显在美国高官来华研学中。2010 年,美国多名官员前来中国围绕科学发展观进行了为期一周的研究学习,学员分别为商务部、情报部、国防部、食药管理局等多个部门的主管、顾问、运营官。研习方式包括课程讲授、圆桌讨论、参观座谈等形式,研习课程涉及政治、经济、军事等多个领域。通过研习,美国官员进一步加深了对科学发展观的理解和认识,推动了科学发展观在美国的传播。

六、科学发展观海外传播的影响

和平与发展是当今时代的主题,而科学发展观不仅科学地回答了中国为何发展、为谁发展以及靠谁发展等一系列时代命题,同时也为人类社会怎样发展以及如何实现永续发展提供了中国方案。

(一) 为人类应对和解决共同的发展问题提供理论借鉴

邓小平曾在 1985 年这样预言:"我们的改革不仅在中国,而且在国际范围内也是一种实验,我们相信会成功。如果成功了,可以对世界上的社会主义事业和不发达国家的发展提供某些经验。"①而科学发展观的海外传播,则更充分验证了邓小平的预言。中国作为发展中国家中的一员,面临着与众多发展中国家共同或类似的发展难题,包括贫富差距拉大、环境污染严重、经济片面发展、代际发展不平衡等等。但中国并没有坐以待毙,而是以积极主动的姿态探索新的发展模式,力求科学地解决这些问题。以胡锦涛同志为总书记的党中央沉着坚定、开拓奋进,针对本国国情,从自身实际出发寻找解决办法,提出

---

① 《邓小平文选》第三卷,人民出版社 1993 年版,第 135 页。

了科学发展观。科学发展观的提出对于发展中国家的可参考价值自然不同于西方发达国家。西方也曾给出一系列解决问题的理论与方法,诸如"增长的极限""新发展观""以自由看待发展"等,然而这些思想观点和理论方法终究是站在西方社会发展的立场上,受到西方价值理念的制约,对于发展中国家而言,其现实可行性受到极大的局限,更有甚者可能对发展中国家造成误导。而科学发展观,则是根据中国实际提出的,不仅对作为世界上最大的发展中国家——中国有巨大的指导作用,同样对其他发展中国家及解决当今世界面临的共同难题都具有参考借鉴意义。

(二) 丰富了人类社会关于发展的理论宝库

二战以来,世界上各个国家在经过血与火的洗礼后,愈发感到国家发展的迫切性,与此同时,各种关于社会发展的思想理论层出不穷,较为著名的有"经济增长论""综合发展论""增长极限论"等等。然而,这些有关社会发展的理论虽蕴含一定的合理内核,但其局限性与狭隘性也十分明显。这些思想理论指导下的社会发展实践活动,往往存在着顾此失彼的现象,如"经济增长论"单一追求国民经济的增长,忽视了社会发展和人的全面发展,结果引发一系列的社会矛盾与治理难题。科学发展观则充分汲取了国外发展的经验与教训,以全新的视角重新考量人类社会发展趋势,从立场、观点、方法等不同层面探索出了应对发展困境的新思路。科学发展观强调发展要以人为本,在发展过程中突出"人"的地位与作用,坚持全面协调发展,统筹协调经济发展与社会发展间的关系;倡导可持续发展方式,彰显"和谐世界"理念。科学发展观不仅表明了中国应对发展问题的方式方法,同时丰富了人类社会关于发展的理论宝库。

第五章 习近平新时代中国特色社会主义思想的海外传播

习近平总书记在党的二十大报告中明确指出,十八大以来,"我们党勇于进行理论探索和创新,以全新的视野深化对共产党执政规律、社会主义建设规律、人类社会发展规律的认识,取得重大理论创新成果,集中体现为新时代中国特色社会主义思想"。① 习近平新时代中国特色社会主义思想作为当代中国马克思主义、21世纪马克思主义,不仅是中华民族伟大复兴的行动指南,也为解决人类面临的共同难题贡献了中国智慧和中国方案。随着中国日益走近世界舞台的中央,习近平新时代中国特色社会主义思想海外传播亦愈来愈广。

第一节 习近平新时代中国特色社会主义思想海外传播的现实背景

党的十八大以来,随着中国综合国力不断增强,习近平新时代中国特色社会主义思想的国际影响力日趋扩大,其在海外的传播更加广泛,并对世界的发展产生重要影响。党的十九大后,讲好中国故事,传播好中国声音成为中国对

---

① 习近平:《高举中国特色社会主义伟大旗帜 为全面建设社会主义现代化国家而团结奋斗——在中国共产党第二十次全国代表大会上的报告》,人民出版社2022年版,第17页。

外传播的新课题。因此,深刻把握习近平新时代中国特色社会主义思想海外传播的现实背景不可或缺。

一、中国发展迈进新时代

问题是时代的声音。新时代呼唤新理论,新实践催生新方略。马克思、恩格斯指出:"一切划时代的体系的真正的内容都是由于产生这些体系的那个时期的需要而形成起来的。"①当下,中国特色社会主义已进入新时代,新时代面临新课题,新时代肩负新使命,新时代党带领人民踏上新征程。中国发展迈进新时代,成为习近平新时代中国特色社会主义思想海外传播的现实背景。

(一) 新时代面临新课题

时代是思想之母,实践是理论之源。② 习近平新时代中国特色社会主义思想顺应时代发展要求而产生。就国内形势而言,中国特色社会主义进入新时代,在实现第一个百年奋斗目标的基础上,正在向第二个百年奋斗目标进发,国民自信心显著增强,整体面貌发生极大变化。从国际形势来看,"世界之变、时代之变、历史之变正以前所未有的方式展开。一方面,和平、发展、合作、共赢的历史潮流不可阻挡,人心所向、大势所趋决定了人类前途终归光明。另一方面,恃强凌弱、巧取豪夺、零和博弈等霸权霸道霸凌行径危害深重,和平赤字、发展赤字、安全赤字、治理赤字加重,人类社会面临前所未有的挑战。世界又一次站在历史的十字路口,何去何从取决于各国人民的抉择"。③

随着综合实力的稳步提升,我国也面临严峻的外部挑战。尤其是近年来,我国经济高质量发展的同时,但在文化的传播力与影响力方面,与西方发达国

---

① 《马克思恩格斯全集》第三卷,人民出版社 1960 年版,第 544 页。
② 《中国共产党第十九次全国代表大会文件汇编》,人民出版社 2017 年版,第 21 页。
③ 习近平:《高举中国特色社会主义伟大旗帜　为全面建设社会主义现代化国家而团结奋斗——在中国共产党第二十次全国代表大会上的报告》,人民出版社 2022 年版,第 60 页。

家相比,从思想理念、文化产品到文化符号,都存在较为严重的"认知逆差"现象。正因为这种逆差的存在阻碍着我国国际地位进一步提升,也导致一些国家对我国存在极大的误解。在全球化不断发展的今天,我国的发展离不开全球和平稳定的大环境,因此,亟须扭转"认知逆差"现象,逐步改变西强东弱的局面,提升我国的文化传播能力,最大限度地消弭国际社会对我国的误解。

习近平强调:"经济建设是党的中心工作,意识形态工作是党的一项极端重要的工作","要巩固马克思主义在意识形态领域的指导地位"。① 他进一步指出:"我们要在总结实践经验的基础上,丰富和发展对外工作理念,使我国对外工作有鲜明的中国特色、中国风格、中国气派"②,"要精心做好对外宣传工作,创新对外宣传方式,着力打造融通中外的新概念新范畴新表述,讲好中国故事,传播好中国声音"③。因此,在国际国内的大环境下,大力推进习近平新时代中国特色社会主义思想海外传播势在必行,而如何提升我国对外传播能力成为中国亟待破解的"新课题"。

(二) 新时代肩负新使命

天下意识历来就是中华民族的传统智慧,如今这一优秀传统智慧正引领着中华儿女推动世界和平发展、互利共赢,充分展现着中华民族的使命担当。习近平新时代中国特色社会主义思想兼具天下意识和大国情怀,推动其海外传播就是为全球治理贡献中国智慧。一方面,当今中国是世界第二大经济体,对世界经济增长的贡献率已经超过30%,这意味着中国正不断向社会主义现代化强国迈进,正在世界舞台上发挥出越来越大的作用。中国从不吝于将自己发展经验分享给其他国家,甚至还主动邀请世界各国参与到中国的发展计

---

① 《习近平谈治国理政》第一卷,外文出版社 2018 年版,第 153 页。
② 《习近平谈治国理政》第二卷,外文出版社 2017 年版,第 443 页。
③ 《习近平谈治国理政》第一卷,外文出版社 2018 年版,第 156 页。

划,实现共同发展共同繁荣。另一方面,中国始终坚持社会主义道路并不断探索和推进自身现代化,向世界充分展示和证明了社会主义制度的强大优越性,这也为世界其他国家的发展和现代化提供了可借鉴的宝贵经验。

习近平强调:"中国共产党是为中国人民谋幸福的政党,也是为人类进步事业而奋斗的政党。中国共产党始终把为人类作出新的更大的贡献作为自己的使命。"①习近平新时代中国特色社会主义思想是在观察风云变幻的国际形势,总结当代中国发展经验的基础上不断形成和发展的理论,其对外传播既展现了一位大国领袖的独特魅力,又展示了习近平心怀天下的责任担当。在国际社会期待倾听中国声音的关键时刻,习近平新时代中国特色社会主义思想海外传播为解决人类面临的共同难题贡献了中国智慧、提供了中国方案。

(三) 新时代踏上新征程

党的十八大以来,面对纷繁复杂的国际环境,以习近平同志为核心的党中央开拓进取,迎难而上。正如习近平在党的十九大报告中所说:"我们党以巨大的政治勇气和强烈的责任担当,提出一系列新理念新思想新战略,出台一系列重大方针政策,推出一系列重大举措,推进一系列重大工作,解决了许多长期想解决而没有解决的难题,办成了许多过去想办而没有办成的大事,推动党和国家事业发生历史性变革。"②习近平新时代中国特色社会主义思想凝聚着具有中国特色的概念和话语,其海外传播就是向世界表达中国主张、讲述中国故事,是新时代中国为世界人民所贡献的中国智慧与中国方案。

习近平在党的二十大报告中向世界庄严宣告:"改革开放和社会主义现

---

① 习近平:《决胜全面建成小康社会　夺取新时代中国特色社会主义伟大胜利——在中国共产党第十九次全国代表大会上的报告》,人民出版社 2017 年版,第 57—58 页。

② 习近平:《决胜全面建成小康社会　夺取新时代中国特色社会主义伟大胜利——在中国共产党第十九次全国代表大会上的报告》,人民出版社 2017 年版,第 8 页。

代化建设深入推进,书写了经济快速发展和社会长期稳定两大奇迹新篇章,我国发展具备了更为坚实的物质基础、更为完善的制度保证,实现中华民族伟大复兴进入了不可逆转的历史进程。"①"从现在起,中国共产党的中心任务就是团结带领全国各族人民全面建成社会主义现代化强国、实现第二个百年奋斗目标,以中国式现代化全面推进中华民族伟大复兴。"②这是中国向世界发出的最强音。传播好新时代中国声音,讲述好新征程中国故事,为推进中华民族伟大复兴创造和平安宁的国际环境,这是习近平新时代中国特色社会主义思想海外传播的时代要求。

推动习近平新时代中国特色社会主义思想海外传播必须坚持"四个自信",只有自信才能他信。习近平指出,全党要坚定"道路自信、理论自信、制度自信、文化自信","中国共产党人和中国人民完全有信心为人类对更好社会制度的探索提供中国方案"。③ 这一论述意蕴深刻,充满自信和担当。只有进一步增强四个自信,习近平新时代中国特色社会主义思想海外传播才能更深远更持久。

二、世界渴求中国方案

习近平在党的二十大报告中明确指出:"科学社会主义在二十一世纪的中国焕发出新的蓬勃生机,中国式现代化为人类实现现代化提供了新的选择,中国共产党和中国人民为解决人类面临的共同问题提供更多更好的中国智慧、中国方案、中国力量,为人类和平与发展崇高事业作出新的更大的贡献。"④当

---

① 习近平:《高举中国特色社会主义伟大旗帜　为全面建设社会主义现代化国家而团结奋斗——在中国共产党第二十次全国代表大会上的报告》,人民出版社 2022 年版,第 15—16 页。

② 习近平:《高举中国特色社会主义伟大旗帜　为全面建设社会主义现代化国家而团结奋斗——在中国共产党第二十次全国代表大会上的报告》,人民出版社 2022 年版,第 21 页。

③ 习近平:《在庆祝中国共产党成立 95 周年大会上的讲话》,《人民日报》2016 年 7 月 2 日。

④ 习近平:《高举中国特色社会主义伟大旗帜　为全面建设社会主义现代化国家而团结奋斗——在中国共产党第二十次全国代表大会上的报告》,人民出版社 2022 年版,第 16 页。

下,"人类社会正处在一个大发展大变革大调整的时代"①。当今世界充满着不确定性,人们对未来既寄予期待又感到困惑。人民渴望和平与安定的生存环境,但诸多国际性问题阻碍着世界朝着和平稳定的方向发展,构成当今人类社会发展的最大冲突。中国提出的"一带一路"倡议和"人类命运共同体"理念,有助于国际社会化解矛盾冲突,因此得到世界认可,成为贡献世界并造福人类的中国方案。

(一) 全球化与逆全球化相互交织

通常而言,全球化的内涵是指世界范围内各个国家之间沟通更加密切,人们不再局限于所生活的狭窄区域内,其意识的高度和广度可以触及世界的任何一个角落,地球在某种程度上来说成为了一个村落,世界之间的交流变得更加简单。人类合作得益于和平稳定的国际环境,特别是 21 世纪以来"世界正处于大发展大变革大调整时期,和平与发展仍然是时代主题。世界多极化、经济全球化、社会信息化、文化多样化深入发展,全球治理体系和国际秩序变革加速推进,各国相互联系和依存日益加深,国际力量对比更趋平衡,和平发展大势不可逆转"。② 在全球化的潮流下,中国同世界的联系变得更加的紧密。党的十八大以来,中国越来越关注全球治理,推动习近平新时代中国特色社会主义思想海外传播,阐释宣扬中国方案和中国智慧,是中国适应全球化的具体体现。

全球化发展的同时,另外一个潮流即逆全球化浪潮甚嚣尘上。当今世界的贸易保护主义、发达国家的关税壁垒,让本就面临治理危机的世界雪上加霜。逆全球化主要表现在以下几个方面。首先,国家间的贫富差距进一步扩

① 习近平:《携手推进"一带一路"建设——在"一带一路"国际合作高峰论坛开幕式上的演讲》,《人民日报》2017 年 5 月 15 日。

② 习近平:《决胜全面建成小康社会 夺取新时代中国特色社会主义伟大胜利——在中国共产党第十九次全国代表大会上的报告》,人民出版社 2017 年版,第 58 页。

大。其次,全球治理遇到深刻的制度障碍,难以实现对全球范围内的资源合理分配,而且这一机制的建立者不能局限于某一或某些国家,而必须是一个整体性的共同决策。最后,全球化实现了不同国家之间的各种信息交流,这对民族国家带来前所未有的挑战。可能导致世界范围的遥远文化冲突变成一个国家内甚至社区内的文化冲突,进而转化为社会冲突,转化为恐怖主义。逆全球化与"地球村"观念背道而驰,多表现为贸易保护、边界修墙以及控制移民等思潮。在世界经济持续低迷时期,由于不确定因素明显增多,逆全球化极易抬头。

在全球化和逆全球化两股潮流相互交织的发展过程中,为有效应对逆全球化思潮对全球化进程带来的挑战,世界各国都应积极参与全球治理,推动全球治理的改革和完善。中国拥护支持全球化进程,并在积极参与全球治理中发挥表率作用。然而,并非所有国家都能理解中国的善意,由于不了解中国推动全球化的理念和经验,反而狭隘地认为中国参与全球治理活动是别有用心的,给中国造成了负面影响。对此,有效推动习近平新时代中国特色社会主义思想海外传播,来展示中国积极参与全球治理的立场、主张和行动显得迫在眉睫。

(二) 解决"三大赤字"呼唤中国智慧

尽管和平与发展是当今世界主流,但世界仍不安宁。霸权主义及强权政治导致世界局部长期混乱;西方国家主张的"普世价值"动摇着发展中国家,造成局部动荡频繁发生,恐怖主义蔓延肆虐,和平赤字严重威胁或冲击着世界。与此同时,尽管发达资本主义国家带动全球经济快速发展,但全世界范围内发展的成果分配却始终无法实现真正的平衡。例如中东、非洲等地区,长期被战乱笼罩,经济难以发展。发展赤字导致财富愈发集中于少数人手中,进一步激化了社会矛盾,社会变得更加动荡不安。此外,国际社会出现严重的治理赤字。发达国家仍在全球治理中占据主导地位,成为全球治理规则的制定者。

与此同时,发展中国家失去了主动权,被迫沦为全球治理规则的遵守者和追随者,结果导致发达国家掌控了全球治理的主要权利。世界大多数国家在制度变革上受到打压限制,在治理能力上无法得到提升;发达国家参与全球治理的责任感缺失;在治理赤字背景下,全球许多发展中国家无法获得与自身实力相适应的国际地位和话语权。

习近平强调:"我们正处在一个挑战频发的世界。和平赤字、发展赤字、治理赤字,是摆在全人类面前的严峻挑战。"①其中,治理赤字是根源,和平赤字、发展赤字很大程度上源于治理的赤字,即当前全球治理体系、规则和能力不能有效应对全球性挑战,导致全球层面秩序紊乱。中国作为负责任的大国,有责任也有义务推动全球治理体系向更加公正合理的方向发展。习近平新时代中国特色社会主义思想提出的"一带一路"倡议及"人类命运共同体"理念,将从根本上消解"三大赤字"。

(三) 中国梦与世界梦交相呼应

习近平多次在国内外重大场合阐述"中国梦"的内容和精神实质。他曾明确指出:"实现中华民族伟大复兴,是近代以来中国人民最伟大的梦想,我们称之为'中国梦',基本内涵是实现国家富强、民族振兴、人民幸福。"②习近平在会见时任美国总统奥巴马时曾强调,中国梦"是和平、发展、合作、共赢的梦,与包括美国梦在内的世界各国人民的美好梦想相通"。③ 世界和平与发展是世界人民的梦,也是中国人民的梦。"中国梦与中国人民追求美好生活的梦想是

---

① 习近平:《携手推进"一带一路"建设——在"一带一路"国际合作高峰论坛开幕式上的演讲》,《人民日报》2017年5月15日。
② 习近平:《顺应时代前进潮流,促进世界和平发展》,《人民日报》2013年3月24日。
③ 习近平:《在同美国总统奥巴马共同会见记者时的讲话》,《人民日报》2013年6月9日。

相连的,也是与各国人民追求和平与发展的美好梦想相通的。"①实现"中国梦"并不意味着中国会走弱肉强食、你输我赢的老路,而是与世界上一切美好善良梦想相辅相成,共同实现世界持久和平、共同繁荣的合作共赢之梦。

首先,中国梦是维护世界和平的梦。中国梦的实现是既通过维护世界和平发展自己又通过自身发展维护世界和平。和平发展是中国特色社会主义的必然选择,这是中国政府和人民根据时代发展潮流和自身根本利益作出的战略抉择。

其次,中国梦是助力世界发展的梦。实现中国梦,意味着全球五分之一的人口将得到巨大发展,对于促进世界发展和维持世界稳定具有重要的意义。另外,对于其他国家来说,中国梦也是具有积极意义的。作为全球第二大经济体,中国经济的走向对于世界经济有着不可低估的深远影响。

再次,中国梦是加强世界合作的梦。中国梦把世界上的国际组织联系起来,不同国家之间的交流日益密切,对于实现人类社会的稳定发展发挥了重要的作用。

最后,中国梦是倡导世界共赢的梦。中国政府遵循经济全球化原则,外交上秉承"维护世界和平,促进共同发展"的宗旨,实施互利共赢的开放战略,有利于实现经济的全球化发展和互利共赢的建设目标。

中国梦同世界各国人民的美好梦想息息相通,中国人民愿意同各国人民在实现各自梦想的过程中相互支持、相互帮助,中国愿意同各国尤其是周边邻国共同发展、共同繁荣。② 中国梦思想是习近平新时代中国特色社会主义思想的一部分,推动习近平新时代中国特色社会主义思想海外传播将更加有利于海外民众了解中国的心声。在资本主义社会弊端愈来愈严重,不发达国家

---

① 习近平:《在会见21世纪理事会北京会议外方代表时的谈话》,《人民日报》2013年11月3日。

② 习近平:《在和平共处五项原则发表60周年纪念大会上的讲话》,《人民日报》2014年6月29日。

愈来愈贫穷的时候,中国梦的实现,正成为世界人民的期望和慰藉。[1] 事实证明,中国梦是和平、发展、合作、共赢的梦,不仅会造福中国人民,也将造福世界人民。进一步加强习近平新时代中国特色社会主义思想的海外传播,让中国梦被全世界人民深入了解,促进中国梦和世界梦共同实现。

三、新媒体促进思想传播

随着互联网新媒体技术的创新扩散和周期性颠覆,一场剧烈的传媒变革正在席卷全世界。对此,习近平指出:"互联网真正让世界变成了地球村,让国际社会越来越成为你中有我、我中有你的命运共同体。"[2]由于互联网新媒体技术快速发展,以往传统的媒体模式被颠覆,新型的媒体体系开始建立起来。当下,信息传播媒介正由大众媒体转变成互联网新媒体,这对推动习近平新时代中国特色社会主义思想海外传播具有重要意义。

(一) 智能化传媒技术加速发展

随着信息通信技术的快速发展,智能化程度大为提升。这种智能化还深刻地改变了媒体机构内容生产方式,未来信息传递将更多地依靠人工智能。除此之外,新闻稿件可以通过机器人来撰写,从而大大解放人力,新闻的时效性也得以有效提高。VR 和 AR 技术将受众接收新闻的体验感带入新境界,新闻产品的针对性不断提高,由于数据支持,各大信息传播平台纷纷建立相应的拥护反馈机制,从而设计出更具针对性的产品营销方案。如今,诸多国内外媒体在报道习近平新时代中国特色社会主义思想的资讯时,智能化的传媒技术愈来愈多地被运用在其中。

未来,随着互联网技术的成熟和广泛应用,在信息融合的基础上又将涌现

---

① 参见谭扬芳:《中国梦与各国人民的美好梦想紧密相连》,《红旗文稿》2013 年第 20 期。
② 《习近平向首届世界互联网大会致贺词强调　共同构建和平、安全、开放、合作的网络空间　建立多边、民主、透明的国际互联网治理体系》,《人民日报》2014 年 11 月 20 日。

出新的技术,再加上传感器、无线网络等计算机设备的普及,使得数据数量再次扩大。这些数据的准确性、有效性不断增强,是创作资讯报道的重要参考资料。另外,资讯传播技术还包括数据自动分析、新闻自动生成、信息自动传输、用户需求分析等系统。可以说,在这个时代,人类社会的信息传播领域已经实现了彻底改革。这些智能化媒体传播技术若被合理运用,将极大提升习近平新时代中国特色社会主义思想海外传播的影响力与感召力。

(二) 平台化传播趋势正在形成

有学者提出,信息交流平台最主要的职能就是发布信息和交流信息。互联网是最主要的信息交流平台,互联网企业竞争的市场即网络平台。从苹果提出 ios 生态链,到 Android、腾讯、360 实施面向第三方开发者全方位、全平台的开放策略,这些互联网企业都投入大量的人力、物力、财力到经营和管理网络平台上来,从而占据一定的市场份额,尽可能多地争取用户和流量。平台化从本质上来说就是实现平台的生态功能,进行优势互补和价值转换,从而满足多方用户的需求,扩大固定用户的数量,为平台创造更多的经济效益。媒体是社会信息的传播者,具有媒介作用,符合平台共性。以大数据时代为背景,媒体正在由"信息总汇"转向"数据总汇",越来越多的信息和资源通过数据进入媒体平台中。

例如,以新华社、《人民日报》、CCTV 等为代表的主流媒体从 2009 年开始陆续入驻包括 Facebook、Twitter、You Tube 等国际社交媒体平台和视频分享网站。新华社还在 Twitter、Facebook、You Tube、LINE、VK 等海外社会化媒体平台开设了英、法、西、俄、阿、葡、日、缅、越等 15 个语种的 30 多个账号。① 在 G20 杭州峰会期间,北京周报社利用 Facebook Live 功能,向海外受众提供五次峰会直播节目,实现粉丝增长 3106 人,增长 248%,互动量上升 360%,视频

---

① 参见刘滢:《融媒体对外传播的优势、问题与改进思路》,《对外传播》2016 年第 11 期。

浏览量增长 956%。① 从这些案例可以看到,国内主流媒体利用海外新媒体平台取得了较好的效果。这些新媒体平台的建立将更加有利于习近平新时代中国特色社会主义思想的海外传播。

(三) 大数据时代整合传播体系

随着时代的发展,越来越多新的传播技术诞生,相应的媒介形态也发生了巨大变化,其中以移动互联网技术、移动通信技术为代表,媒介形态渐近于社会化,而以这些媒介为载体的资讯信息则逐渐形成高度融合化、碎片化、社会化等特点,这些传播技术实现了各种传播形式的融合,这些传播形式包括大众传播、群体传播、组织传播、社区传播和人际传播。

社交网络和社会化媒体是最主要的传播平台,通过这些平台,人们实现了线上交流和信息的交换,将线上生活和线下生活沟通起来,形成了一张高度严密的社会网络。任何经由网络进行传播的信息都能以数据信号的方式保留下来,人们通过关注社会化媒体获得感兴趣的资讯信息和其他一些涉及社会、政治、文化等方面的信息。

现在世界已进入大数据时代,这有赖于资讯媒介和信息传播技术的高度社会化。以此为时代背景,新式传播体系中的信息几乎都是以数据形式来进行传播的,较以往的传播模式而言,更加重视信息传递者和信息接受者之间的信息交流。另外,由于传播技术的发展,现阶段可以通过大数据来实现对信息受众的心理分析。因此,借助大数据时代传播体系的整合,习近平新时代中国特色社会主义思想海外传播的对象将更加广泛,传播路径将更可持续,传播互动性将大为提高,传播效果也将更加明显。

---

① 参见陈姝:《论 Facebook Live 的正确打开方式——以北京周报社 G20 杭州峰会视频直播为例》,《对外传播》2016 年第 10 期。

第二节　习近平新时代中国特色社会主义思想海外传播的具体实践

党的十八大以来,通过"由中而外"等方式,习近平新时代中国特色社会主义思想海外传播成效显著,获得了国际社会的广泛赞许,向世界展现了真实、立体、全面的中国,使负责任的大国形象深入人心。

"由中而外"即是由中国自主设计议题,主动发声,获得更多的话语主动权。中国为推动习近平新时代中国特色社会主义思想海外传播,做了大量富有成效的工作,习近平更是身体力行地向海外讲述中国故事、阐述中国方案、解读中国理论,传播新时代中国特色社会主义思想,获得了国际社会一致好评。

一、习近平在重大国际场合讲述中国故事

（一）讲述中国故事的重要意义

习近平指出:"讲好中国故事,传播好中国声音,阐释好中国特色。"[1]"讲好中国故事"是习近平关于对外传播工作的重要指示,是我国文化自信的重要表征,是我国加强国际传播能力建设的有效手段,对当下我国对外传播工作有着十分重要的意义。[2] 习近平在重大国际场合讲述中国故事,有助于推动我国文化"走出去",有利于提升我国文化软实力和国际地位,有利于树立良好国家形象,是"讲好中国故事"的权威代表和形式创新。

---

[1]　《习近平谈治国理政》第一卷,外文出版社 2018 年版,第 156 页。

[2]　参见黄良奇:《习近平"讲好中国故事"思想探析》,《中国井冈山干部学院学报》2018 年第 2 期。

（二）讲述中国故事的鲜明特点

在信息社会"泛媒介化"的今天，"讲故事"是一种高度互动性的传播方式，成为互联网时代各类媒体增强传播力的重要手段。习近平总书记多次强调，要把握信息化社会持续推进的新情况，通过"讲故事"的方式做好国际传播，传播好中国声音，讲好中国故事。习近平在讲好中国故事的过程中，喜欢引用大量生动有趣的事例，从而与听众实现情感上的共鸣，获得他们的支持。"习式演讲"有其鲜明特点。第一，演讲语言平实、朴素，虽然缺少富有装饰性的辞藻，但通俗易懂，常常起到为听众答疑解惑的效果。第二，采取聊天式、谈心式的演讲方式，这样更容易获得听众情感上的认同。第三，善于解决问题。依据实事求是的原则，一般从提出问题开始，然后逐步探讨如何去解决问题。第四，演讲基调生动活泼，具有一定的浪漫情怀。第五，善于使用肢体语言和神态交流，增强演讲的感染力。对听众来说，具有高度的吸引力和亲和力。习近平近些年来在国际重大场合的演讲受到听众广泛好评，引发热议，有很多精辟的语言被记录下来，并广泛流传。

（三）讲述中国故事的精彩内容

中国故事的内涵十分丰富。习近平曾对讲好中国故事提出明确要求："要讲好中国特色社会主义的故事，讲好中国梦的故事，讲好中国人的故事，讲好中华优秀文化的故事，讲好中国和平发展的故事。"[1]讲述听众了解的内容，能够拉近彼此距离。习近平曾在莫斯科演讲时，讲述了抗日战争时期苏联飞行大队长库里申科和中国并肩作战的故事。在谈到中非关系时，习近平提到《媳妇的美好时代》这个电视剧在该地区的热播。习近平还非常善于运用生活中的语言来进行叙述和说理，他认为一个国家发展的道路合不合适，只有

---

[1]　《习近平关于社会主义文化建设论述摘编》，中央文献出版社 2017 年版，第 212 页。

这个国家的人民才知道。他用中国人喜欢茶、比利时人喜欢啤酒来说明各国文化差异。2015 年,习近平出访美国时讲起梁家河的故事:"上世纪 60 年代,我来梁家河插队,和乡亲们住土窑、睡土炕,乡亲们生活十分贫困,经常几个月吃不到一块肉","今年我回到这里,梁家河修起柏油路,乡亲们住上砖瓦房,用上互联网,当然吃肉已不成问题"。① 通过讲述梁家河过往,习近平向美国展示了中国社会发展的进步和人民生活水平的改善,将中国梦与人民梦紧紧联系在一起,将中国梦与世界梦紧紧联系在一起。"习式演讲"的这些语言源于生活、源于群众,朴实自然接地气,既生动有趣,又深入浅出,让人一听就明白,有很强的说服力和巨大的传播能量。

二、习近平海外署名文章阐述中国方案

如何推动当代中国马克思主义走向世界,进一步扩大当代中国马克思主义的国际话语权和世界影响力,让国际社会对中国发展道路和党的执政理念有更深刻的理解与认同,同时也为解决人类面临的共同问题贡献中国智慧、提供中国方案,这既是一个值得思考的重大理论问题,也是一个亟待探索的重大实践问题。党的十八大以来,习近平频频发表海外署名文章,向世界阐明中国共产党治国理政的基本方略,充分展示中国国家形象和领袖风范,开创了当代中国马克思主义国际传播的新范式。

(一) 文章主旨鲜明

习近平海外署名文章是一种非常正式的媒体外交方式,主要为了阐明访问目的、传递权威信息、寻求身份认同等。2014 年 3 月 23 日,习近平在荷兰《新鹿特丹商业报》发表第一篇海外署名文章。从 2014 年到 2019 年,习近平通过 70 余家海外主流媒体在全球 50 多个国家共发表了 57 篇署名文章,覆盖

---

① 《梁家河》编写组:《梁家河》,陕西人民出版社 2018 年版,第 27 页。

了全球六大洲、五大洋。同时,还有4个国家通过权威网站和国家通讯社登载习近平海外署名文章。习近平海外署名文章撰文数量之多,频率之高,超越了中国历届国家领导人。习近平在海外署名文章中阐明外交理念、方针政策,为整个出访创造良好的氛围。据统计,习近平海外署名文章中出现次数最多的词分别是"合作"发展""关系""友好",直接鲜明地体现了我国在外交活动中和平、发展、合作、友好、互利、共赢的主旨思想。文章既回顾过去,讲述与出访国紧密联系的交往历史;又把握当下,针对中国与受访国所处的发展阶段,国家领导人积极开展对话交流;最后还展望未来,表达与受访国保持良好合作关系的理想愿景。

(二) 谋求主动发声

如何消解国际社会对当代中国马克思主义的各种误解和猜疑,其有效途径之一就是谋求主动发声。回顾历史,新中国成立初期,面对西方国家的长期封锁,中国国际话语空间受到极大限制,中国马克思主义难以在世界主动发声。尽管在日内瓦会议、万隆会议等重大国际场合,"和平共处五项原则"和"求同存异"的外交方针开始让世界聆听到中国热爱和平的心声,但受制于国家实力,长期以来中国在世界舞台的话语权依然难以张扬,只能低调地向外界表达中国的声音与态度,容易陷入有理说不出、说了传不开的尴尬境地。随着中国综合国力不断提升,成功走近世界舞台中央,国际社会越来越多地关注中国和了解中国。在国际社会期待聆听中国声音的关键时刻,习近平海外署名文章深刻阐述了中国政府的顶层设计、方针路线和基本政策,向海外民众主动发出当代中国马克思主义的声音。

近年来,随着中国日益走向强盛,西方社会"中国威胁论"和"国强必霸论"等错误言论老调重弹,这也引起一些周边国家和西方国家的不安与猜疑,甚至造成一些国家的误解。面对外界的猜疑和误解,习近平海外署名文章主动发声。例如,他在《新鹿特丹商业报》上发表的署名文章开宗明义:"我这次欧洲之行,就是要同欧洲伙伴增进互信、深化合作、承前启后、继往开来,全面提高中欧关系水平。"①在题为《让中孟合作收获金色果实》的署名文章中他谈道:"我期待着同新老朋友们共叙友谊、共谋发展,共绘合作蓝图。"②在出访法国前夕他强调:"我带着对法国的美好情感而来。"③习近平多次在海外署名文章开门见山、直截了当地表明来意,这样有利于增进互信、化解疑虑、坦诚相待,合理表达自身的想法和意图,达到了增信释疑、凝聚共识的预期效果,展示了中国谋求和平、发展、合作的国际形象,使得中国的"朋友圈"越来越大。

习近平海外署名文章深刻论述了新时代中国特色社会主义外交思想,多次阐明中国"与邻为善、与邻为伴""睦邻、安邻、富邻"和"亲、诚、惠、容"等外交方针及互利共赢的对外开放战略,描绘了"一带一路"和"人类命运共同体"的美好蓝图,表明中国愿意做全球发展的贡献者,将自身发展经验和机遇同世界各国分享,也欢迎世界各国搭乘中国发展的"便车",与世界各国分享合作共赢这一"红利"的意愿。

习近平海外署名文章以自信的姿态主动发声,将当代中国马克思主义更加鲜明地传播给国际社会,变过去"委婉含蓄地说"为"旗帜鲜明地说",变过去"瞻前顾后地说"为"理直气壮地说",更加响亮地讲述马克思主义中国化的最新理论成果,使中国声音逐渐成为国际舆论场的主流声音,充分展示中国特色社会主义的道路自信、理论自信、制度自信和文化自信。

（三）行文方式平实

习近平海外署名文章像纽带和桥梁连接着我国与他国之间的友好关系。中国为了向受访国和整个国际社会传递外交讯息,会在出访国家的主流媒体

---

① 习近平:《打开欧洲之门　携手共创繁荣》,《光明日报》2014年3月25日。
② 习近平:《让中孟合作收获金色果实》,《人民日报》2016年10月15日。
③ 习近平:《在共同发展的道路上继续并肩前行》,《人民日报》2019年3月24日。

上发表文章,而发表文章主要使用两种方式。第一种方式就是直接正面阐述国际合作与友谊。例如,习近平曾在德国发表《为了一个更加美好的世界》的署名文章,该文通过一连串数据讲述中德国之间友好交流所取得的巨大成果,雄辩地展现了两国坚实的友谊与良好的发展态势。通过数据说话,往往能直观展示中国外交战略所取得的丰硕成果,促进读者与作者在思想上的共鸣,并在情感上得到对象国人民的认同。第二种方式就是对于别人的困惑或提出的疑问,通过署名文章进行合理解答,以此来表明中国的立场和态度。例如,习近平在出访法国时曾谈论到,"中国这头狮子已经醒了,但这是一只和平的、可亲的、文明的狮子"①。通过一个简单的比喻,很容易消除西方世界对中国崛起的担忧。

为了便于读者接受话语内容,习近平署名文章还采用了赞赏对方以寻求共识的话语方式。例如,习近平在德国《法兰克福汇报》上发表文章称,"中国和德国分处业欧大陆两端,是东西方两大文明杰出代表;两国数不尽的先贤哲人、深邃的思想哲理、丰富的文学艺术,是双方互学互鉴、交流合作取之不尽、用之不竭的智慧源泉"。习近平在埃及《金字塔报》发表文章提及,"中国和埃及同为文明古国,两国人民友好交往追溯久远"。这种表达艺术不仅赞扬了对方,同时也肯定了自我,很大程度上拉近了与受访国读者之间的心理距离。频繁出现的"文明""友好""互相"等词语,为对象国人民勾勒出一个追求世界和平发展,并以世界各国互利共赢为己任的东方大国形象。

(四) 海外影响广泛

习近平海外署名文章,影响广泛,且具有以下几个特点。第一,都是发表在出访国主流媒体,读者众多,覆盖面广,权威性高,在出访国有着极大影响

---

① 习近平:《在中法建交五十周年纪念大会上的讲话》,《人民日报》2014 年 3 月 29 日。

力。例如《费加罗报》《朝鲜日报》《金字塔报》《号角报》《晚邮报》等都是出访国发行量、影响力、权威性位居榜首的报纸。

第二,都是翻译成出访国语言刊登在报纸上,便于出访国民众阅读。例如,西班牙《阿贝赛报》以西班牙文、意大利《晚邮报》以意大利文登载习近平海外署名文章。习近平海外署名文章有意选择发表在当地权威报纸、权威通讯社或权威网站上,借助现代化的主流媒体平台,可以快速直接地将当代中国马克思主义最新成果,作为公共思想产品第一时间呈现在海外读者面前,一方面有效避免他国媒体在报道时断章取义,造成内容失真失实,有利于将中国声音"原汁原味"地传递给海外读者;另一方面也能借助海外媒体的传播力与影响力,变以往"由中而外"的单向传播,为"由中而外"和"由外而外"的双向传播,进一步扩大当代中国马克思主义国际传播的影响性。

第三,由海外多种媒体平台参与转发。习近平海外署名文章但凡发表之后,都会被国际各大主流媒体相继转载。荷兰《新鹿特丹商业报》、俄罗斯《俄罗斯报》、韩国《朝鲜日报》、波兰《共和国报》、捷克《权利报》、哈萨克斯坦《哈萨克斯坦真理报》、老挝《人民报》等多个国家最主流报刊都曾在第一时间转发习近平海外署名文章。其后,这些国家的广播电视、网络等媒体也进一步转载发布习近平海外署名文章,这些文章屡屡被外国民众转发和热议,极大增强了习近平海外署名文章的影响力。

三、中央对外宣介团权威解读中国理论

党的十八大以来,党中央高度重视对外宣传工作,多次派对外宣介团出访古巴、阿根廷、马来西亚等,与当地政府官员、党政代表、智库学者、主流媒体、工商业人士及华侨华人等进行座谈交流。通过一场场宣介、一次次对话,中国式现代化发展道路、中国共产党执政理念等被更多人所熟知,中国共产党在世界上赢得更多认同者、支持者、同行者。

（一） 成员构成权威

为了及时向外界解读习近平新时代中国特色社会主义思想产生的时代背景、丰富内涵、历史地位和重大意义等,中共中央特别派出全球高级别中央宣介团对外宣介。宣介团的成员都是党和国家精心挑选的人员,有党的十九大文件起草组成员、中央相关部门负责人、地方党委负责人和相关专家学者,具有级别高,权威性强的特点。中央宣介团主要介绍党的十八大以来中国取得的历史性成就和发生的历史性变革、社会主要矛盾的变化以及中国特色外交等,让受众群体对新时代中国相关历史和理论有更清晰的了解。

（二） 远赴各国宣讲

中央宣介团从 2017 年 11 月开始对外宣讲中国共产党十九大精神,先后陆续前往韩、口、俄、美、德、意、墨等国及欧盟总部,与各国政要、友好团体、媒体、智库人士等会面,详细分享了党的十九大精神及其重要意义。中央宣介团的出访在世界各地引发热烈反响,例如在马来西亚的宣讲会上,掌声持续不断,宣讲人员与听众进行了热烈互动;在丹麦、德国、芬兰,听众都带着自己打印的十九大英文版报告向宣介团求教,场面气氛非常热烈;在欧盟总部,数十名欧盟部门负责人员和高级外交官认真仔细地听宣讲,并不时做记录。听众们表示,十九大宣介团的解说像一场及时雨,成为大家认识中国、学习中国的重要窗口。

（三） 宣介效果显著

奔赴世界各地的中央宣介团成员,向各国政要介绍习近平新时代中国特色社会主义思想的丰富内涵,得到了世界各国政要的积极反馈,收获了十分显著的宣介效果。孟加拉人民联盟总书记卡德尔充分肯定和赞扬了习近平总书记非凡战略眼光和卓越领导才能,并表示习近平成为中国共产党领导核心,不仅是中国的幸事，也是世界人民的幸事。阿塞拜疆议会议长阿萨多夫认为中国用其取得的巨大发展成就向世界证明了自己，并代表议会集体对习近平总书记的大国大党领袖风范表达敬意。斯里兰卡统一国民党领袖、政府总理维克勒马辛哈表示，斯里兰卡统一国民党高度认同以习近平同志为核心的中共中央的治国理政新理念新思想新战略。

党的十九大提出了更加宏伟的目标，国际社会期待中国取得更大的成功，中国将为世界带来更多的发展机遇。日本前众议长河野洋平表示，在世界各国中，能够放眼长远、朝着宏伟目标坚定前进的只有中国，美国、欧洲都做不到这一点。"日本的发展离不开中国。日本要想抓住中国发展带来的机遇，必须学习中国和中国共产党的改革创新精神。"

积极"走出去"、主动发声，体现了中国共产党开放的胸襟和自信的心态。党的十九大以后，中联部多次牵头组织宣介团前往五大洲的重点国家及地区访问，向世界介绍中国共产党的经验成果，把十九大的精神带到了更远的地方，让十九大的声音在世界传播得更响亮，在各类宣介活动的积极推动下，中国共产党的执政理念被更多海外朋友熟知，同时中国共产党获得了更多的认同者和坚定支持者。

四、中国智慧屡获国际社会广泛赞许

"一带一路"倡议、人类命运共同体理念、《习近平谈治国理政》都是习近平新时代中国特色社会主义思想的集中体现。而"一带一路"是构建人类命运共同体的伟大实践，以"一带一路"推动人类命运共同体建设，彰显了中国领导人面向未来的长远眼光和中国共产党的历史担当，也深刻体现了中国方案对全球治理的重要贡献。

（一）"一带一路"倡议深受国际好评

自2013年习近平主席首次提出"一带一路"倡议以来，海内外对此高度关注和强烈共鸣。中国提出的"一带一路"倡议得到国际社会的高度认同和广泛赞誉,这主要在于"一带一路"倡议是破解和平赤字、治理赤字和发展赤字的有力举措。"一带一路"倡议不是空洞的口号,而是确实能够给沿线国家或地区带来真正的利益,同时也让世界真正意识到,"一带一路"倡议来自中国,但成效惠及世界。

路透社在报道"一带一路"时给出了高度评价,他们认为中国提出的"一带一路"倡议能够高度满足沿线国家的共同诉求,可以为沿线国家创造优势、改善劣势,促成产品走出去,资本投进去。对沿线各国来说,都是历史性的机遇。英国《金融时报》认为,"一带一路"倡议将各种不同目标、动机和项目聚集在一起,并为之勾画了蓝图。美联社则报道称世界通过"一带一路"倡议看到了中国领导人的高瞻远瞩,充分显示了中国领导人对未来经济的展望。《今日美国》认为中国和世界许多国家都在专注于发展"一带一路"倡议,该倡议可能会对世界经济产生一系列突出的连锁反应,其成功运作将会给世界经济与贸易带来非凡的意义。美国财经网站对"一带一路"倡议发出赞叹,称对全世界而言,这个倡议意义重大,可以媲美旧的丝绸之路,其能够给工业、商业、思想、文化各方面带来复兴式的转变。新加坡《联合早报》称赞中国的"一带一路"构想是人类历史上具有颠覆意义的事件,好像将地球进行了翻转,令大家看到沉睡数百年的欧亚大陆开始苏醒,中国又回到大陆最耀眼的位置。韩国《中央日报》认为中国正在协助周边国家共同成长,实现共荣共赢,这种共同发展的逻辑是全世界都认可的,中国式的全球战略正在全球范围被接受。

中国"一带一路"倡议得到沿线众多国家的认可和支持,同时也受到少数国家的猜忌与疑虑。其中,印度作为中国西南边疆最重要的邻国和新兴经济体,至今未对"一带一路"倡议做出任何积极回应,且始终持有"质疑"态度,甚至产生惶恐情绪。而与印度持相似态度的国家还不在少数。在经济全球化的今天,竞争不是零和博弈,而是优势互补。沿线国家正在逐步接受"一带一路"倡议,并积极投入"一带一路"建设中来。只要中印双方愿意付诸努力并采取行动,利用双边对话机制,保持良好战略沟通,推进经贸人文交流,加强国际和地区事务协调合作,终将消解印度对"一带一路"倡议的疑虑。①

"一带一路"倡议跨越种族、文化、国家与意识形态的界限,中国的"朋友圈"正在不断扩大。"一带一路"的建设为沿线各国带来了巨大的经济效益,成果惠及全世界。同时,"一带一路"倡议也把习近平新时代中国特色社会主义思想关于构建人类命运共同体理念传播至海外。

(二)"人类命运共同体"理念蜚声海外

当今世界并不太平,局部战争时而挑起,全球治理举步维艰。面对纷繁复杂的国际局势,中国首倡"人类命运共同体"。这一新理念正在世界范围内持续传播,并逐步获得国际社会广泛共识,表征了中国国际话语权与国际影响力不断增强,中国在世界舞台扮演着愈来愈重要的角色。"人类命运共同体"倡导"在追求本国利益时兼顾他国合理关切,在谋求本国发展中促进各国共同发展"②。构建"人类命运共同体"符合大多数国家的利益诉求,代表着时代的发展趋势。因此,"人类命运共同体"理念的传播在全世界引起高度关注。

"人类命运共同体"理念发端中国,传播欧亚,回响世界。2013 年 3 月,习近平出访俄罗斯时谈及"人类命运共同体",他明确指出,人类已生活在历史与现实交汇的同一个地球村里,处在一个你中有我、我中有你的命运共同体之中。这是"人类命运共同体"首次通过官方渠道走出国门,正式向世界传播。2015 年习近平在博鳌亚洲论坛强调要通过迈向亚洲命运共同体,推动建设"人类命运共同体"。面对亚洲各国首脑政要,习近平提出了"人类命运共

---

①　参见陈金明、夏雨露:《印度对"一带一路"倡议的疑虑与消解》,《三峡大学学报》(人文社会科学版)2019 年第 4 期。

②　胡锦涛:《坚定不移沿着中国特色社会主义道路前进,为全面建成小康社会而奋斗——在中国共产党第十八次全国代表大会上的报告》,《人民日报》2012 年 11 月 18 日。

同体"的实践路径,落实了"一带一路"和"亚投行"的合作框架,中国同欧亚国家的互利合作不断被推向新的历史高度。至此,一个睦邻友好、互惠互利、横跨亚欧大陆的"命运共同体"横空出世,迅速引起世界其他国家和地区的强烈关注。2015 年 9 月,习近平在联合国成立 70 周年系列峰会上重点阐述了"人类命运共同体"理念的主要内涵,使"人类命运共同体"思想在联合国得到广泛传播,并被世界各国首脑政要理解和认同。2017 年 1 月,习近平在日内瓦万国宫发表演讲并指出,构建"人类命运共同体"的中国方案,就是要"让和平的薪火代代相传,让发展的动力源源不断,让文明的光芒熠熠生辉"。习近平在此次演讲中提出了打造"人类命运共同体"的现实途径和具体方案,倡导以"工匠精神"来构建"人类命运共同体"。2017 年 3 月,"人类命运共同体"理念首次载入联合国人权理事会决议,它标志着中国方案赢得世界认同,中国智慧已成为全人类的共同财富。

　　"人类命运共同体"理念不仅传播广泛,也受到了海外政要和媒体的高度认可。一是国际政要高度评价。第 71 届联合国大会主席汤姆森曾在日内瓦万国宫高度赞扬"人类命运共同体"理念。联合国社会发展委员会主席菲利普·查沃斯也曾表示,世界各国和联合国都会从"人类命运共同体"理念中受益。二是各大媒体热烈讨论。每一次"人类命运共同体"理念在世界舞台上的闪耀都会引起各大媒体的强烈关注。《美国外交官亚太时事杂志》曾评论:通过"人类命运共同体",中国寻找到了与其他大国和平共处的重要方式。英国《每日邮报》曾在其官网发表了题为 *Towards a community of common destiny* 的文章,文章认为"人类命运共同体"符合人类的美好未来,是一个合作共赢的战略。新加坡《联合早报》也曾多次全文转载习近平有关"人类命运共同体"的演讲,甚至刊登过题为《达沃斯观察:习近平为何能抢风头?》的专题文章。"人类命运共同体"的火热令世界诸多媒体争相报道,这些媒体的热议又反过来进一步传播了"人类命运共同体"思想。三是众多学者争相研究。"人类命运共同体"理念在国际范围内的持续火热使国内外众多学者积极探寻其中的奥秘,许多知名专家、学者为此专门发表自己的看法。哈佛大学费正清中国研究中心研究员罗斯·特里尔主编的《习近平复兴中国》一书评价说,以"人类命运共同体"为纲领的全球治理体系,展现了对中国和世界各国关系长远发展的战略思考,也给国际新秩序的建立带来新动力。[①] 总之,"人类命运共同体"理念引发的强烈反响符合时代发展的潮流,反映了国际社会的普遍共识。

(三)《习近平谈治国理政》海外反响强烈

党的十八大以来,以习近平同志为主要代表的中国共产党人,坚持把马克思主义基本原理同中国具体实际相结合、同中华优秀传统文化相结合,深刻总结并充分运用党成立以来的历史经验,从新的实际出发,创立了习近平新时代中国特色社会主义思想。习近平新时代中国特色社会主义思想是当代中国马克思主义、21 世纪马克思主义,是中华文化和中国精神的时代精华,实现了马克思主义中国化新的飞跃。

面对百年变局和世纪疫情相互叠加的复杂局面,习近平总书记提出一系列原创性的治国理政新理念新思想新战略,进一步回答了中国之问、世界之问、人民之问、时代之问。

《习近平谈治国理政》一书收录了习近平在 2012 年 11 月至 2014 年 6 月期间演讲、谈话、答问等 79 篇,划分为 18 个专题,并且附带收入了习近平的 45 张照片。自发行以来,该书受到了国际社会的热烈追捧。《习近平谈治国理政》较为全面系统地论述了中国发展的所遇到的问题与解决方略,有助于国际社会了解当代中国的实际情况,并回答了国际社会对中国的诸多疑问。

---

① 转引自《携手打造守护和平发展的"瑞士军刀"》,解放军报,http://military.people.com.cn/n1/2017/0223/c1011-29101887.html,更新于 2017 年 2 月 23 日。

《习近平谈治国理政》全球发行数量统计表

项目统计时间	2015 年 1 月	2015 年 5 月	2016 年 5 月	2017 年 5 月
《习近平谈治国理政》全球发行数量	317.6 万册	450 万册	550 万册	625 万册

《习近平谈治国理政》发行数量攀升、传播地域辽阔、传播对象广泛。自 2014 年 9 月 28 日公开发行中文版以来,陆续被译为英、法、俄、阿、西、葡、德、日等 20 多个语种。2014 年 10 月 8 日,德国法兰克福国际书展上为该书举行了隆重的首发仪式。此后,该书多次在国际各大书展上亮相,多次受到国外媒体和国际观察人士的关注。截至 2017 年 6 月,该书已有 25 个版本,发行量超过 625 万册,远销全球 160 多个国家和地区。"在外方主动提议下,《习近平谈治国理政》另有 13 个语种合作翻译正在进行中,预计 2018 年出版发行语种将达到 35 个"等翔实数据,使该书在海外受欢迎程度一目了然,令人信服。①

2018 年 1 月,《习近平谈治国理政》出版第 2 版,并改名为《习近平谈治国理政》第一卷,2017 年 12 月、2020 年 6 月、2022 年 7 月,《习近平谈治国理政》第二、三、四卷中英文版相继在国内外公开发行。该书的内容更加清晰地展示了当代中国和中国共产党的良好形象,使得国际社会对中国发展道路、发展理念、发展方式有了更深入的了解。

《习近平谈治国理政》发行以来已在海外产生强烈反响。巴基斯坦总统侯赛因高度评价了这本著作,他认为这本著作对习近平的治国理政思想给予了权威的阐释,阅读之后让人受益匪浅。吉尔吉斯斯坦议会外交委员会主席伊马纳利耶夫指出,《习近平谈治国理政》是理解当代中国的"密钥",从书中可以深刻感知习近平关于治国理政的宏伟规划。同时他还认为,中国执政理

---

① 参见严文斌、骆珺:《〈习近平谈治国理政〉的国际传播创新探索》,《对外传播》2017 年第 10 期。

念对吉尔吉斯斯坦有着重大借鉴意义。① 美国前国务卿基辛格对这本著作赞赏有加,他认为读过这本书之后对了解中国乃至习近平本人都有巨大帮助。德国汉学家南因果表示,外国人希望了解到中国政府治理这样一个东方大国的政策,此时用多语种发行习近平的著作,找到了一个令人满意的答案。② 《习近平谈治国理政》自海外发行以来,一直处在热销书的展架上,受到广大读者的关注,除外国政府要员外,还包括海外学者、企业团体、华侨华人、国际媒体、民间组织及普通民众等,传播对象具有跨国界、跨语言、跨文化等多方面特征。《习近平谈治国理政》一书呈现出深厚的文化积淀,文风朴实生动,语言贴近实际,远离枯燥的呆板说教,吸引了国际社会各个层次的读者兴趣,具有很强的亲和力和感染力。③

《习近平谈治国理政》一书权威阐释国际重大涉华问题,响亮发出独具中国特色的声音,全面展示中国领导人的魅力风范,系统地回答了中国改革发展中的重大理论和现实问题,极大地提升了中国在国际舞台上的话语权,深刻地展现了我国新一代领导集体的正面形象,是国际社会客观了解中国的重要文献。

五、政党交往增进思想传播

(一) 树立政党交往新理念

党的十九大以来,中国共产党积极与世界其他政党沟通交流,进一步阐述了习近平新时代中国特色社会主义思想,积极倡导构建人类命运共

---

① 参见陈瑶:《〈习近平谈治国理政〉俄文版推介会在比什凯克举行》,《人民日报》2014年12月24日。

② 参见郭洋、冯玉婧:《〈习近平谈治国理政〉首发式在法兰克福举行》,《新华每日电讯》2014年10月9日。

③ 参见陈金明、赵东升:《〈习近平谈治国理政〉的海外传播》,《三峡大学学报(人文社会科学版)》2016年第9期。

同体,共同建设美好世界。通过政党交往,加深了中国共产党同世界其他政党的密切联系,中国共产党在世界范围内求同存异广交朋友,主动对外分享治国治党经验,与世界各国共同面对人类社会出现的发展问题,为人类的发展贡献更多的智慧和力量。习近平强调:"不同国家的政党应该增进互信、加强沟通、密切协作,探索在新型国际关系的基础上建立求同存异、相互尊重、互学互鉴的新型政党关系,搭建多种形式、多种层次的国际政党交流合作网络,汇聚构建人类命运共同体的强大力量。"①中国共产党始终把为人类作出更大的贡献作为自己的使命。② 新时代中国特色的政党交往秉承"人类命运共同体"理念的价值目标,来构建新型政党关系,并推动新型国家关系的建立,将"人类命运共同体"理念转化成为世界各国和各党的共同理念,且率先付诸实践,力求与世界各国共同寻求全人类发展进步之道。

(二) 主动承办政党交流会

中国共产党与世界政党高层对话会是党的十九大后我国举办的首场多边外交活动,也是我们党首次与全球各类政党举行的高层对话会,是中国共产党积极开展与海外政党交流合作的成功实践。2017 年至 2019 年每年如期举办中国共产党与世界政党高层对话会,一共吸引了来自 100 多个国家 200 多个政党的 500 多名政党代表参加。此外,已稳步开展多次的"中德政党对话""中俄政党论坛""中俄执政党对话机制"等中外政党对话会都是中国共产党主动寻求交流与合作的深刻体现。这些政党交流对话会传播了习近平新时代中国特色社会主义思想。

---

① 《习近平谈治国理政》第三卷,外文出版社 2020 年版,第 435 页。
② 习近平:《决胜全面建成小康社会 夺取新时代中国特色社会主义伟大胜利——在中国共产党第十九次全国代表大会上的报告》,人民出版社 2017 年版,第 57—58 页。

（三）打造政党外交新格局

新时代中国政党外交呈现出新格局。一方面,积极开展同英美等西方大国大党的常态化交往,如中美政党高层对话、中德执政党对话、中英政党对话等,在意识形态上力求增信释疑,不断加深与西方发达国家之间的相互信任。另一方面,以邻国政党外交为支点,拓展周边国家主要政党往来。增进与发展中国家政党的友好往来,夯实中国与广大发展中国家的关系。通过完善政党交流合作网络,中国共产党与世界大国大党、主要地区主要政党搭建起良好的沟通交流平台,以真诚互鉴的态度就共同关心的重大问题及双边合作展开探讨。

目前,中国共产党和全球 160 多个国家的 400 多个政党及政治团体始终保持着良好的联系,全方位、宽领域、多层次的政党外交新格局已经形成,中国共产党的"朋友圈"党政并蓄、朝野相济、官民兼容,并且还在不断扩大。[①] 在党际交往中,向外国政党政要宣介习近平新时代中国特色社会主义思想的深邃内涵和世界意义,不断开创党的对外工作新局面;中国共产党不失时机地把讲好中国故事、中国共产党的故事作为重要内容,深切回应国际关切,全面展示了中国共产党良好的国际形象,有助于提升中国共产党在世界政党范围内的国际影响力和国际地位,从而进一步增强中国的国际话语权和国际地位。

六、海外学者深究中国经验

（一）海外中国学研究呈现新特点

习近平新时代中国特色社会主义思想是引领当下乃至未来中国发展的行动纲领。因此,海外中国学把研究重点转移至习近平新时代中国特色社会主义思想,并体现以下几方面特点。

---

① 参见《构建"亲""清"新型政商关系赢得民企欢迎》,央视网,http://news.cctv.com/2017/10/22/ARTI8Tnb1s5RJ0yfoP37jyq9171022.shtml,更新于 2017 年 10 月 22 日。

第一,海外中国学研究主体逐渐多元化。以哈佛大学费正清中国研究中心、宾夕法尼亚大学当代中国研究中心为典型代表的各国重点高校所设立的当代中国研究中心,是海外学者研究习近平新时代中国特色社会主义思想的主要阵地。此外,一些老牌的国际政治经济研究所以及各国的综合性智库,开始将习近平新时代中国特色社会主义思想作为新兴和重点研究领域,如美国伍德罗·威尔逊国际学者中心、彼得森国际经济研究所、英国国际战略研究所、布鲁金斯学会等机构。

第二,海外中国学研究范式呈现出跨学科交叉的趋势。比如,罗斯·特里尔的《习近平复兴中国:历史使命与大国战略》就是将传统的人文传记体的历史叙事方式与政治学的治理研究理论结合在一起,围绕习近平新时代中国特色社会主义思想中的三大治理,即执政党治理、国家治理和全球治理三大问题展开。[①] 还有,海外学者将人文研究与社会科学结合,在文献研究和历史研究方法的基础上,通过建模、统计分析法的有机结合,对中国的制度建设和社会发展的各方面进行调查研究,并得出相对客观真实的数据。

(二) 海外关注焦点涉及众多领域

海外习近平新时代中国特色社会主义思想研究主要涉及"中国梦""四个全面"战略布局和"五位一体"总体布局等,具体从经济、政治、文化、社会、生态和外交等方面展开,其中"经济结构改革""法治建设""文化软实力""绿色发展""'一带一路'倡议"等关键词是关注的焦点。美国学者巴博内斯认为,习近平新时代中国特色社会主义思想包含14项基本方略,从政治、经济、军事、社会、外交等方面全面展示了习近平治国理政风采。德国学者诺伊塞尔特认为习近平新时代中国特色社会主义思想是中国特色社会主义理论体系的延续和发展,是中国适应国内外新形势、新变化的全新纲领。印度学者莫汉蒂在

---

① 参见[美]罗斯·特里尔:《习近平复兴中国:历史使命与大国战略》,2019 年 11 月 10 日,http://www.ccps.gov.cn/zt/xjpfxzgxz/。

《印度快报》撰文说:"今日中国资本雄厚,能成为充满技术活力、经济可持续发展的社会,中国在绝大部分情况下都成功顺应环境变化推出恰当战略。"①美国 CNN 评论员亨特在解读习近平新时代中国特色社会主义思想时谈到,中国越来越多地开始注意环境友好发展,习近平在《巴黎协定》的庄严承诺展现出中国负责任的大国形象。美国学者葛来仪和马修·弗奈伊沃勒撰文说,中国特色社会主义进入新时代,国际社会感受到中国的全球影响力不断扩大,在未来岁月里,国际社会可能将面对一个更加自信的中国。

海外众多学者广泛参与研究习近平新时代中国特色社会主义思想雄辩地证明,这一思想具有博大精深的世界价值和广泛影响力,同时众多海外学者的研究也使得这一思想在海外传播更加火热、更加迅速。

第三节　习近平新时代中国特色社会主义思想海外传播的积极影响

习近平新时代中国特色社会主义思想深厚的历史底蕴和宽广的全球视野,为人类社会的发展探寻了一条有别于西方的现代化之路,为解决人类问题贡献了中国智慧和中国方案。

一、彰显中国理论的世界意义

推动习近平新时代中国特色社会主义思想海外传播,是提升国家形象、扩大国际影响力的有益之举,对加深世界各国民众对中国的了解,回答中国之问、世界之问、人民之问、时代之问,促进人类文明交流互鉴等方面具有十分重要的意义。

---

① Mritiunjoy Mohanty. Like Mao and Deng, Xi Jinping enshrines China's miracle, Foreign Affairs, http://indianexpress.com/article/opinion/like - mao - and - deng - xi - jinping - enshrines - chinas-mira-cle-communist-party-of-china-4906914/,更新于 2017 年 11 月 1 日。

（一）为其他国家发展提供有益借鉴

就理论和实践价值而言,习近平新时代中国特色社会主义思想海外传播给世界其他国家的发展提供了有益借鉴,凸显习近平新时代中国特色社会主义思想的世界意义。习近平新时代中国特色社会主义思想为发展中国家摆脱贫困、走上现代化道路,提供重要参考借鉴和全新选择。对西方发达国家而言,习近平新时代中国特色社会主义思想可启发他们反思执政理念,探寻解决问题的新思路。纳米比亚总统根哥布表示,中国经济持续发展为世界上包括纳米比亚在内的广大发展中国家提供了可资借鉴的发展模式。埃及共产党总书记萨拉赫·阿德利认为,中国探索出的成功方案为世界提供了发展经济、改善民生的有益借鉴。墨西哥参议院第一副参议长冈萨雷斯表示,中国的发展经验既是墨西哥学习的榜样,也值得其他国家借鉴。

因此,随着习近平新时代中国特色社会主义思想的海外传播,其对发展中国家和西方发达国家都产生积极影响,进而成为世界思想体系中极具代表性和影响力的思想,并对全人类的发展产生重要的推动作用。

（二）为世界和平稳定贡献中国力量

当下,逆全球化浪潮肆意泛滥,"恐惧全球化"幽灵挥之不去[1],全球性挑战此伏彼起,局部地区动荡不安。为解决全人类面临的共同挑战,中国倡导全人类共同价值,创造性地提出构建人类命运共同体的倡议,积极促进共商共建共享的全球治理体系建设,推动世界朝着更加和平稳定的方向发展。习近平新时代中国特色社会主义思想所提出的中国方案,越来越被世界所认可,中国也越来越成为重塑全球治理格局的重要引擎。

---

[1] 参见张久安:《"命运共同体":全球化问题的共证理念》,《公共外交季刊》2016年第4期。

（三）为人类文明交流搭建互鉴桥梁

中国共产党向来对世界文明持友好包容的态度,倡导各种文明之间的友好交流共同发展。习近平同志指出,文明是多彩、平等和包容的;只要秉持包容精神,不同文明相互尊重,就不存在"文明冲突",就可以实现文明和谐。[①]中国倡导"人类命运共同体"理念,兼顾现实针对性与长远方向性,是一种全新的国际发展观,也是一种全新的共同利益观,更是一种包容互鉴的世界文明观。通过促进人类文明的交流互鉴,能够有效激活世界各种文明的生机与活力,实现世界持久和平与繁荣。

人类文明交流互鉴是习近平新时代中国特色社会主义思想关于中国文明观的政治表达。中国始终坚持独立自主和平发展道路,为人类文明共同进步探索新的路径。在这条道路上,中国没有掉进"西方民主陷阱"和"修昔底德陷阱",将西方中心论为基础的文明优越感打破,同时也打破了国强必霸的历史逻辑,为人类指明了平等文明的康庄大道。这也证明了中国走独立自主的和平发展道路不仅可信而且可行,是对人类文明进步和世界和平发展的历史性贡献。

二、有力推动中华民族伟大复兴

中国特色社会主义进入新时代,意味着中国将发生深刻变化,中华民族比历史上任何时期都更接近伟大复兴。推动习近平新时代中国特色社会主义思想海外传播,有利于为中国的稳定发展提供良好的国际环境,有利于提升中国国际话语权,有利于推动中华民族伟大复兴。

（一）有助于中国同世界增信释疑

增信释疑、凝心聚力是习近平新时代中国特色社会主义思想提出的新要

[①] 《习近平在联合国教科文组织总部发表演讲》,《人民日报》2014 年 3 月 28 日。

求、新论断。习近平在国内外重大场合的演讲都重点阐述中国和平发展的理念和主张。中国提出"一带一路"倡议曾遭到西方世界的猜疑甚至误解。有些国外媒体别有用心地宣扬"一带一路"只是中国海外扩张的一种手段,中国的强大将会走国强必霸的老路。对此,习近平谈道:"我们推进'一带一路'建设不会重复地缘博弈的老套路,而将开创合作共赢的新模式;不会形成破坏稳定的小集团,而将建设和谐共存的大家庭。"①面对西方媒体的猜疑误解,中国必须主动谋求增进互信,化解疑虑,坦诚相待,合理表达自身的想法和意图,谋求国际社会的理解和认可。因此,习近平提出"增信释疑、凝心聚力",就是要以情感的沟通、理性的说服、价值的共鸣达到传播效果的最大化,形成"最大公约数",画出中华民族伟大复兴的最大同心圆。

(二) 有助于传播中华优秀传统文化

文化是一个民族凝聚力和创造力的重要源泉,同时也是国家软实力的具体体现。中华文化源远流长,具有极大的包容性。中华民族自古以来就把"和而不同"作为处理人与人、国与国、人与社会、人与自然之间关系的准则,它的核心思想是既承认差异,又和而不同,通过互济互补,达到和谐统一。

习近平新时代中国特色社会主义思想承载着悠久的历史传承和深厚的文化底蕴,在新时代外交和国际战略中彰显了中华优秀传统文化的持久价值和永恒魅力,为人类问题的解决贡献了中国智慧。②"大道之行也,天下为公"的大同社会愿景,"各美其美,美人之美,美美与共,天下大同"等,都是中华民族优秀传统文化的精髓。中华优秀传统文化求同存异、和而不同的思想为世界和平与发展提供了思想渊源。

---

① 习近平:《携手推进"一带一路"建设——在"一带一路"国际合作高峰论坛开幕式上的演讲》,人民出版社 2017 年版,第 12 页。
② 参见肖贵清:《习近平新时代中国特色社会主义思想的重大意义》,《中共中央党校学报》2017 年第 12 期。

习近平新时代中国特色社会主义思想海外传播就是要把"具有当代价值的文化精神弘扬起来,把继承传统优秀文化又弘扬时代精神、立足本国又面向世界的当代中国文化创新成果传播出去"①。它不仅传播了其自身理念,也传播了中华优秀传统文化,扩大了中华文化的国际影响力,同时也为妥善解决国际社会面临的重大问题提供了中国方案,这正是文化自信的表现,体现了中国思考人类命运发展的深邃哲学智慧。

(三) 有助于增强中国国际话语权

话语权是指信息传播主体的一种潜在影响力。依据主体的不同,话语权可分为:个人话语权、政党话语权、民族话语权、国家话语权等。国际话语权的大小既取决于该国的综合国力,也取决于其话语体系的吸引力、感染力和影响力。② 长期以来,国际话语权牢牢被西方几个大国所主导,广大发展中国家往往被边缘化。对此,习近平强调:"世界那么大,问题那么多,国际社会期待听到中国声音,看到中国方案,中国不能缺席。"③习近平新时代中国特色社会主义思想的海外传播就是让世界能听到中国声音,看到中国方案,以便国际社会更客观、更全面地了解中国、认识中国。

然而,中国国家实力的大幅提升使周边某些国家和西方国家居心叵测地宣扬"中国威胁论""国强必霸论"等错误论调,妄图造成中国周边国家的"恐惧",加剧中国周边地区的紧张局势。这些不实言论不仅严重损害了中国的国家形象,还会使国际社会对中国的看法发生转变,变得更加疏远中国。面对中伤中国、丑化中国的一系列错误言论的老调重弹,面对中国被"妖魔化"的尴尬局面,"人类命运共同体"的国际传播如同一股清流,更加鲜明地向世界传播中华民族的美好愿景。在人类命运共同体的框架下,中国始终与国际社

---

① 《习近平谈治国理政》第一卷,外文出版社2018年版,第161页。
② 参见杨鲜兰:《构建当代中国话语体系的难点与对策》,《马克思主义研究》2015年第2期。
③ 《国家主席习近平发表二〇一六年新年贺词》,《人民日报》2016年1月1日。

会保持友好交流与通力合作,努力寻找二者间的利益交汇点和话语共同点,为中国声音的国际传播开辟新的境界。

　　总之,习近平新时代中国特色社会主义思想的海外传播有效地将中国道路、中国方案、中国智慧用国际社会易于接受的方式分享给世界,向世界讲述中国故事、展示中国魅力。它不仅体现了中国对当今国际重大问题的思考与担当,也展示了中国参与全球治理的决心和信心,同时也意味着中国正在向世界发出强有力的具有中国特色、中国风格和中国气派的声音。

第六章 中国化马克思主义海外传播的基本特点与宝贵经验

中国化马克思主义海外传播,尽管不同时期会有不同阶段性特征,但仍有其共性之处。因此,探究中国化马克思主义海外传播的基本特点,总结中国化马克思主义海外传播的基本经验,对于进一步推进中国化马克思主义海外传播具有重要的理论意义和现实价值。

第一节 中国化马克思主义海外传播的基本特点

纵观中国化马克思主义海外传播的历史进程,其基本特点主要体现在五个方面,即传播主体的多元性、传播目的的差异性、传播过程的曲折性、传播媒介的多样性以及传播地域的广泛性。

一、传播主体的多元性

传播主体是指在信息传播活动过程中,肩负着信息输出任务的个体或组织。传播主体在传播过程中对传播内容及传播效果均可能产生重要影响。在中国化马克思主义海外传播的实践过程中,共产国际、苏联、中国共产党等作为传播主体,都作出了自己应有的贡献。

(一) 共产国际和苏联首推中国化马克思主义海外传播

共产国际和苏联开启毛泽东著作海外传播之先河。据相关资料记载,1927 年至 1939 年间,共产国际机关刊物《共产国际》大量译介转载毛泽东《我们的经济政策》《论新阶段》等著作,此外,《共产国际》还以公开的形式出版毛泽东文集,这在毛泽东思想发展史上还是第一次。《共产国际》这种刊登介绍评价毛泽东著作、大力宣传中国共产党的民主革命思想和抗日战争主张的做法,极大程度上打开了中国化马克思主义走向海外的大门,同时也进一步支持了中国共产党在革命时期的艰苦斗争。

1934 年,由共产国际所管辖的外国工人出版社出版了毛泽东在中华苏维埃第二次全国代表大会上所作的报告。1935 年,苏联共产党中央委员会的机关报《真理报》刊文称毛泽东为"中国人民的领袖",并颂其为"出色的革命统帅和国务活动家的天才"等等。然而,在 1940 年至 1943 年间,因国际形势的变化及与中共分歧的逐步扩大,共产国际和苏联宣介毛泽东著作转入低谷,这也表明毛泽东思想的海外传播经历了一个艰难曲折的历程。究其原因,1939 年第二次世界大战全面爆发后,斯大林为了防止日本大肆进攻苏联,派人来华敦促蒋介石坚持抗日,以缓解苏联遭受日、德东西夹击的压力。此时,苏联官方报刊几乎停止对毛泽东著作的宣介。国际形势的变化以及苏联对华策略的转变,不能不影响到共产国际对待毛泽东著作海外传播的态度。中共六届六中全会后,已实际成为中共领导人的毛泽东有选择性地执行共产国际的指示,又加剧了共产国际对毛泽东及毛泽东著作态度的转变。

共产国际和苏联对毛泽东著作的海外传播经过一段曲折历程绝非偶然,但总体而言,共产国际为毛泽东领导权威的确立及毛泽东著作的海外传播都发挥过不可磨灭的作用。

（二）中共主动推进中国化马克思主义海外传播

在长期的革命、建设和改革实践中,中国共产党不断加强中国化马克思主义的海外传播。1935 年,中国共产党在其海外创办的《救国时报》上,刊载了毛泽东的《论抗日救国联合战线》等 13 篇著作。① 该报以多种语言向 40 多个国家和地区刊行,在国外产生了重要影响,各个国家的官方媒体也多以转载刊行。在抗战时期,中共中央成立专门负责海外宣传工作的机构,其目的就是借助宣传媒介来联合国际上一切可以依靠的力量,争取抗战的早日胜利;宣传的对象为全世界工人阶级及和平爱好者,并接受他们包括物质、精神以及技术在内的所有形式的支持与人道主义援助。② 1945 年,联合国成立大会召开期间,徐永煐还将董必武随身带来的许多毛泽东著作交给了美国共产党中国局,由他们负责翻译、审查及校订。③ 同年,国共两党在重庆和谈期间,由延安负责印刷出版的毛泽东第一本外文著作《论联合政府》分发给中外媒体记者,宣传了中国共产党抗战胜利后的正确主张。解放战争期间,中共中央东北局以俄文语种将毛泽东《目前形势和我们的任务》等著作译介到国外,让国际社会对当时中国的解放战争有更深入准确的了解,即中国的解放战争已发生实质性变化,中国共产党为打倒蒋介石、解放全中国,最终夺取全国革命胜利已经做好了充分的思想准备。

由上所见,尽管在革命战争年代,国际形势十分复杂,国内环境异常艰苦,但我党对中国化马克思主义的海外传播工作仍在曲折中向前推进,宣传了中国共产党的正确主张,扩大了毛泽东思想在海外的影响。

新中国成立后,中国共产党"已经从领导人民为夺取全国政权而奋斗的

---

① 参见雍桂良:《毛泽东著作在国外的出版与传播》,《图书馆理论与实践》1994 年第 4 期。
② 参见廖心文等:《情谊与事业——在周恩来心中》,中央文献出版社 1991 年版,第114 页。
③ 参见王桂还:《让毛泽东著作走向世界——访中央编译局原副局长尹承东》,《北京党史》2013 年第 3 期。

党,成为领导人民掌握全国政权并长期执政的党"①。在这种背景下,党和政府充分发挥各类传播主体的作用,积极主动地推进中国化马克思主义海外传播。这些主体,可分为以下几类:

第一,国家领导人和外宣部门。国家领导人通过国际场合发表演讲、接受记者采访或发表海外署名文章,对外传播中国化马克思主义,并起到引领和权威作用。外宣部门是强有力的传播核心,通过直接把控对外传播的大方向,精心制定合理有效的传播策略,为中国化马克思主义海外传播奠定了总基调。

第二,政党组织。中国共产党作为社会主义中国唯一的执政党,是推动中国化马克思主义海外传播的主体。中共中央对外联络部和对外宣传办公室起到了组织领导的作用。另外,党际交往也越来越频繁地成为中国共产党对外传播中国化马克思主义的新形式。中国共产党在对外交往中坚持命运共同体意识,积极推动建设人类命运共同体,希望与各国政党在平等相待的基础上,通过政党间的对话交流凝聚共识,共同应对当今全球性的挑战。中国共产党紧紧把握时代脉搏,深度洞察国际风云,真正成为中国化马克思主义海外传播的中流砥柱。

第三,媒体机构。党媒姓党,党要管党。党的媒体是中国化马克思主义海外传播的主导力量,其主要职责之一就是充分发挥党媒权威优势,以最便捷的方式向世界传播中国化马克思主义。一方面,媒体机构在党的领导下主导着社会舆论,在政治传播中的作用愈发显得重要。另一方面,利用媒体机构有效促进中国化马克思主义海外传播,符合国家重视运用新闻媒体的目标要求。媒体机构作为党和人民的喉舌,在中国化马克思主义海外传播中扮演着倡导者和推动者的双重角色。以新华社为例,从 2012 年开始在 facebook、twitter、YouTube 上开设账号,拓展海外媒体业务,在这些社交媒体平台上把账号统一

---

① 《十六大以来重要文献选编(上)》,中央文献出版社 2005 年版,第 9 页。

为 New China，通过整合资源、组建队伍、调整传播策略，强化传播实力。目前，我国主流媒体的海外阵地正在不断加强建设，在中国化马克思主义海外传播过程中发挥愈加重要的作用。

（三）华侨华人助力推进中国化马克思主义海外传播

华侨华人扎根海外多年，熟悉当地的政治、经济、社会环境和文化习俗，兼具中华文化的特色与西方文明的特质，无疑是中华文化走向世界的"民间大使"。通过海外华侨华人，可以向世界阐释推介更多具有中国特色、体现中国精神、蕴含中国智慧的优秀文化，可以更好地塑造可信、可爱、可敬的中国形象。

华侨华人爱党爱国爱家乡，是一个特殊的群体。推进中国化马克思主义海外传播，需要包括华侨华人在内的全体中华儿女的共同努力。正如习近平总书记所说："我们的同胞无论生活在哪里，身上都有鲜明的中华文化烙印，中华文化是中华儿女共同的精神基因。希望大家继续弘扬中华文化，不仅自己要从中汲取精神力量，而且要积极推动中外文明交流互鉴，讲述好中国故事、传播好中国声音，促进中外民众相互了解和理解，为实现中国梦营造良好环境。"①

当下，由于教育全球化及"留学中国热"的出现，更多华裔新生代回到中国接受教育，成为"最熟悉的他者"。他们不仅熟悉中国和住在国的国情，还有丰富的国内外人脉资源和国际交流经验。随着国内外交通愈发便捷、各类交流机会增多，海外华侨华人得以"常回家看看"。华侨华人对于中国化马克思主义海外传播有着得天独厚的优势。一方面，他们需要感知中国、了解中国，属于中国对外传播的目标群体之一；另一方面，由于他们的"同胞"身份与"故土"情结，使得他们与中国、中国公民之间有着内在的血脉联系，在诸多国

---

① 《习近平谈治国理政》第一卷，外文出版社 2018 年版，第 64 页。

际场合能够而且愿意积极为中国与住在国的友好往来架起沟通桥梁,实际上他们也成为中国化马克思主义海外传播的重要主体。海外华侨华人及华裔新生代的优势在于,身份认同与文化认同内嵌于其主体特性之中,"双主位聆听"的能力、尊重文化差异的态度使得他们在跨文化交流中占据主动。对中国了解与友好的海外华侨华人,以信息传播与沟通为基本方式,向其住在国政府与社会公众介绍中国、展示中国,传播中华文化,进而构建良好的中国国家形象。[①] 通过华侨华人传播中国化马克思主义,可以使海外学界、主流媒体、国外民众、非政府组织等更加了解中国,了解中国特色社会主义理论。随着中国的日益强大,中国需要向世界全面真实地展现大国风范,同时世界也渴望客观真实地了解中国。因此,华侨华人将在中国化马克思主义海外传播过程中,发挥愈来愈重要的桥梁和纽带作用。

(四) 各国记者、媒体助力中国化马克思主义海外传播

世界各国记者、媒体在中国化马克思主义海外传播过程中,功不可没,发挥了不可替代的重要作用。

早在民主革命时期,美国记者对中国革命和毛泽东思想的海外传播。美国记者安娜·路易斯·斯特朗曾三次访问中国,并在 1935 年出版了影响很大的 China's Millions:The Revolutionary Struggles from 1927 to 1935(《千千万万的中国人民:1927—1935 年的中国革命战争》)一书,这是目前所见最早研究毛泽东和中国共产党人的著作。另一位美国记者艾格尼丝·史沫特莱,通过采访毛泽东,撰写了 China's Red Army Marches(《中国红军在前进》)一书,书中记录了 1927 年至 1932 年间,在中国共产党领导下,以工农红军为先锋,同反动派奋起斗争,成立中华苏维埃共和国的五年建军史话。1936 年,美国记者埃德加·斯诺作为对红色地区展开采访的第一个西方新闻记者,前往陕甘宁

① 参见金正昆、臧红岩:《当代中国侨务公共外交探析》,《广西社会科学》2012 年第 5 期。

边区,党中央对此次访问非常重视。值得一提的是,斯诺根据与毛泽东的五次访谈,撰写了《一个共产党员的来历》访谈稿件,让西方社会熟知了毛泽东的个人风范,并引起很大反响。斯诺还出版了著名的《红星照耀中国》(又称《西行漫记》),该书详细叙述了毛泽东和中国共产党为中国革命所做作的贡献。美国著名学者费正清认为,斯诺的《西行漫记》是当代最重要、最有价值的一部杰作。美国著名女记者海伦·福斯特·斯诺于 1937 年来到延安并逗留了4 个多月。其间,在毛泽东率先积极配合的影响下,她成功采访了 30 多位中共高层领导人并整理成相应的传记文章。① 其后,美联社驻北平记者霍尔多·汉森(Haldore Hanson)和合众社《上海晚邮报》记者杰克·贝尔登(Jack Belden)分别于 1938 年 3 月、12 月对中国八路军和新四军展开了随行采访工作,霍尔多·汉森在会见毛泽东之前跟随八路军辗转河北、山西、陕西等地,搜集大量信息。而杰克·贝尔登则利用 1 个月时间深入观察和记录新四军官兵的生活与战争场景,由他负责撰写的专题报道多达10 篇以上。

正是由于以上众多西方记者不怕艰辛的多次采访与报道,才让毛泽东思想进一步在世界范围内得到广泛传播。新中国成立后,毛泽东等党和国家领导人,也通过多次与国外记者会谈,传播了中国化马克思主义。

改革开放后,世界各国记者、媒体对中国领导人邓小平、江泽民、胡锦涛、习近平的访谈报道,助推了中国特色社会主义理论体系和习近平新时代中国特色社会主义思想的海外传播。1979 年 1 月 24 日,时任国务院副总理邓小平会见美国时代出版公司总编辑多诺万和《时代》杂志驻香港分社社长克拉克,谈及国外有人议论中国"非毛化"问题时,邓小平指出:"有许多事情毛主席没有条件提出来,我们现在提出来,这本身不是'非毛化';根据现实提出问题是完全应该的。我们现在还是按照毛主席、周总理的蓝图来建设我们

---

① 参见[美]海伦·斯诺:《旅华岁月——海伦·斯诺回忆录》,世界知识出版社 1985 年版,第 257 页。

的国家,来实行我们的对外政策。"①2000 年 8 月 15 日,时任国家主席江泽民在北戴河接受了美国哥伦比亚广播公司《60 分钟》节目主持人麦克·华莱士的专访,就中美关系等回答了他的提问,阐述了中国在这些问题上的原则立场和方针政策。关于中美关系,江泽民说:中美关系总的来讲是好的;关于建设有中国特色社会主义,江泽民指出,我们建设的是有中国特色的社会主义,在这个发展方向的问题上,中国共产党和中国人民是十分明确的;关于中国的政治制度,江泽民指出,中国实行人民代表大会制度和共产党领导的多党合作和政治协商制度。中国共产党是执政党,还有八个参政党。2003 年 10 月 21 日,中国国家主席胡锦涛出席亚太经合组织第十一次领导人非正式会议后,在曼谷举行记者招待会,并回答记者的提问。"改革开放以来,中国的经济有了迅速发展,城乡面貌有了明显变化,人民生活也有了很大改善。我这里只想举一个数据来加以说明。20 多年前,也就是中国改革开放前,中国农村贫困人口有 2.5 亿,而到去年底中国农村贫困人口只有 3000 万人左右了。应该说,这是一个了不起的成就。"②

2016 年 9 月 3 日,二十国集团工商峰会开幕式在浙江杭州举行,中国国家主席习近平出席开幕式,并发表题为《中国发展新起点,全球增长新蓝图》的主旨演讲,强调中方希望同各方一道,建设创新、开放、联动、包容型世界经济,推动世界经济走上强劲、可持续、平衡、包容增长之路。参加报道的外国记者和学者对习主席的演讲反响强烈。

上述充分表明,世界各国记者、媒体的努力,增进了国际社会对中国道路、中国方案及中国在重大国际问题上的原则立场的了解与理解,传递了中国化马克思主义的时代先声。

---

① 《邓小平与外国首脑及记者会谈》编辑组:《邓小平与外国首脑及记者会谈》,台海出版社 2011 年版,第 333 页。

② 胡锦涛坦诚答记者问,http://news.sina.com.cn/c/2003-10-23/0906975242s.shtml。

（五）海外学者著书立说助推中国化马克思主义海外传播

海外学者对中国化马克思主义的理论研究和著书立说,有力助推其海外的广泛传播。

20世纪30年代,由埃德加·斯诺根据其采访内容而撰写的《红星照耀中国》在国际社会引起巨大波澜,毛泽东和毛泽东思想也由此成为国际社会了解中国革命的一个重要窗口。加拿大学者陈志让称其在撰写《毛泽东与中国革命》一书时也深受《红星照耀中国》的影响。新中国成立后,国外学者对毛泽东的研究步入高潮,并持续到毛泽东去世。1952 — 1953年,苏联出版了俄文版的《毛泽东选集》,受到了苏联社会科学界的广泛关注。在苏联社会科学界的推动下,西方学者对毛泽东思想也产生浓厚的兴趣,并撰写了一系列著作,如英国学者康福斯(M.Cornfourth)的《唯物主义与辨证方法》,费正清的《美国与中国》,史华慈的《中国共产党与毛泽东的崛起》以及由史华慈、康拉德·布兰特、费正清合编的《中国共产党历史文献》,威特福格尔(Karl A.Wittfogel)的《"毛主义"的传说》,佩弗(Richard M.Pfeffer)的《马列主义传统中的毛和马克思》,沃尔特(Andrew G.Walder)的《马克思主义、毛主义和社会变革》等。20世纪60年代,国外学界曾引发了一场关于毛泽东思想的"大论战",又称"第四次大论战"。此次论战更是催生了国外一批对毛泽东思想的研究成果,较为著名的有施拉姆的《毛泽东的政治思想》、魏斐德的《历史和意志:毛泽东思想的哲学透视》等。

毛泽东去世后,西方学界又涌现出一大批新的学术著作,如托马斯·安(Thamas S.An)的《毛与文化革命》、鲍伯·阿瓦基安(Bob Avakian)的《毛泽东的不朽贡献》以及威尔逊(Dick Welson)的《历史天平上的毛泽东》等。此外,每逢毛泽东诞辰纪念之际,便会涌现出一系列的学术论文及著作,如在毛泽东诞辰100周年之际,施拉姆发表了《毛泽东百年:一个统治者的遗产》长文。在毛泽东诞辰110周年时,美国哈佛大学费正清东亚研究中心召开了以"毛泽东再认识"为主题的国际学术研讨会并产生系列学术成果。总之,国外学者对毛泽东生平及毛泽东思想的研究,极大程度上推动了中国化马克思主义海外传播,为中国化马克思主义走向世界奠定了良好基础。

随着中国的改革开放,国外学者对中国化马克思主义的研究热点便从毛泽东思想转向了邓小平理论研究。据相关考证,国外最早提及邓小平的理论著作为美国埃文斯·卡尔逊(Evans Fordyce Carlson)主编的《中国的双星》,此外,日本学者吉田东祺所著的《中国革命的一百零八将》也谈及邓小平。而真正标志着海外学者研究邓小平的理论著作,是威丁发表的《毛以后的中国》及迈斯纳发表的《毛主义的遗产和中国的社会主义》。党的十一届三中全会之后,国外学者掀起了研究邓小平理论的热潮,一大批相关理论著作相继出版,例如:戴维·M.兰普顿(David Lampton)撰写的《毛以后中国政策的实施》、野纯一的《中国的迷惑——邓小平与毛泽东路线》、巴拉奇·代内什撰写的传记《邓小平》以及戴维·W.张的《邓小平领导的中国》等都是典型的著作。到了20世纪90年代初,随着东欧剧变、苏联解体,一批研究邓小平的理论著作再度出版,如 L.X.Ding 撰写的《中国共产主义的衰落:合法性危机,1977—1989》、美国学者弗雷德里克·C.泰韦斯(Frederick C.Taives)的《从毛泽东到邓小平》等。

党的十三届四中全会之后,国外学者关于中国化马克思主义的研究转向了对"三个代表"重要思想的关注。相关理论著作有托尼·塞西(Tony Saich)的《第十四次党代会:一个权威统治的计划》、乔纳森·昂哥(Jonathan Unger)的《中国:合作主义还是东亚模式》、麦杰斯的《邓小平的遗产:江泽民的困境》、劳伦斯(Lawrence R.Sullivan)的《天安门事件以来的中国:政治、经济及社会冲突》、郑永年的《后江时代的领导继承:问题与视角》等。

党的十六大以后,国外学者对中国的研究热点转向科学发展观。如美国学者维尼·沃—蓝普·兰姆所著《中国政治的胡锦涛时代：新领导、新挑战》、美国学者李诚所著《江泽民的继承者：中国第四代领导人的崛起》、贾帕斯·弗斯米斯（Japas Versmeath）所著《第十六次党代会：继承并未发生》、布鲁斯·盖勒（Bruce Geller）所著《中国民主的未来》、罗威尔·迪特默（Rowell Diitmer）和刘国礼所著《中国的深层改革：国内政治的转型》等。

自党的十八大以来，国外学者越来越注重对习近平新时代中国特色社会主义思想的研究，其代表性学术著作有：美国纽约大学熊玠主编的《习近平时代》和《习大大说如何读经典》，美国哈佛大学罗斯·特里尔主编的《习近平复兴中国》和《大国领袖习近平：国际视野中的杰出政治家与战略家》，美国布鲁金斯学会李成主编的《习近平时代的中国政治》，俄罗斯莫斯科人民友谊大学尤里·塔夫罗夫斯基（Yury Tavrovsky）撰写的《习近平：正圆中国梦》等。

二、传播目的的差异性

因传播主体不同，故中国化马克思主义海外传播的目的及不同时期的传播效果也不尽相同。

（一）共产国际推动国际共产主义事业

共产国际作为全世界共产党的国际组织，其目标就是在世界范围内实现社会主义和共产主义。中国共产党作为共产国际的一个支部，自然要接受共产国际的领导和指导。当然，就中国共产党而言，要想取得中国革命的胜利，既需要国内各界力量的广泛支持，又需要得到共产国际的指导与支持。由共产国际的相关刊物来翻译、刊登和广泛传播毛泽东著作，无疑扩大了毛泽东思想的权威性与海外影响力。这一举动既是对中国革命的支持，也有利于进一步推动国际共产主义运动在世界范围内的发展。共产国际的相关刊物在登载毛泽东著作时,总是特别注明著作的来源与出处,一方面是为了突出和加强毛泽东的个人权威,同时也是为了显示国际共产主义运动在中国的发展,比如《国际新闻通讯》于 1933 年 11 月刊登毛泽东的讲话,《共产国际》第二十、二十一和二十三期刊登的毛泽东著作《我们的经济政策》等,都特别强调文章的作者为中共中央领导人毛泽东同志。

土地革命时期,由于中共中央的领导人王明与博古先后推行"左"倾冒险主义错误,导致红军第五次反"围剿"的失败,而毛泽东此时表现出的卓越军事才能再次引起共产国际的关注,共产国际翻译并且出版了名为《经济建设与查田运动》的毛泽东文集,其文章大多是毛泽东在 1933 年前后所撰写,这也是海外媒体刊物首次通过公开出版文集的形式来宣传和推广毛泽东思想。而国内则直到 1944 年 5 月份才首次出版了毛泽东选集,出版社为晋察冀新华书店。苏联方面通过共产国际于 1935 年 12 月正式对外肯定与承认了毛泽东在中共中央的最高领导人地位。① 另外,共产国际为了公开赞扬毛泽东在国际共产主义运动中所作出的突出贡献与所处的核心地位,特意借着共产国际召开第七次代表大会的机会,在会议大厅悬挂国际共产主义运动著名领袖人物肖像的地方,也将毛泽东的肖像予以并列悬挂。共产国际还于 1934 年整理出版了《中国苏维埃第二次代表大会》文集,该文集包括德文、俄文、英文及日文等多个版本,并收录了毛泽东在此次大会上的发言和报告等。② 该文集的主要内容除了详细介绍苏维埃政府的民主制度和经济政策以外,并对苏维埃运动所取得的重大成就以及今后的发展形势作了分析与总结。但共产国际毕竟要受苏联的控制,并且要维护苏联国家利益。1940 — 1943 年间,由于中苏两党在反法西斯战争问题上出现分歧和矛盾,共产国际对中国化马克思主义的海外传播也就失去热情和兴趣。

---

① 参见姚寅虎:《国外毛泽东思想研究的发展过程》,《中共山西省委党校学报》1990 年第 5 期。
② 参见邹巧玲:《1935 年前后的共产国际和毛泽东》,《湖南社会科学》2001 年第 4 期。

（二）中共渴望得到国际社会的理解与支持

新民主主义革命时期,中国共产党对外沟通的渠道遭到国民党政府的全面封锁与压制,国外媒体记者在国民党政府的重重阻挠之下,难以顺利接近中国共产党。另外,国民党政府还在国际社会败坏中国共产党的声誉,由此更进一步加深了西方世界对中国共产党人的偏见与误解。

为了让世界人民能够理解中国革命的处境与抗战的决心,从而获得国际社会的同情、理解与支持,中国共产党在艰难困苦的环境下,积极开展对外宣传。1931 年 11 月 7 日,即九一八事变后,中国共产党通过红色中华通讯社首次以英文稿件形式播报了题为《中华苏维埃共和国临时中央政府的对外宣言》,并迅速在海外传播。[①]

1938 年 1 月成立了以廖承志为首的"香港八路军办事处",通过其下属宣传机构专门向海外华侨介绍和宣传中国革命的进程和中国共产党的对外政策。另外,中共中央长江局国际宣传委员会专门负责向海外翻译和介绍毛泽东著作、中国革命进程以及八路军战况等重要内容,其所翻译和传播的毛泽东代表性著作包括《论持久战》和《抗日游击战争的战略问题》等。[②] 1938 年秋,中共中央根据形势需要决定由南方局全面取代长江局的国际宣传工作。1942 年,南方局以英文小册子的形式将毛泽东和周恩来等中共核心领导人发表在《解放日报》和《新华日报》上的重要讲话、文章进行整理、翻译并对外发放,这些小册子大多都由国外记者以及其他友人带出国门,迅速传播到世界各地。[③] 中国共产党在开展对外宣传工作中,一方面自行成立各种机构向世界介绍中国革命进展和推动中国化马克思主义海外传播,另一方面还

[①] 参见严文斌、倪四义:《第一时间发出中国的声音——新华社对外报道探索与实践》,《对外传播》2008 年第 11 期。

[②] 参见《周恩来年谱(1898—1949)》,人民出版社 1989 年版,第 411 页。

[③] 参见王明湘、刘立群:《中共中央南方局和八路军驻重庆办事处》,重庆出版社 1995 年版,第 184 页。

借助国外记者及其他友好人士来为中国革命胜利摇旗呐喊,充分团结一切可以团结的力量,为中国革命和中国共产党在国际社会赢得更多的理解与帮助。

新中国成立之初,为继续赢得国际社会对中国革命、建设和改革的理解与支持,党和国家高度重视中国化马克思主义海外传播工作,组建了国际新闻局,并以外文出版社的名义,编辑出版了一批毛泽东著作。20 世纪 60 年代初,我国对外宣传的决策与执行已形成系统而复杂的科层体系,对此可从 1960 年 10 月 20 日一份有关《毛泽东选集》发行事宜的请示报告看出,当时外宣工作的决策流程、运行方式和执行部门等。

20 世纪 60 年代前期,中国的外宣事业蓬勃发展,毛泽东著作在亚、非、拉地区得到广泛传播,并在"反帝反修"的对外战略中,发挥了舆论先导作用。

当中国的历史车轮进入改革开放的新时期后,为了适应国内国际形势的新变化,我国外宣工作重点从过去宣传"世界革命"转为介绍新中国、增进各国人民对我国的了解和友谊;在宣传对象上,由过去限于"左派",转为面向所有国家和地区;在宣传内容和方式上,逐步摆脱"一'左'、二窄、三套话"的模式。[1]

为赢得国际社会对中国改革开放和社会主义现代化的理解与支持,中国化马克思主义海外传播在内容和方式方法上都有新的变化。1983 年,《关于对外宣传工作的情况和今后工作的意见》中指出:"要在内容和方式上尽量使对方能够理解和易于接受。通过文字、图像和口头上的不断宣传,在国际上鲜明地树立起社会主义新中国的形象。"1986 年,中共中央批转中央对外宣传小组《关于加强和改进对外宣传工作的意见》指出,对外宣传工作要密切联系国内外实际,从内容到形式、风格,都要适应宣传对象的特点,有的放矢,讲究实效。2013 年,习近平总书记在全国宣传思想工作会议上强调:要精

---

① 参见朱穆之:《风云激荡七十年》上册,五洲传播出版社 2007 年版,第 201—202 页。

心做好对外宣传工作,创新对外宣传方式,着力打造融通中外的新概念新范畴新表述,讲好中国故事,传播好中国声音。① 正是根据这些原则精神,习近平治国理政的新思想新理念新战略成为新时代中国化马克思主义海外传播的重中之重。

(三) 西方记者对中国革命和建设的同情与理解

新民主主义革命时期,国际社会始终高度关注中国革命的历史进程,外国许多记者为了取得第一手新闻信息,相继来到危机四伏的中国境内,和中共领导人进行了零距离交谈,他们发布的新闻报道向海外介绍了中国革命的进展状况,传播了指导中国革命的毛泽东思想。自 1925 年始,安娜·路易斯·斯特朗先后五次访问中国,艾格尼丝·史沫特莱到上海及东北等地深入采访,埃德加·斯诺前往陕甘宁边区,霍尔多·汉森和杰克·贝尔登对中国八路军和新四军展开了随行采访工作。

1941 年,日美在太平洋地区的战争打响,国际社会愈发迫切地想了解和掌握中国抗日战场的发展走向,因此,深入中国境内的国外新闻记者也愈来愈多。1944 年 6 月中外记者参观团访问陕甘宁边区,实现了由单个记者发展到记者团的突破。西方记者凭借对新闻的执着和对事实真相的追求而随着战争的发展四处奔走,并不断向全世界及时报道中国革命的近况。这些西方记者撰写的新闻报道在全球各大媒体公开发表以后,进一步推动了中国化马克思主义的海外传播,增加了各国人民以及政府对中国革命的关注度,也让越来越多的各阶层人士对中国革命产生同情,并为中国革命早日取得胜利提供各种形式的援助。

1978 年,党的十一届三中全会拉开了改革开放和社会主义现代化建设的序幕,国际社会非常关注中国社会发生的重大变化,尤其是对毛泽东的评价和

---

① 参见《习近平谈治国理政》第一卷,外文出版社 2018 年版,第 156 页。

对"文化大革命"的看法。正是在这样特殊背景下,1980 年 8 月意大利著名女记者奥琳埃娜·法拉奇来到中国,对邓小平进行了专访。法拉奇从 1946 年开始从事新闻工作,曾担任意大利《时代》杂志、《欧洲人》期刊记者,还是《纽约时报》《华盛顿邮报》《新共和》《生活》《展望》等美国报纸杂志和欧亚、南美等地报刊的撰稿人,是一位具有极大世界影响力的著名记者。她善于抓住关键时刻采访风云人物,并以提问尖锐、言辞锋利著称。法拉奇一开始就单刀直入,抓住敏感问题提问:"天安门上的毛主席像,是否要永远保留下去?"邓小平毫不犹豫地回答说:"永远要保留下去"。法拉奇紧追不舍,咄咄逼人又问道:"大跃进难道不是错误? 照搬苏联模式难道不是错误? 对过去这段错误要追溯到何时? 毛主席发动'文化大革命'到底要干什么?"邓小平不急不躁,遵循客观事实的依据一一作答,没有刻意掩盖毛主席所犯错误,亦没有对毛泽东进行深刻批判,所作回答得到了法拉奇的诚心称赞。法拉奇与邓小平这次谈话所涉及的一个最根本问题,就是如何评价毛泽东的一生,邓小平坚定地说:"我们要对毛主席一生的功过作客观的评价。我们将肯定毛主席的功绩是第一位的,他的错误是第二位的,我们要实事求是地讲毛主席后期的错误。我们还要继续坚持毛泽东思想。毛泽东思想是毛主席一生中正确的部分。毛泽东思想不仅过去引导我们取得革命的胜利,现在和将来还应该是中国党和国家的宝贵财富。所以,我们不但要把毛主席的像永远挂在天安门前,作为我们国家的象征,要把毛主席作为我们党和国家的缔造者来纪念,而且还要坚持毛泽东思想。"①通过法拉奇这次专访,不仅让国际社会更加深刻认识了新中国的缔造者毛泽东和改革开放的总设计师邓小平,而且还让国际社会更加清楚中国改革开放所坚持的社会主义道路。

(四) 海外国家谋求自身利益展开官方传播

在中国革命、建设和改革的过程中,海外诸多国家为了自身利益,在不同

---

① 《邓小平文选》第二卷,人民出版社 1994 年版,第 347 页。

历史时期,开展中国化马克思主义的广泛传播。其中,表现最为突出有以下几个国家和政府。

一是苏联及俄罗斯。自 20 世纪 20 年代末,苏联就开始在各种刊物上登载、传播与毛泽东有关的著作,当然,其原因一方面是中国共产党和苏联共产党都属于国际共产主义大家庭,宣传毛泽东思想有利于国际共产主义在全球范围的快速传播。另一方面,则是斯大林出于进一步巩固毛泽东在中国共产党内的核心地位这一特殊政治目的。因此,20 世纪 20—30 年代,苏联广泛传播中国化马克思主义,有利于壮大国际共产主义事业,巩固苏联在整个国际共产主义运动中的权威和领导地位。

新中国成立后,因中苏关系的曲折变化,中国化马克思主义在苏联的传播由高潮跌入低谷。随着中国特色社会主义进入新时代,俄罗斯对马克思主义中国化的最新理论成果——习近平新时代中国特色社会主义思想产生了浓厚的兴趣。俄罗斯人民友谊大学教授、知名中国问题专家尤里·塔夫罗夫斯基(Yury Tavrovsky)认为,对于不同国家,《习近平谈治国理政》有不同的重要意义。对俄罗斯来说,著作中关于计划经济与市场经济的内容尤为重要,能够引发人们关于俄罗斯未来经济发展方向的探讨,并思考如何依据俄罗斯国情借鉴中国经验,如何协调俄中两个战略伙伴关系。

二是日本。在抗战初期,日本为了掌握中共军队的战略方针和作战策略,从而有针对性地予以应对,于是展开毛泽东著作的传播与研究。而战败之后,日本则抱着学习的态度来传播和研究毛泽东思想,期冀从中找到对本国经济社会快速恢复与发展的有益经验。20 世纪 60—70 年代,随着中日关系的不断升温,日本对中国社会主义建设所取得的成就表现出极大兴趣,此时毛泽东著作在日本的传播和研究也达到高潮。

20 世纪 80 年代后,日本更关注中国的改革开放政策。在日本看来,中国的改革开放将给日本带来更大的发展机遇。因此,中国特色社会主义理论体系在日本得到进一步传播。例如,1992 年 4 月,日本电视广播和报纸杂志纷纷在黄金时段和显著版面位置报道江泽民主席即将来日本访问的消息,对江泽民主席的来访表示欢迎。《读卖新闻》为此发表了题为《迎接江泽民》的社论。社论指出,江泽民主席的访问是纪念日中邦交正常化 20 周年的友好访问。期待宫泽首相和江泽民主席在会谈中,就日中合作关系坦率地交换意见。《朝日新闻》认为江泽民主席的访问对日本各界是个好机会,日方可直接了解中国加速改革开放有关政策。①

1998 年 11 月,在《中日和平友好条约》缔结 20 周年之际,江泽民主席对日本进行国事访问,并同日本首相小渊惠三共同发表了《中日联合宣言》。江泽民主席提出"以史为鉴,面向未来"的原则,指出两国人民要实现世代友好,推动中日关系长期、健康、稳定发展,日本政府必须正确对待历史,巩固两国关系的政治基础。江泽民主席访日和《中日联合宣言》在日本引起巨大反响,有力推动中国化马克思主义在日本的传播。

三是美国。20 世纪 30 年代,随着斯诺发表其与毛泽东谈话内容及《西行漫记》,让美国人民开始重新审视毛泽东这位中国革命的领袖人物,并吸引多名美国记者先后来中国造访毛泽东。抗战结束以后,由于美国对中国共产党单方面的敌对政策,让美国的学者无法顺利通过会面来接触和了解毛泽东,因此这一时期的美国学者仅通过研究毛泽东的著作来了解他的思想,目的是能给美国政府制定对华政策提供依据。就总体研究成果而言,由于意识形态的差异与当时国际政治形势的复杂多变,大部分研究结论都带有一些偏见和误解。

中国的改革开放,引起美国的高度关注。1986 年 9 月 3 日,《人民日报》在第一版刊登了一则消息:据新华社 9 月 2 日电:中共中央顾问委员会主任邓小平今天上午在中南海接受了美国哥伦比亚广播公司《60 分钟》节目记者迈克·华莱士的电视采访。华莱士问邓小平:"现在中国领导提出致富光荣

---

① 参见于青:《日本舆论欢迎江泽民总书记访日　发展日中关系至关重要》,《人民日报》1992 年 4 月 6 日。

的口号,资本主义国家很多人对此感到意外,这个口号同共产主义有什么关系?"这是一个非常尖锐的问题,实际上他是问毛泽东时期和邓小平时期中国的方针政策有何不同。对此,邓小平指出,社会主义是共产主义的初级阶段,社会主义时期的主要任务就是大力发展生产力,使人民的生活一天天好起来,社会物质财富不断增长,为进入共产主义创造条件。因此,"致富"不是罪过,我们讲的"致富",是指共同富裕,不会产生两级分化,与资本主义不同。

同年 9 月 7 日,美国哥伦比亚广播公司播放了邓小平接受华莱士采访的全部过程,当人们看到那张熟悉的面孔在美国电视屏幕上谈笑风生时,美国轰动了,世界轰动了。一时间,几乎世界所有的新闻机构都以最快的速度报道了这一消息。正是通过这种特殊方式,不仅中国化马克思主义在世界得到广泛传播,同时也让包括美国在内的世界各国看到中国对外开放所带来的发展机遇。

三、传播过程的曲折性

任何新生事物的发展绝不可能一帆风顺。同样,受国内国际环境的影响,中国化马克思主义海外传播注定充满艰辛和曲折。

其一,新民主主义革命时期,中国化马克思主义不仅面临艰难困苦的战争环境,还要遭受国民党当局的严密封锁和西方世界的纷纷抵制,因此,其海外传播过程艰难曲折。尽管当时共产国际、西方记者和中国共产党尽力传播中国化马克思主义,但因条件所限,其传播范围和传播效果都受到不同程度的影响。

就共产国际而言,其主观愿望是通过传播中国化马克思主义,推动国际共产主义运动在中国和世界的发展,但在实际传播过程中,不得不受苏联共产党的限制。当苏联共产党认为中国化马克思主义传播不利于维护苏联国家利益时,其传播过程有时不免受到阻碍。这也正是 20 世纪 40 年代初共产国际降低对中国化马克思主义海外传播热情和兴趣的原因之一。

就西方记者而言,他们冒着战火纷飞和生命危险来到中国,了解中国革命的真实状况,考察中国化马克思主义的具体实践,对话中国共产党领导人毛泽东关于时局的看法,记录他们在中国革命根据地的所见所闻所感,然而,不管是起初的单个记者赴陕北采访,还是抗战时期中外记者参观团西北之行,他们都要受到国民党当局的管控,其所撰写的报告也要呈送国民党中央宣传部审查。由此可见,在革命战争年代,借助西方记者向海外传播中国化马克思主义是何等艰难曲折。

就中国共产党而言,尽管先后成立了红色中华通讯社和香港八路军办事处等宣传机构,在海外也创办了《救国时报》,然而在严酷的战争环境下,由于国民党当局的宣传封锁,再加之当时技术条件的限制,因而当时向海外传播中国化马克思主义,以寻求国际社会对中国革命的理解同情与支持,又是何等的艰难曲折。

其二,新中国成立后至改革开放前,尽管中国化马克思主义海外传播取得巨大成就,但因高度政治化的文化行为,其海外传播随政治关系的融洽与破裂,时而出现大起大落甚至长时间停滞和中断现象。例如,20世纪50年代后期至60年代初,中苏关系交恶与破裂直接影响到毛泽东思想在苏联及东欧地区的传播。改革开放后,在由文化政治转向文化经济的过程中,中国扭转长期以来的极左思潮影响,文化产业走上了以经济效益为中心的经营之路,一改过去以宣传扶植为主,"经济为政治服务"的做法,采取务实开放的文化交流政策,因此,毛泽东著作在海外的发行和传播急剧下降。

同时,中国化马克思主义海外传播也受国际局势变动的影响。例如,1970年阿连德当选总统后,智利掀起了学习毛泽东著作的热潮,但当他被推翻后,智利学习毛泽东著作旋即又转入低潮。尤其是在中国改革开放之初,整个拉美地区由于不了解中国的政策变化,一些拉美左派书店、出版社纷纷与中国断绝往来,导致中国化马克思主义在拉美传播遭遇寒流,甚至在整个世界传播都遭遇曲折。

党的十八大以后,随着国内国际形势的新变化,中国化马克思主义海外传播又迎来新的春天,尤其是随着中国文化走出去战略的推进,《习近平谈治国理政》在全球广泛发行,中国智慧、中国方案、中国道路正在世界范围内得到广泛传播。

四、传播媒介的多样性

图书、报纸、杂志、广播、电视及网络媒体等为中国化马克思主义的海外传播各自作出了应有的贡献。

(一) 著作翻译成为海外传播主流媒介

新民主主义革命时期,毛泽东思想在海外传播所依靠的主要媒介为著作译载。苏联外国工人出版社从 1932 年开始翻译并出版毛泽东的相关著作,一直持续到 1936 年,其中以 1934 年出版的《只有苏维埃能够救中国》一书最具代表性,该书主要收录了毛泽东撰写的《中华苏维埃共和国中央执行委员会与人民委员会在第二次全国苏维埃代表大会上的报告》和《关于中央执行委员会与人民委员会报告的结论》。外国工人出版社(莫斯科)于 1932 年到 1936 年翻译并出版的毛泽东单篇著作详见下表:

序号	发表时间	题　目	出版时间
1	1932.02.01	《执行优待红军条例的实施办法》	1933 年
2	1932.02.01	《中华苏维埃共和国军事裁判所暂行组织条例》	1935 年
3	1932.02.08	《关于春耕问题的训令》	1935 年
4	1932.04.15	《中华苏维埃共和国临时中央政府关于动员对日宣战的训令》	1933 年
5	1932.05.09	《中华苏维埃共和国临时中央政府反对国民党出卖淞沪协定通电》	1933 年
6	1932.10.06	《反对国联调查团报告书通电》	1933 年

序号	发表时间	题　　目	出版时间
7	1933.01.17	《中华苏维埃临时中央政府工农红军革命军事委员会宣言》	1933 年
8	1933.03.03	《中华苏维埃临时中央政府宣言——反对日本帝国主义占领热河进攻平津》	1933 年
9	1933.05.30	《苏维埃中央政府为国民党出卖平津宣言》	1933 年
10	1933.08.12	《粉碎五次"围剿"与苏维埃经济建设任务(在南部17 县经济建设大会上的报告)》	1934 年
11	1933.08.29	《经济建设与查田运动》	1934 年
12	1933.09.06	《中华苏维埃共和国中央政府告全世界工农劳苦民众宣言》	1933 年
13	1933.11.11	《中华苏维埃共和国临时中央政府及革命军事委员会为"中日直接交涉"告全国民众》	1935 年
14	1934.01.27	《关于中央执行委员会与人民委员会报告的结论》	1935 年
15	1934.04	《论日本帝国主义的阴谋》	1935 年
16	1934.07.15	《中华苏维埃共和国中央政府中国工农红军革命军事委员会为中国工农红军北上抗日宣言》	1935 年

日本于 1937 年到 1945 年翻译并出版的毛泽东著作详见下表:(资料来源:《日本译中国书综合目录》)

序号	题目	译者	时间
1	《为支那的自由与独立》	日本东亚研究所第二部	1938 年东亚研究所
2	《新民主主义论》	日本东亚研究所第三部	1941 年东亚研究所
3	《中共三风肃正必读二十二文献》	上海日本大使馆特别调查班	1943 年上海日本大使馆
4	《抗日游击战的战略与战术问题》	日军参谋本部北支军司令部山边敏雄	1943 年参谋本部北支军司令部
5	《毛泽东抗战言论选集》	日本大东亚省总务局总务课	1944 年大东亚省
6	《统一战线论·毛泽东选集 1—4 卷》	—	1945 年油印

序号	题目	译者	时间
7	《关于健全常委制度》	—	1945 年东京外文出版社
8	《论新阶段》	日本共产党宣传教育部译	1945 年后
9	《整顿三风论集》	日本共产党中央委员会	1945 年后

日本之所以从 1937 年到 1945 年之间大量翻译毛泽东的相关著作,主要是希望能够通过研究毛泽东著作,来了解和掌握更多关于中国革命与中国军队的真实情况,从而在当时的中日战争中取得优势。

日本 1946 年到 1949 年翻译出版的毛泽东著作详见下表。(资料来源:《日本译中国书综合目录》)

序号	题目	译　者	时　间
1	《现阶段中国文艺的方向》	千田九一	1946 年十月书房
2	《持久战论:1938 年 5 月 2 日—6 月 3 日毛泽东在延安抗日战争研究会上的讲演》	尾崎庄太郎	1946 年东京人民社
3	《新民主主义论》	日森虎雄	1946 年华光社
4	《新民主主义论》	尾崎庄太郎	1946 年人民社
5	《新民主主义论》	日本民主协会	1946 年船形书院
6	《三民主义论》	清原不毛	1946 年白杨书馆
7	《毛泽东选集(上)》	日华学艺恳谈会	1947 年日本评论社
8	《毛泽东主要言论集》	日本外务省调查局第五课	1948 年民主周报社

综合上述,不难看出,正是出于对中国革命、中国共产党以及毛泽东思想的高度关注,即便中日战争已经结束,日本的知识界也翻译并出版了大量毛泽东著作,并高度肯定和赞扬了毛泽东思想的巨大贡献。

新中国成立后,毛泽东著作迎来了海外广泛传播的鼎盛时期,中国国内先后有数十种外国文字翻译出版各种类型的毛泽东著作。其中,出版 100 种以上版本的文种有英文、法文、日文、俄文、德文、泰文、越南文、印尼文、缅甸文、波斯文、西班牙文、斯瓦希里文等 12 种。① 据统计,从 1952 年毛泽东著作开始向 27 个国家发行,至 1979 年已扩大到 100 个国家和地区。中共中央《毛泽东选集》出版委员会还邀请日共《毛泽东选集》翻译组来华协助工作,这表明中共中央及有关部门对毛泽东著作的翻译出版都给予极大的关注和重视。外文出版发行事业局对外部编印《毛泽东著作外文版目录》统计:(1)从 1949 年到 1967 年,国内出版的毛泽东著作外文版有 23 种文字、共 576 种。(2)新中国成立以来,国内出版的毛泽东著作外文版总印数为 25137162 册。(3)国际书店自 1952 年至 1967 年,共发行毛泽东著作 11624171 册。(4)截至 1967 年 10 月,世界各国以 65 种文字翻译出版毛泽东著作 853 种。② 据不完全统计,国外出版毛泽东著作的国家和地区有 54 个,除汉文外涉及 67 种义字,出版近千个版本。此外,毛泽东的文章和诗词在国外报刊(电台)发表(播发)也不少。据外交部门统计,到 1967 年 10 月止,全世界有 39 个国家和地区,在 118 个报刊(电台)刊登(播发)毛泽东 220 多篇次文章和诗词,所使用的文字达 24 种(含汉文),其中刊发较多的国家有越南、朝鲜、缅甸等。③

改革开放后,邓小平著作、江泽民著作、习近平著作在海外也广泛传播。

一是邓小平著作。总体而言,邓小平著作在海外传播过程中呈现以下特点:第一,语种繁多。20 世纪 80 年代以来,《邓小平文选》被译成英、日、德、俄、波兰、西班牙、意大利、阿拉伯、孟加拉、罗马尼亚、保加利亚等多种文字,其

---

① 参见庄前生:《马克思主义经典文献的出版和传播研究》,中国社会科学出版社 2010 年版,第 142—143 页。

② 参见庄前生:《马克思主义经典文献的出版和传播研究》,中国社会科学出版社 2010 年版,第 152—153 页。

③ 参见庄前生:《马克思主义经典文献的出版和传播研究》,中国社会科学出版社 2010 年版,第 161—162 页。

中仍以英文为主。第二,相继跟进。20世纪80年代,当人民出版社出版《邓小平文选》后,外文出版社及国外诸多出版社相继翻译出版,例如罗马尼亚布加勒斯特政治出版社、苏联政治书籍出版社、意大利联合出版社等。第三,形式单一。主要根据《邓小平文选》第3卷选编出版。如苏联出版的邓小平文集《论当代中国基本问题》、波兰出版的邓小平文集《中国的社会主义道路》、意大利出版的《邓小平文选——中国特色的社会主义》等。第四,分布不均。邓小平著作翻译、出版和传播主要集中在苏联、东欧等社会主义国家,以及欧美、日本等发达资本主义国家,而在亚非拉发展中国家的翻译和传播显得较为沉寂。

二是江泽民著作。相对而言,国外出版的江泽民著作较少,目前只发现了两家出版社出版江泽民著作。其一,1996年俄罗斯帕列亚出版社出版了俄文版江泽民文集《改革·发展·稳定》。当时俄罗斯总统叶利钦在访华前夕,俄罗斯提出要出版江泽民著作,以作为叶利钦总统访华时的礼品赠送给江泽民同志。考虑到这将有助于两国间友好关系的发展,也是向俄罗斯人民介绍中国改革开放成果和国内各项政策的大好机会,中方接受了这一建议,并决定由中央文献研究室负责,围绕俄罗斯读者可能关注的问题,编辑了这本俄文版文集。该文集由俄罗斯帕列亚出版社出版,并在俄罗斯引起良好反响。2001年应俄罗斯帕列亚出版社的要求,中共中央文献研究室又编辑了该书的增订本。这是俄罗斯出版界第一次出版江泽民的著作选集,也是国外出版的第一本关于江泽民的著作选集。

其二,中共中央文献研究室又应当时的巴西总统卡多佐的著作代理人要求,编辑了针对巴西读者的葡文版江泽民文集《中国的改革和建设》,由巴西最大的出版社记录出版社出版。巴方将这本著作分别赠送给巴西国内和其他葡语国家的学术研究机构。此外,我国翻译成外国语言的江泽民文献主要包括江泽民在党的代表大会上所作的历次报告、一些重要的讲话以及文集等,其中翻译成英语的文献最多,具体翻译出版情况如下:

1996 年中国国际出版社出版了《江泽民、李鹏谈台湾问题》法文、英文和西班牙文等版本,1997 年又出版了德文版。2001 年外文出版社出版了江泽民《论"三个代表"》英文版,新星出版社出版了《江泽民同志在庆祝中国共产党成立八十周年大会上的讲话》的英、法、德、日、俄、西班牙、阿拉伯 7 种外文版本。2002 年外文出版社出版了《中国共产党第十六次全国代表大会文献》英、法、德、日、俄、西班牙、阿拉伯 7 种外文版本。2010 年外文出版社出版了《江泽民文选》第 1 卷英文、法文、俄文、日文等外文版本。① 江泽民文献外文版的翻译出版,促进了中国化马克思主义的海外传播。

三是《习近平谈治国理政》。《习近平谈治国理政》自 2014 年在德国首发以来,受到国外媒体和国际友人的高度关注,《习近平谈治国理政》第一卷陆续译为英、法、俄、西、葡等 24 个语种,发行超过 660 万册;2017 年以来,《习近平谈治国理政》第二卷以 26 个语种、30 个版本面向海内外同步出版发行,160 多个国家和地区的民众纷纷加入购买行列,创造了改革开放以来党和国家领导人著作发行量超过了 1300 万册的新纪录。2020 年《习近平谈治国理政》第三卷、2022 年《习近平谈治国理政》第四卷由外文出版社以中英文版出版,面向海内外发行。《习近平谈治国理政》成为改革开放以来在海外最受关注、最具影响力的政治文献。

《习近平谈治国理政》一书之所以在海内外受到热烈追捧,离不开多重宣传营销。

第一,多语种同步编译。2014 年 9 月,外文出版社以多语种出版发行《习近平谈治国理政》,全书有 9 个语种同步编译,共 10 种文字,20 个版本,后又有韩文、越南文版本相继发行。

第二,多渠道同时发行。外文出版社在相关部门支持与帮助下,采取多样化的发行渠道,联合三大传统图书营销渠道,加强海外营销。此外,当当、卓

---

① 参见庄前生:《马克思主义经典文献的出版和传播研究》,中国社会科学出版社 2010 年版,第 233—234 页。

越、京东等电商也进行线上发行销售。据了解,2015 年 1 月 1 日,该书以法、西、葡等 5 个语种的电子书在亚马逊网站正式上线;2015 年 5 月,该书中文繁体版、英文版登陆 Apple ibooks 和 iRead 书架,Apple ibooks 在美国、阿根廷等 51 个国家和地区上架,进一步扩大了该书的传播渠道。与传统方式不同,新媒体线上发行大多是双向互动的沟通渠道,为不同区域的人们提供了快速阅读通道。

第三,多地区、高级别宣传推介。自 2014 年 10 月起,国务院新闻办公室、中国外文局相继在德国、埃及、巴基斯坦、美国、韩国、越南等地举办《习近平谈治国理政》一书的研讨推介会,借助当地政府资源,邀请国家政要等参与,对该书进行了高规格的宣传和推介,扩大了该书在海外的知名度和影响力,激发了海外民众争相购买和传阅的热情。尤其是 2014 年 10 月,在全球最大规模、享有最高声誉的专业图书盛会——德国法兰克福国际书展举办了《习近平谈治国理政》首发式,国内外报纸杂志社、电视台、网站进行了广泛报道,在各界产生了巨大影响。该书出版后多次参加全球各大国际书展,在国际图书市场、国外主流媒体和海外各界普遍获得热烈反响与高度评价。此外,一些国际盛会在中国举办,也为该书的传播带来了更多机会。例如,2014 年 11 月在北京举行的 APEC 会议、2015 年 9 月在大连举行的达沃斯年会,赠阅区的《习近平谈治国理政》深受欢迎。通过该书,国际友人了解中国的发展理念及将给世界带来的深远影响。①

相对而言,2016 年《胡锦涛文选》三卷本由人民出版社出版之后,国际社会对此反应相对平静,故不在此赘述。

(二) 报纸、期刊发挥不可替代的海外传播功能

在中国化马克思主义海外传播过程中,国内外报纸、期刊在不同历史时期

---

① 参见陈金明、赵东升:《〈习近平谈治国理政〉的海外传播》,《三峡大学学报》(人文社会科学版)2016 年第 5 期。

各自发挥不同的重要作用。

民主革命时期,由于战争环境的艰苦、技术条件的落后,报纸、期刊作为最主要媒体,担负起中国化马克思主义海外传播不可替代的功能。例如,毛泽东领导中国革命斗争活动,得到了共产国际的高度重视,其机关刊物《共产国际》曾多次刊载毛泽东著作。苏联《真理报》自 1929 年起,便对毛泽东领导的革命斗争进行了连续跟踪报道,详细介绍并充分肯定中国革命在经济、文化及政权建设等方面所取得的重大成就。共产国际也对毛泽东在中国推广苏维埃运动表示高度肯定与赞扬。比如,《中国人民的领袖——毛泽东》一文是共产国际在 1935 年 12 月 13 日发表的一篇新闻报道,不但详细介绍了毛泽东领导的红军革命斗争情况,同时还用"伟大的革命家"和"中国人民的领袖"等词汇来赞扬毛泽东。[①]

相关统计数据显示,在 1929 年到 1936 年之间,仅苏联《真理报》一家报刊就陆续通过各种新闻报道盛赞毛泽东对中国革命的巨大贡献,提及的总次数也在 60 次左右,[②]并强调毛泽东作为中国人民的伟大革命领袖,不仅革命意志极为坚强、革命精神极为伟大,而且具备十分出色的军事领导能力与政治魅力。[③] 新中国成立之前,西方国家与中国相互了解的期刊以上海的英文周刊——《密勒氏评论报》(*Millard's Review Of the Far East*)为主,该刊物在西方国家中的知名度较高,创办人为美国《纽约先驱论坛报》驻远东记者密勒。1938 年 1 月 22 日,《密勒氏评论报》大幅刊登包括毛泽东在内的中国共产党许多核心军事领导人的生平详情,西方读者首次通过权威报刊,了解到中共领导人毛泽东的光辉事迹和革命思想。

无论是苏联还是西方世界的报刊都在毛泽东思想的海外传播过程中发挥

[①] 参见安徽大学苏联问题研究所等:《苏联〈真理报〉有关中国革命的文献资料选编》第二辑,四川省社会科学院出版社 1986 年版,第 536、537 页。

[②] 参见杨奎松:《毛泽东与莫斯科的恩恩怨怨》,江西人民出版社 2008 年版,第 13 页。

[③] 参见董君甫:《苏联出版首部毛泽东传》,《中华读书报》2004 年 1 月 11 日。

了非常重要的宣介与推广作用,成功地将中国革命的进程、中国共产党及其核心领导人物、毛泽东思想等传播到了世界各地,改变了以往西方世界对中国共产党的偏见与误解,让他们深刻认识到中国共产党不屈不挠的意志以及抗战必胜的信念,有助于中国共产党良好国际形象的塑造。

民主革命时期,中国共产党先后在国内创办《共产党》《红色中华》《新华日报》《解放日报》等政论性报刊。此外,中共还在巴黎创办旨在宣传抗日主张的《救国时报》,这些报刊为夺取民主革命胜利及中国化马克思主义海内外传播发挥了重要作用。

新中国成立后,原本承担对内宣传的《人民日报》等报刊,发挥了十分独特的对外宣传功能,成为国外媒体和政府了解中国化马克思主义及中国政府处理国际事务、发表国际观点的重要平台。《人民日报》乃中共中央机关报,刊载于《人民日报》的有些社论和评论由毛泽东、胡乔木等中央高层领导人亲自撰写,因此广受国际媒体关注,70多年来一直是中国宣示立场和传递信息的重要窗口。

1950年,在英文《新华周刊》(New China Weekly)和英文半月刊《中国文摘》(China Digest)的基础上,新中国创办了首份对外宣传刊物《人民中国》(People's China),向全世界进步人士报道"从国内反对派和国外帝国主义统治下获得解放的中国人的思想和生活"。① 在20世纪50年代,外文版《人民中国》被视为认识新中国和中国化马克思主义的最权威、最可信的媒体。

1951年,新中国又创办另一份以民间身份出现的对外宣传刊物《中国建设》(China Reconstructs),刊物创办者为国际上有巨大声誉和卓越宣传成就的宋庆龄,她把传播对象确定为资本主义和殖民地国家的进步人士、自由主义者。在20世纪60年代,《中国建设》成为唯一能进入美国市场并在当地书店报摊可以买到的对外刊物,扩大了新中国建设成就和中国化马克思主义在资

---

① 中宣部办公厅:《中国外文局五十年回忆录》,新星出版社1999年版,第319页。

本主义世界的影响力。

1958 年 3 月,此前停刊的《人民中国》被全新的《北京周报》(*Beijing Review*)替代,其定位是代表中国政府立场的时事政治性刊物,主要读者对象为研究中国问题的外国人士,内容着重介绍中国社会主义建设的成就和经验,解释中国政府的重大政策,提供必要的资料和文件,并适当反映中国对国际事务的观点和态度。作为新中国第一本以时事为主的对外刊物,《北京周报》成为表达中国官方态度的权威通道和各国了解中国事务的主要途径。至 20 世纪 60 年代初,由于国际形势的紧张,中国对外宣传呈现强硬姿态,《北京周报》的编辑方针、宣传对象、宣传内容等,与创刊时发生根本性变化,宣传对象为国际共产主义运动和民族民主运动中的"左派",目标是"推进世界革命的斗争",内容以转载《人民日报》和《红旗》杂志的文章为主。[1]

1958 年 5 月,党的八届五中全会决定创办承担中国对外宣传任务的另一媒体《红旗》杂志,确定其性质为"革命的、批判的、理论与实践相结合的",其任务为"高举无产阶级在思想界的革命红旗",其遵循的原则是马克思列宁主义,"坚决地同修正主义和一切脱离马克思主义轨道的思潮决裂"。[2] 其发刊词强调,无产阶级要在同资产阶级斗争,社会主义道路与资本主义道路斗争中获胜,就必须充分地、全面地、深入地开展思想战线的斗争。这一定位使《红旗》成为与《人民日报》同等重要的主要对外宣传媒体,毛泽东《支持多米尼加人民反对美国武装侵略的声明》等文献刊载其中。

改革开放后,《中国日报》(*China Daily*)于 1981 年创立,目前由国务院新闻办公室领导,这是新中国第一份全国性英文日报,也被认为是中国最具权威的英文刊物,包括美国白宫在内的国外政府机构每年都订阅《中国日报》。

---

[1] 参见习少颖:《1949—1966 年中国对外宣传史研究》,华中科技大学出版社 2010 年版,第 18—19 页。

[2] 中宣部办公厅编:《党的宣传工作文件选编(1949—1966)》,中共中央党校出版社 1994 年版,第 366 页。

《中国日报》是唯一有效进入国际主流社会、国外媒体转载率最高的中国报纸,也是国内承办大型国际会议会刊最多的媒体。

1985 年 7 月,《人民日报》海外版创立,它肩负对外宣传的职能。其办报理念为当代中国的权威解读,全球华人的精神家园;其目标定位是传达中央政策,传播中国声音,报道改革开放,服务世界同胞;其主要读者对象为海外华人、华侨和关心中国发展的各国朋友。

1988 年 7 月,《红旗》杂志易名为《求是》杂志。作为中共中央主办的机关刊物,它担负着深入宣传马列主义、毛泽东思想、中国特色社会主义理论体系及习近平新时代中国特色社会主义思想的政治任务,现已在全球 100 多个国家和地区发行。

上述各种报刊都直接或间接为中国化马克思主义海外传播作出了重要贡献。

（三）　广播影视声音符号开创视听传播

其一,广播外宣。与报纸相比,广播能突破时空阻碍,因此,办好对外广播电台,是革命战争年代的迫切要求,中国共产党深刻认识到"电台广播是各抗日根据地目前对外宣传最有力的武器"。因此,抗日战争时期,为了让党内的声音能够突破日军与国民党的层层阻挠并进一步传播到海外地区,争取最广泛的国际支持,营造有利于中国抗战的国际舆论环境,中共中央决定成立延安新华广播电台英文广播部,毛泽东对此非常重视,特地成立了广播委员会。1941 年,延安新华广播电台正式开办以侵华日军为对象的日语广播,后因设备故障而停播。1944 年,新华社英语广播部于 9 月 1 日正式开播,广播信息主要发向美国旧金山地区。除了日常新闻的播报以外,包括毛泽东的演讲文稿与国共两党的重要协商文件等也都是新华社英语广播部重点翻译与播报的内容。值得一提的是,新华社英语广播部成立初期,无论是专业新闻人才,还是播报经验均十分稀缺,因此包括迈可尔·林赛（Michael Lindsay）在内的许多国际友人,为了让新华社英语广播部能够顺利运营,都给予了许多无私的帮助。

新华社英文广播部的顺利运营,让中国共产党的声音与毛泽东思想突破日军与国民党的层层阻挠,得以在全国各地以及西方世界广泛传播,不仅让西方世界加深了对中国、中国革命以及中国共产党的认识,同时也争取到了许多国际友人的无私帮助与支持。1946年元旦新华总社在《把我们的新闻事业更提高一步》中,充分肯定新华社英语广播部的成绩,认为它不仅成功地将信息播送到了全国各地,而且在海外的旧金山、新德里及莫斯科等地也都拥有大量的忠实听众。

新中国成立后,对外广播电台的硬件设备和技术水平不断改进。至1956年底,中国对外广播已先后建立19部中短波发射机,总功率达到2640千瓦。① 20世纪60年代,国际形势发生重大变化。中苏关系由盟友变成敌人;中美关系因台湾问题等再次陷入紧张状态;美苏两大阵营依然对立;亚非拉民族独立运动如火如荼,并涌现出一大批新的民族独立国家,中国对外关系随之扩展。正是在这样的背景下,中国对外广播开始不断打开新局面,由以前主要面向海外华侨和东南亚国家的区域性国际广播逐步演变成世界性广播。当时国际上公认,中国对外广播按语种、规模、时效三方面综合评定,仅次于苏、美,居世界第三位,这一发展态势引起国际舆论的广泛关注。但由于受极左思想的影响,中央广播事业局提出"广播是阶级斗争的工具",强调广播要为政治服务,要配合中心工作宣传。这一指导思想严重影响对外传播质量,给实际工作造成很大危害,国家形象也受到严重损害。

1978年,中国国际广播电台正式开启,它是中国重要的对外传播媒体。其宗旨是"向世界介绍中国,向中国介绍世界,向世界报道世界,增进中国人民与世界人民之间的了解和友谊"。中国国际广播电台持续以数十种外语开

---

① 参见习少颖:《1949—1966年中国对外宣传史研究》,华中科技大学出版社2010年版,第35页。

展对外广播,已成为在世界上有广泛影响的电台。

党和国家领导人历来十分重视广播外宣工作,邓小平同志曾为中国国际广播电台题写台名。党中央曾明确指出,"对外宣传是党和国家的一项全局性、战略性工作"。对外广播作为对外宣传的重要组成部分,具有其他媒介所不可比拟的突破疆界障碍传播的优势,历来是为国家利益服务的事业,是国家开展公共外交、提高软实力的重要力量。因此,在资讯媒体高度发达的今天,对外广播为推进中国化马克思主义海外传播,依然发挥着不可替代的作用。

其二,电影外宣。电影,包括新闻纪录片、故事片、科教片、文艺片等,都是中国化马克思主义海外隐性传播的重要媒介,也是对外宣传新中国国家形象的特殊武器。所谓隐性传播即指将传播内容渗透到人们社会生活的众多领域,能够使受众在不知不觉中接受传播者的理念、观点,影响受众的思想、行为和价值观的一种方法。隐性传播的特征与优势有三。一是具有内隐性和渗透性,二是具有互动性和参与性,三是具有生活性和情感性。因此,在中国化马克思主义海外传播过程中,通过电影外宣,注重发挥隐性传播的作用。1951年,中国和苏联联合拍摄了大型彩色纪录片《中国人民的胜利》和《解放了的中国》,荣获斯大林文学艺术奖,并在苏联和东欧一些社会主义国家公演,反响良好。20世纪50—70年代摄制的影片,如《赵一曼》《白毛女》《抗美援朝》《欢腾的西藏》《和平万岁》等主要反映在毛泽东思想指导下,中国共产党为争取民族解放、世界和平所做出的不懈努力和斗争,都曾在国外上映,受到了各国人民的好评。遗憾的是,"文化大革命"开始后,新中国拍摄的影片一律不准在国外放映,阻碍了中国化马克思主义的海外传播。

改革开放后,以"歌颂党、歌颂祖国、歌颂英雄模范、歌颂改革开放"为题材导向,以"社会主义、集体主义、英雄主义"为主题导向的主旋律电影作为一种概念被正式提出来。从《巍巍昆仑》《开国大典》《开天辟地》的全景视角和宏大叙事,到《焦裕禄》《孔繁森》等对时代楷模、先进人物事迹的热情讴歌,主旋律电影在寻找角色定位的过程中摸索出经济效益与社会效益之间的平衡点。

进入新世纪以来,在电影市场化改革的驱动下,如何创造一种可以共享的美学体系和价值体系,既满足大众的精神需求,实现社会效益,又能获得良好经济效益,成为创作的新课题。《智取威虎山》《湄公河行动》《战狼2》《红海行动》等近些年出现的一系列标杆之作,其票房都在 5 亿元以上,《战狼2》甚至创造了 57 亿元的惊人纪录,占据市场的主流地位。2018 年,由中外合拍的纪录片《中国:变革故事》(*How China Made It*)以国际视角讲述中国改革开放故事。CCTV4 中文国际频道、CCTV9 纪录片频道、各省级卫视,以及美国 Discovery 探索频道,德国、法国公共电视台在内的海外频道同步播出。《中国:变革故事》由中宣部五洲传播中心、优酷联合出品。该片从"农村变革""城市企业发展""人们对美好生活的追求"三个方面回顾了改革开放以来中国的发展历程,以国际化的视角和语言,讲述独具代表性的"见证人"的故事,用电影级的影像风格勾画出中国改革开放四十年的时代画卷,凝聚无数逐梦中国人奋起拼搏的磅礴力量,展现出中国的新时代、新方位、新征程,向世界隐性传播了中国特色社会主义的道路自信、理论自信、制度自信和文化自信。

其三,电视外宣。1958 年,中国电视台诞生。在"立足北京,面向世界"的方针指导下,我国电视外宣事业逐步发展起来,开始让世界听到中国声音,看到中国形象,感受到中国化马克思主义指导下的新中国所发生的历史性变化。当然,在改革开放前,因技术条件的限制和缺乏传播科学理论的指导,通过电视媒介,中国化马克思主义海外传播的范围和效果都相当有限。

改革开放带来了良好的媒介生态环境,电视外宣中国化马克思主义也迎来新的机遇。一是确立了新时期我国对外宣传工作新的指导思想,即外宣目的由"推动革命"转为"宣传中国",外宣对象从"世界左派"转为"一切外国受众",外宣总体要求是"全面系统、丰富多彩、生动活泼地介绍中国,树立社会主义新中国的鲜明形象""理直气壮地宣传我国建设成就和对外政策"。二是确立了"内外有别"的外宣原则,差异性、针对性、实效性是"内外有别"原则的鲜明属性。三是成立了高级别的政府外宣机构,即中央对外宣传小组和国务院新闻办。四是中国综合实力的增强和国际通信卫星技术的发展。

正是在上述背景下,我国电视外宣开创了新局面。第一,构筑了一手抓"天上"、一手抓"地下"的新战略。所谓"天上",即通过卫星将中国电视节目传送全球各地,让全世界人民了解社会主义新中国;所谓"地下",即建立电视节目销售网络,将中国电视节目传送世界各大城市,全面占领国际市场,①不断扩大中国化马克思主义海外传播范围。第二,提出"电视大外宣"新观念,即充分利用一切电视对外宣传渠道,使用各种类型的电视节目,推动电视对外宣传大发展。第三,形成与互联网相结合的电视外宣新格局。利用互联网这个开放性的信息传播平台,可以及时将大量实时信息传播到世界各地,从而打破东西方舆论不平衡状态,使中国化马克思主义海外传播在国际舞台上占据更有利的位置。

1983 年,中央电视台成立对外部,开启中国电视对外传播的先河。2016年 12 月 31 日,中央电视台设立中国国际电视台(CGTN),以英语、法语、俄语、西班牙语、阿拉伯语等外语开展对外传播。2018 年 3 月,中央电视台(中国国际电视台)、中央人民广播电台、中国国际广播电台合并组建中央广播电视总台,由中共中央宣传部领导,广播电视领域的对外传播力量得到整合。中央广播电视总台坚定文化自信,全面贴近受众,实施融合传播,以丰富的信息资讯、鲜明的中国视角、广阔的世界眼光,讲好中国故事、传播好中国声音,让世界认识一个立体多彩的中国,展示中国作为世界和平的建设者、全球发展的贡献者、国际秩序的维护者良好形象,为推动中国化马克思主义最新理论成果海外传播作出新的贡献。

(四) 网络媒体开创海外传播新时代

网络媒体对于中国化马克思主义海外传播拥有得天独厚的天然优势。首

---

① 参见刘娜:《中国广播电视对外传播力研究》,社会科学文献出版社 2017 年版,第 10 页。

先,网络媒体具有无疆域性优势,可直接面向国际受众进行跨国传播,从而使信息发布的广度和深度得到最大拓展,而这正是传统媒体最为欠缺的。网络无国界、无时差,能使"第一时间"的概念真正变为现实,也使关注中国、关心中国、研究中国的国际友人可以对实时获取中国化马克思主义最新理论成果保持期待。其次,网络的超链接功能使中国化马克思主义的相关信息在同一个平台上纵横交错、彼此补充、相互参照。同时,网络媒体是一个无限延展的空间,可把即时性和稳定性、资讯性和服务性嫁接在一起,对助推中国化马克思主义海外传播起到"润物细无声"的作用。

网络媒体已成为中国化马克思主义海外传播的重要渠道。1997 年 1 月 1 日,中国国际互联网新闻中心在国际互联网上建立了中国对外信息网站,成为中国网络对外传播的开端。1999 年,江泽民总书记在全国对外宣传工作会议上强调指出:我们必须"加强信息传播手段的更新和改造,积极掌握和运用现代传播手段"。2006 年元旦正式开通的中国政府网,为海外受众获取中国信息提供了便捷、权威的窗口,也体现了中国政府对网络传播的重视。同时,社交媒体成为中国开展对外传播的重要平台,中央电视台、人民日报、新华社开通了推特、脸书等。

我国网络媒体应用于对外传播中,已与世界保持同步发展。尤其自中央确定中国网(www.china.org.cn)、人民网(www.people.com.cn)、新华网(www.xinhuanet.com)、中国国际广播电台网(www.cri.cn)和中国日报网(www.chinadaily.com.cn)五家首批中央重点对外新闻网站以来,我国对外网络传播事业迅速发展壮大,影响力日益增强,知名度不断提高,对在全球范围内传播中国化马克思主义发挥了重要作用。

中国网——网上中国。它是中国唯一用简体中文、繁体中文、英文等 10 个语种 11 个文版对外发布信息的"超级网络平台",其读者分布在世界多个国家和地区。

人民网——权威媒体、大众网站。它是世界十大报纸之一《人民日报》建设的国家重点新闻网站,也是互联网上最大的中文新闻网站之一。人民网的前身为人民日报网络版,自进入国际互联网后,目前已能运用中文简体、中文繁体、英文、日文、法文等多种语言文字,采用文字、图片、动漫、音频、视频、短信等方式,向全世界发布重要信息,传播中国化时代化的马克思主义。

新华网——跻身世界级的通讯社网络媒体。新华网已在海内外建立了一个庞大的、多渠道、多功能、多层次、多手段的国际新闻传播体系,其母体新华社在海外拥有一百多个分社。目前,该网每天用中、英、法、西、俄、阿、葡等多种文字不间断地向世界各地播发重要新闻,传播中国化马克思主义最新理论成果。

中国国际广播电台网络媒体——我国唯一的国家级对外网络广播电台。其简称为国际在线,每天用60多种语言对全球进行广播,旨在介绍中国的政治、经济、体育和文化等方面动态,受众遍布全球五大洲180多个国家和地区。

中国日报网站——双语资讯通天下。中国日报网站已成为我国对外传播的一块新高地。该网站的宗旨是"用语言优势,传中国声音;凭信息服务,架中外桥梁。"其目标是成为全球最权威的关于中国信息的英文资讯网站和中国了解世界的窗口。

整体来讲,以五大主流网络媒体为代表的中国对外网络媒体在中国化马克思主义海外传播方面形成了强大合力,取得了巨大成就。以《习近平谈治国理政》为例,它之所以在海外热销,并在全世界"圈粉"无数,这与各大网络媒体国际传播有直接关系。

当今社会信息化时代,各种新媒介层出不穷。为促进《习近平谈治国理政》的海外传播,各大主流媒体采取有形的实体宣传和无形的网络推广相结合的方式,线上、线下立体式联动推广。具体而言,一是实现多语种传播。各大网站涵盖全球使用的中、英、法等主要语种,信息传播覆盖全球大多数语言地区。二是既通过推介会、图书展、研讨会等进行宣传,也利用网络、广播、电视、国内外报刊社等广泛报道。三是既发行纸质版,又充分利用数字出版技术发行,分别在 Apple ibooks 和 i Read 书架上发行电子图书,拓宽了阅读群体,扩大了当代中国化马克思主义海外传播的受众面。①

五、传播地域的广泛性

中国化马克思主义跨越文化差异的障碍,漂洋过海,在世界各地广为传播,显现出传播地域的广泛性。

自 20 世纪 20 年代,毛泽东思想海外传播由"星星之火渐成燎原之势",实现了由点到面的迅速扩展。从最开始的共产国际阵营,到美国记者的竞相报道;从广大第三世界国家到英美日等发达国家,毛泽东思想既成为受压迫民族地区实现民族独立和社会变革的"宝典",也成为西方社会了解中国民主革命和社会主义建设取得辉煌胜利的一个重要窗口。在欧美,《红星照耀中国》刚一问世便轰动世界,在伦敦出版的头几个星期就连续再版七次,销售 10 万册以上。世界舆论普遍认为这是一部杰作,标志着西方对中国的了解进入一个新时代,使西方了解到中国共产党人的真实生活和毛泽东思想指导下的中国革命的真实状况。在非洲,多达几十个国家,几乎包括整个非洲大陆都曾广泛传播毛泽东思想;在拉美和中东地区,毛泽东关于"反对帝国主义"的思想受到了普遍的赞誉和推崇。即便在当下"一带一路"沿线建设中,也能看到以毛泽东思想为主的中国红色文化传播的影响。据统计,今天中国海外投资、劳务输出以及工程承包最多的地区,都曾经是当年毛泽东思想海外传播比较深入的地方。

20 世纪毛泽东思想的海外传播,留给当代中国的文化遗产是巨大的、多方面的,不管当代中国人是否意识到,21 世纪的中国都会在相当长的一段时间里自觉不自觉地继承这份文化遗产。正是通过毛泽东思想的海外传播,在世界上培养了一大批熟悉中国文化的读者、朋友。一批具有中国文化特

---

① 参见夏江义:《〈习近平谈治国理政〉海外传播范式探析》,《出版发行研究》2017 年第 9 期。

色的图书、书画、艺术品随之进入世界各地。从基辅到彼得堡,从莱比锡到柏林,一些中国画报、中国书刊及时在这些城市销售,扩大了中国文化的世界影响。①

同时,毛泽东思想研究在海外学界也占有一席之地,并涌现了一批著名的相关研究学者,如日本的近藤邦康、竹内实,英国的施拉姆,美国的麦斯纳、费正清、史华慈、佩弗、魏特夫,澳大利亚的泰维斯、尼克·奈特、格雷厄姆·杨等为知名代表。随着毛泽东著作大批外译,毛泽东思想在海外引起广泛重视和深入研究。目前,在美国、日本、澳大利亚、英国、法国、加拿大等国出版了多种版本的研究毛泽东思想的著作,并成立了相关研究机构,如美国费正清研究中心、英国伦敦大学现代中国研究所、日本大阪毛泽东思想学院等。② 这些研究机构又大力推进毛泽东思想在更广阔地域的传播,并产生更为深刻的学术影响。

另外,从20世纪60年代开始,西方学界开展了关于毛泽东思想研究四次大的论战,这不仅是西方毛泽东思想研究观点与方法的碰撞与交锋,也将西方学界关于毛泽东思想研究推向一个崭新的高度,扩大了毛泽东思想在世界范围内的影响。

改革开放后,中国特色社会主义理论体系和习近平新时代中国特色社会主义思想也在世界范围内广泛传播。自2014年9月《习近平谈治国理政》出版以来,发行量持续攀升。截至2018年1月28日,该书以中、英、法、俄等24个语种、27个版本面向海内外出版发行,累计发行超过660万册。现在,从语种来说,英语版本销量最大;从国别来说,美国销量最高。《习近平谈治国理政》在海外出版量之大、辐射面之广、影响力之巨均创下了改革开放以来我国政治文献对外传播的纪录。目前,该书以不同语种不同版本传播到亚洲、非

---

① 参见何明星:《天下谁人不识君——毛泽东著作的海外传播》,《光明日报》2011年7月5日。

② 参见廖盖隆、李峰华:《毛泽东大典》(三),沈阳出版社1993年版,第9页。

洲、欧洲等全球 160 多个国家和地区。①

第二节　中国化马克思主义海外
传播的历史经验

　　中国化马克思主义之所以能在海外广泛传播,除其所具有的科学性、革命性、真理性以及强大的吸引力之外,还有许多值得总结的宝贵经验。认真总结这些弥足珍贵的经验,将有利于更深入推进中国化马克思主义海外传播。

一、牢固掌握中国化马克思主义海外传播主导权

　　中国化马克思主义海外传播不是一般的对外文化交流,而必须上升到战略层面,从整体上谋划,从财力上支持,从内容上精选,从而牢固掌握中国化马克思主义海外传播的主导权。

（一） 全盘布局、整体谋划是中国化马克思主义海外传播的奠基之举

　　早在新民主主义革命时期,中国共产党着力加大外宣工作筹划力度,1938年中共六届六中全会作出"加紧对外宣传""积极注意国际的宣传"②指示。1941 年,邓小平在《一二九师文化工作的方针任务及其努力方向》中指出:"对外宣传工作显得极微弱,'打哑巴仗'的现象严重存在,经常用各种方法对外宣传我们的战斗生活大为不够。"③同年 5 月,中共中央下发《关于统一各根据

---

　　① 参见阮东彪:《〈习近平谈治国理政〉国际传播研究态势》,《湖南第一师范学院学报》2018 年第 1 期。

　　② 中共中央宣传部办公厅、中央档案馆编研部:《中国共产党宣传工作文献选编 1915—1937》,学习出版社 1996 年版,第 881、882 页。

　　③ 《邓小平文选》第一卷,人民出版社 1994 年版,第 27 页。

地内对外宣传的指示》,要求全党全军及各根据地所有对外宣传思想和政策内容,保持与中央方针政策的高度一致,充分发挥中央在外宣工作中的领导地位。

新中国成立后,中共中央高度重视毛泽东著作海外传播工作。1962 年,《关于改进外文书刊对外发行工作的报告》将毛泽东著作的对外出版发行作为工作重点,由此形成了 20 世纪 60—70 年代毛泽东著作海外传播的高潮局面。

面向新时代,为推进《习近平谈治国理政》的海外传播,国务院新闻办会同中国外文局、中央文献研究院从对外传播的角度,运用新技术、新理论,对该书的编纂出版及媒体报道,全盘布局,整体谋划,针对国际社会实际需求量身打造产品内容,因此取得令人惊异的传播效果。

(二) 加大财力支持、培育传播人才是中国化马克思主义海外传播的强力保障

中国化马克思主义海外传播不仅是一国文化的远行,更是经济实力的较量。没有充足的财力保障,海外传播就只能是无源之水,无本之木。从近百年中国化马克思主义海外传播的实践中,我们可以窥见,财力投入的多少直接关系到海外传播的成效,因此,必须保证充足的财力到位。例如,毛泽东著作之所以从 20 世纪 60—70 年代的海外传播高潮逐渐转入低谷,除了国内国际环境的变化之外,还有一个重要原因即是国家财力的支持力度发生了显著变化。党的十八大以来,《习近平谈治国理政》之所以在海外得到广泛传播,也与国家投入大量的人力、物力和财力分不开。

同时,中国化马克思主义海外传播涉及跨区域、跨文化、跨语言的差异,因而专业性很强,非专业人士不能为之。为了克服语言和文化差异,提升外语翻译水平,则成为推动中国化马克思主义"走出去"的有效途径。因此,在延安时期,中共掀起学习外语的高潮,专门成立延安外国语学校,注入新的师资力

量,由能熟练掌握并运用外语的人才担任教师。1947年5月,叶剑英、王炳南聚集曾经参与对外交流的翻译精英,宣布中共中央外事组成立。同年7月,周恩来在给叶剑英的信中强调外事工作的重要事项,包括"译好毛主席重要著作及少奇关于修改党章报告等"。① 1948年,在周恩来的倡导和毛泽东的支持下,中央外事学校成立,聘请外籍教师担任学校英文教师,有英国的科鲁克、加拿大的伊莎白·柯鲁克、美国的葛兰恒和马海德,学校的英语教学水平有了突飞猛进的提升,加大了翻译人才的培育力度。

新中国成立后,全国各地外国语大学及传媒大学相继建立,许多综合性大学纷纷设立外国语学院或传媒学院,我国外语人才培养的质量和数量都有极大的改观,这对中国化马克思主义的海外传播起到强有力的保障作用。

（三）联系受众实际、精选传播内容是中国化马克思主义海外传播的关键所在

中国化马克思主义海外传播的实践经验表明,要想提高其传播效果,就必须联系传播对象的实际需求,精选传播内容,有针对性地加以传播。20世纪60—70年代,我国耗费大量的人力、物力、财力推动毛泽东思想的海外传播,但实际效果未能尽如人意,究其原因,即在海外传播的过程中,往往采取"大水漫灌"的方式,未能密切联系受众实际,有选择性地精选传播内容,导致"水土不服"的现象。在《习近平谈治国理政》海外传播过程中,力求运用"精准滴灌"的方式,始终坚持"内外有别,外外有别"的原则,密切结合受众实际需求,对传播内容有选择、有重点地加以推介,故能取得理想的海外传播效果。

二、充分明确中国化马克思主义海外传播的具体目标

为什么要大力推进中国化马克思主义海外传播? 此举对国内国际将产生

---

① 凌青:《从延安到联合国:凌青外交生涯》,福建人民出版社2008年版,第61页。

什么重要影响？对这些问题的思考与回答，即要求我们明确传播目标。释疑解惑，增强认同，提升中国化马克思主义国际话语权，赢得国际社会对中国更多的理解、支持与合作，同时对世界作出更大的理论贡献，这就是中国化马克思主义海外传播的总体目标。当然，在不同时期，中国化马克思主义海外传播有不同的具体目标。

（一）争取国际社会对中国革命、建设和改革的理解支持与合作

作为马克思主义中国化的第一大理论成果——毛泽东思想的海外传播，是近代以来中国最大规模的一次对外思想传播，"标志着中国人的思想在沉寂数百年之后重新回到世界舞台中央"[①]。新民主主义革命时期，毛泽东思想海外传播的目标是增进共产国际和苏联对中国革命、中国共产党以及毛泽东的支持，赢得国际社会和世界和平人士对中国革命的同情与理解。客观地讲，尽管当时国内外环境复杂，毛泽东思想海外传播基本达到预期目标。

1949 年后，为了塑造中华人民共和国的大国形象，开启一扇让国际社会认识中国、读懂中国的重要窗口，扩大中国化马克思主义的国际影响，提升中国在国际舞台上的话语权和文化软实力，拓宽中国的国际生存空间，进一步增进国际社会对中国革命、建设、改革和现代化建设的理解、支持与合作，因此，中国化马克思主义得到更为广泛的传播，对世界的影响也更为深远。

（二）为亚非拉民族解放运动和发展中国家走向现代化提供经验借鉴

二战之后，亚非拉许多国家将目光投向中国，寻求中国取得革命胜利的经验，为其民族解放运动的开展提供有益借鉴。毛泽东思想正是中国革命实践经验的科学总结，因此，亚非拉国家在 20 世纪 60—70 年代自觉把中国当作争

---

① 冯雷：《中国化马克思主义走向世界》，《中国社会科学报》2012 年 4 月 25 日。

取民族独立、摆脱殖民统治的榜样,从而对毛泽东著作的需求量很大。

当亚非拉许多国家取得民族独立后,它们便纷纷探寻发展中国家如何走向现代化的问题,这也是一个世界性难题。尽管发展中国家各有不同的国情,但如何走向现代化却有一些共性的问题需要解决,中国经验可供参考和借鉴。正如习近平总书记在党的二十大报告所指出:"中国式现代化为人类实现现代化提供了新的选择。"①中国式现代化建设积累了宝贵的中国经验,这些经验包括:从国情出发自主选择现代化道路,而不能照搬他国的发展模式和制度构架;汇聚多方力量推动现代化建设,通过中国共产党领导作用的彰显、人民群众主体作用的发挥获得现代化建设的推动力量,而不是寄希望于外力的作用来推动国家现代化的进程;有效协调现代化过程中的重大关系,包括发展转型、制度重塑、利益调整、理念更新、国内外环境优化等,有效化解各种矛盾冲突。这些宝贵经验可对发展中国家起到重要借鉴作用。

(三) 为世界社会主义的发展贡献中国智慧

改革开放后,中国特色社会主义的海外传播,彰显了当代中国化马克思主义的世界意义。尤其是习近平新时代中国特色社会主义思想,集中体现了世界社会主义发展的中国智慧,对于世界社会主义发展具有借鉴和参考意义。党的十八大以来,正是在习近平新时代中国特色社会主义思想指导下,取得经济长足发展和社会全面进步,现在中国经济总量已位居全球第二位,对世界经济增长贡献率在30%左右,继续成为世界经济稳定复苏的重要引擎,"科学社会主义在二十一世纪的中国焕发出新的蓬勃生机"。②

当代中国的发展,为国内一切问题的解决、国际作用的进一步发挥奠定了

---

① 习近平:《高举中国特色社会主义伟大旗帜 为全面建设社会主义现代化国家而团结奋斗——在中国共产党第二十次全国代表大会上的报告》,人民出版社 2022 年版,第 16 页。

② 习近平:《高举中国特色社会主义伟大旗帜 为全面建设社会主义现代化国家而团结奋斗——在中国共产党第二十次全国代表大会上的报告》,人民出版社 2022 年版,第 16 页。

重要基础。习近平在联合国日内瓦总部演讲时指出："发展是第一要务,适用于各国。"①当代中国的发展,"不是简单延续我国历史文化的母版,不是简单套用马克思主义经典作家设想的模板,不是其他国家社会主义实践的再版,也不是国外现代化发展的翻版,不可能找到现成的教科书"。② 当代中国的发展为世界社会主义带来巨大的示范效应,即世界社会主义国家只有通过发展,走符合本国国情的现代化发展道路,才有可能解决国内面临的各种问题。总之,中国的发展经验,对于世界社会主义具有普遍意义。

(四) 为人类思想的积淀增添中国话语

中国化马克思主义用中国话语表达中国主张,直接或间接回应了国际社会影响广泛的理论话语,澄清了"历史终结论""文明冲突论""西方中心论"的理论迷雾,为人类思想发展增添了新内容,在人类思想史上具有重要地位。

其一,对"历史终结论"的深刻回应。冷战结束以后,世界分为两大阵营,社会主义和资本主义将何去何从,成为国际社会普遍关注的现实问题。正是在世界社会主义运动遭遇深刻危机之际,美国学者弗朗西斯·福山(Francis Fukuyama)抛出了所谓的"历史终结论",鼓吹西方的市场经济和民主政治,将是"人类社会发展的终点",妄图在虚无历史和架空实践的基础上,宣判资本主义的永恒胜利和共产主义的历史性退场。其实,历史不会终结,人类社会将以多样性的形态持续发展。人类的存在决定历史不会终结于某个预设的状态,无论这一状态的呈现是观念的,还是实践的。对此,恩格斯在《路德维希·费尔巴哈和德国古典哲学的终结》中指出:"历史同认识一样,永远不会在人类的一种完美的理想状态中最终结束;完美的社会、完美的'国家'是只有在幻想中才能存在的东西;相反,一切依次更替的历史状态都只是人类社会

① 《习近平谈治国理政》第二卷,外文出版社 2017 年版,第 542 页。
② 《习近平谈治国理政》第二卷,外文出版社 2017 年版,第 344 页。

257

由低级到高级的无穷发展进程中的暂时阶段。"①人类社会历史是一个自我发展和自我完善的有规律的客观过程,人类发展的每一个阶段都具有历史必然性,必须从联系、变化和发展的观点去考察历史现象和社会问题。

时至今日,中国现代化实践所产生的意义,不仅在于它为"历史终结论"打上了"伪劣"的标识,使得"历史终结论"不得不在实践反击中黯然退场,还在于它为人类历史发展道路提供了多种可能性,验证了历史发展向度的多维性与无限性。人类发展的历史是一个不断地从"必然王国"走向"自由王国"的过程,这个历史无论在社会发展的哪一个阶段都不会终结。

习近平新时代中国特色社会主义思想对于中国特色社会主义所进行的顶层设计和制度安排,以及所表达的道路自信、理论自信、制度自信、文化自信,都深刻表明人类历史并未终结,中国特色社会主义正焕发出勃勃生机,"历史终结论"不攻自破。

其二,对"文明冲突论"的直接回击。在后冷战时代西方学者提出的国际关系理论中,美国政治学家塞缪尔·亨廷顿(Samuel Phillips Huntington)的"文明冲突论"影响最大,引起的批评最多。其实,亨廷顿自己也反复强调这种理论的简单化和局限性,不过"作为全球政治的简单模式,它比其他竞争对手都更能说明更重要的现象"。"文明冲突论"是一种错误的理论,既没有预见到后冷战时代国际冲突的形势,也没有阐明时代发展的大势。不仅如此,这种理论在世界观层面上是消极的和破坏性的,对世界政治经济新秩序的建构具有不可忽视的负面影响。

"文明冲突论"把世界划分为八个文明板块,预测后冷战时代的国际冲突将在这些文明之间进行,各文明交界的"断层线"地区尤其可能爆发剧烈的冲突,世界将呈现文明间集团对抗的情况。在亨廷顿看来:"新世界冲突的根源主要的将不是意识形态上或经济上的","文明的冲突将主导全球政治。文明

---

① 《马克思恩格斯选集》第四卷,人民出版社2012年版,第223页。

间的虚线将成为未来战争的界限"。①

但是,从冷战结束到可望的将来,国际冲突实际上并没有呈现文明冲突的态势。"文明冲突论"的特点是将文化差异的作用推到极致,强调不仅文明差异将成为国际冲突的深层原因,而且文明板块内部将形成国家集团并与其他文明对抗,这就犯了把"相关性"当作"因果性"武断立论的逻辑错误,使得"文明冲突论"无法解释后冷战时代国际冲突的真实原因。

习近平新时代中国特色社会主义思想秉持与"文明冲突论"完全相反的文明观,强调文明是多彩的、平等的、包容的,而"只要秉持包容精神,就不存在什么'文明冲突'"。这种文明观是新时代中国外交的基础,因为只有"超越了文明冲突、冷战思维、零和博弈等陈旧观念",才谈得上构建人类命运共同体。事实上,中国的这种新文明观并不仅是一种国际善意的表态,也是客观事实的反映。尽管后冷战时代国际上各种冲突从未消失,但国家间关系的主流仍然是合作而非对抗,发生过暴力冲突的国家是极少数,亨廷顿所预言的以文明组成国家集团相互对抗的局面更是从未出现。

因此,党的二十大报告明确指出:"尊重世界文明多样性,以文明交流超越文明隔阂、文明互鉴超越文明冲突、文明共存超越文明优越。"②这种新型的文明观,是对"文明冲突论"的直接回击。事实上,只要我们始终"秉持包容精神,就不存在什么'文明冲突',就可以实现文明和谐"。③

其三,对"西方中心论"的迷雾廓清。西方中心论是从西方的角度来看整个世界的一个隐含的信念,自觉或下意识感觉到欧洲对于世界的优越性。尤其是工业革命由西方产生,更加拉大了西方跟亚非拉国家的差距,极大推动了西方中心论的兴盛。

---

① ［美］塞缪尔·亨廷顿:《文明的冲突》,张林宏译,《国外社会科学》1993 年第 10 期。
② 习近平:《高举中国特色社会主义伟大旗帜　为全面建设社会主义现代化国家而团结奋斗——在中国共产党第二十次全国代表大会上的报告》,人民出版社 2022 年版,第 63 页。
③ 习近平:《在联合国教科文组织总部的演讲》,《人民日报》2014 年 3 月 28 日。

如今,东西方有识之士都认识到,对抗只能激化对抗,善待别人才能赢得别人的善待。"西方中心论"以及由此引发的对抗,如同一个挥之不去的梦魇,让整个世界难以平静。西方世界应当改变思维,致力于创造一个相互平等、相互尊重、相互包容的世界。对此,俄罗斯《观点报》网站刊登评论说,西方应停止干涉和攻击他国,不要去教育别人该如何生活,要允许不同的信仰和价值观存在。在全球化进程中,西方发达世界也应从自私的思维惯性中走出来,给包括伊斯兰国家在内的世界其他国家和地区以更多的尊重和包容。

不少西方学者和政要企图将西方模式作为具有普遍意义的发展道路向世界推广,甚至强制他国接受。对此,习近平明确指出:"我们不仅要防止落入'中等收入陷阱',也要防止落入'西化分化陷阱'。"①"我们不'输入'外国模式,也不'输出'中国模式,不会要求别国'复制'中国的做法。"②这里表达了一种与"西方中心论"截然不同的态度,必将对人类思想史产生重要影响。

总之,中国化马克思主义海外传播有其明确的目标追求,必将对世界的政治与经济、历史与文化、现实与未来等产生更加深远的影响。

三、切实遵循中国化马克思主义海外传播的一般规律

中国化马克思主义海外传播实际上是一种跨文化传播,因此,在其传播过程中,不仅要鲜明地体现其自身特点,还要切实遵循其海外传播的一般规律。

(一) 综合国力助推跨文化传播

中国化马克思主义之所以能在海外广泛传播,也是遵循跨文化传播的一般规律,依靠强大的综合国力和开放的文化环境。

历史上,中国文化在一个相当长的时期内保持着对外频繁交流,并在汉

---

① 《习近平关于全面深化改革论述摘编》,中央文献出版社 2014 年版,第 22 页。
② 习近平:《携手建设更加美好的世界》,《人民日报》2017 年 12 月 2 日。

代、唐代、宋元和明清时期形成了四次海外传播的高潮。其中一个重要原因即是综合国力的强盛,正因如此,带动了文化的繁荣,推动了先进的中国文化传播到海外各地;另外,综合国力的强盛也在世界上产生更大的影响力,更能激发世人了解和学习中国先进文化的兴趣与愿望。同样,发端于20世纪的中国化马克思主义海外传播,之所以在21世纪的今天继续发扬光大,就在于随着中国综合国力的不断提升,中国化马克思主义在国际上的影响力、感召力和话语权不断扩大,国际社会对中国道路、中国方案、中国经验了解和学习的愿望更加强烈。

文化所依附的国家实力,主要指物质生产能力,这是文化产生并对外产生影响力的坚实物质基础,它对本国文化具有自不待言的外在证明功能。因为无论哪种文化,首要的任务必须是解决人们对物质资料的基本需要,能够运用先进的技术手段创造出更为殷实的物质财富,并在此基础上逐步满足人们日益增长的美好生活需要。哪种文化能更好地解决这些问题,它就会对外产生更大的吸引力、感染力与召唤力,人们也就更愿意接受它。

中国化马克思主义作为中国的主流意识形态和思想旗帜,指引中国改变了积贫积弱的面貌,实现了民族独立、国家富强和人民幸福,这其中的"秘钥"又在哪里? 世界各国无不对此产生好奇之心,希望找到其中的答案。

同时,综合国力的增强,必然使得跨文化传播的中介更加先进,正是它把文化信息和对外影响迅速有效地传播到对象上面。在当代,文化信息传播的中介日益发达,它已经形成包括语言、文字、印刷、电子、声讯、影像与数码技术于一体的多渠道、多层次、多方位的立体传播与扩散的系统。这也正是为什么在全球化背景下中国化马克思主义能在海外广泛传播的重要原因之一。

（二）坚持时代性与民族性相统一

跨文化传播规律表明,中国化马克思主义海外传播作为一种文化现象,不仅具有时代性,而且具有民族性。超时代或超民族的中国化马克思主义海外传播既不可能存在也不可思议,中国化马克思主义海外传播总是在特定的时空坐标中确定其自身,实现其发展,因而必然体现时代性与民族性的统一。

中国化马克思主义海外传播的时代性具体体现在传播内容的时代性、传播媒介的时代性等方面,它总是通过某种现实的文化形态来获得表征,总是通过某些具体的传播媒介来实现其目标。同时,中国化马克思主义海外传播也有其民族性要求,即在海外传播中不仅要巩固和张扬中华民族的优秀文化传统,而且还要加强与各民族文化之间的交流和融合,最终在时代性和民族性相统一的过程中推进中国化马克思主义的海外传播。

(三) 通过本土化而落地生根

跨文化传播规律表明,中国化马克思主义在与各民族文化交流的过程中相互渗透、相互影响。因此,中国化马克思主义要在海外扎下根来,融入其他民族的精神血脉并发挥作用,必须要有适合其生长的文化土壤,①即通过本土化策略而落地生根。本土化策略包括传播主体本土化、传播内容本土化、传播渠道本土化等。

回溯历史,马克思主义在与中国实际相结合时,毛泽东多次强调"民族形式"、"民族特性"和"中国作风、中国气派"。1944 年毛泽东说过这样一段话:"我们的态度是批判地接受我们自己的历史遗产和外国的思想。我们既反对盲目接受任何思想也反对盲目抵制任何思想。我们中国人必须用我们自己的头脑进行思考,并决定什么东西能在我们自己的土壤里生长起来。"②这实际上表明,马克思主义只有与中国本土实际相结合,才能在中国大地生根发芽、开花结果。

同样,为打破语言隔膜并找到合适的文化土壤,新时代《习近平谈治国理政》海外传播,也采取了本土化策略,精选海外民众可能感兴趣的内容,在传

---

① 参见陈金明:《文化视野中的马克思主义中国化》,《江汉论坛》2008 年第 7 期。
② 《毛泽东文集》第三卷,人民出版社 1996 年版,第 192 页。

播方式、切入视角、观点阐释、叙事风格上,力求适应海外民众的接受心理和文化习惯,使其影响力也能触及"小众"语言群体。为满足不同"小众"语言群体读者的需要,该书充分利用发行目的地的语言和出版资源,依托发行对象国知名出版社翻译出版小语种版本。① 例如,在乌克兰等地的翻译传播,即采取本土化合作模式,有效弥补了我国翻译传播能力短板,扩大了习近平新时代中国特色社会主义思想的海外传播。

(四) 文化顺应其实是一种文化调适

文化不是抽象的,它是特定地域的人们长期形成的独特的生活方式。要想让某个民族放弃其固有文化,即使是在强大外力的压迫下,也不可能全盘接受。因为来自心理上的抵触与排斥,使得人们在吸收外来文化时,总是有所怀疑、选择和变通,这在传播学上称为"文化维模规律"。"维模",即模式之维护。② 它是当两种异质文化发生冲突时,经过较长时间的对峙后,假如双方仍然势均力敌、难分胜负,在这种情况下,为了避免两败俱伤,一般双方在某些问题上做出妥协让步以适应对方。当然,其中势力较强的一方要让步少一些,而势力较弱的一方要让步多一些,否则双方就会陷入僵局,不会继续进行文化交往,这就是"文化顺应"。文化顺应主要表现为妥协、和解和包容等方式,在文化交往过程中,究竟采取何种方式或几种方式,要依据具体情况而定。中国化马克思主义具有包容性与开放性特质,在文化顺应的过程中,不断进行文化调适;并在吸收和融汇域外文化的同时,也广泛进行海外传播。正是文化顺应和文化调适,才使得中国化马克思主义海外传播走向更深、更广。

---

① 参见周忠良:《〈习近平谈治国理政〉海外出版影响力研究》,《中国出版》2019 年第 17 期。
② 参见种海峰:《简论跨文化传播与冲突的四个规律》,《深圳大学学报》(人文社会科学版)2010 年第 6 期。

（五）传播效果取决于接受程度

马克思说:"理论在一个国家实现的程度,总是决定于理论满足这个国家的需要的程度。"①十月革命前,马克思主义作为一种文化思潮曾在中国知识分子中产生一定影响。十月革命的成功极大地鼓舞了中国人民,并让中国人民看到了前途和希望。正是在十月革命的影响下,中国人民对于马克思主义的接受程度就大不一样了。

同样,在《习近平谈治国理政》海外传播过程中,特别注重海外读者的接受程度。与过去出版领导人著作的最大不同之处,即在于该书创新出版理念,从内容编辑到语言翻译都坚持"'编''译'融合、外宣导向"的原则。尤其在翻译和定稿过程中,外国专家确保语言表达地道和自然,中国专家聚焦中国政治概念翻译准确无误。中外专家优势互补,产生了良好的传播效果。②

四、精准把握中国化马克思主义海外传播的策略与方法

中国化马克思主义海外传播实际上是一种跨国、跨语言、跨文化的传播,其传播主体和传播受众处于不同文化背景与氛围之中,不可避免地遇到传播"瓶颈",即思维方式、语言文化和意识形态的差异。因此,在中国化马克思主义海外传播过程中,需注重传播策略,把握传播方法,形成传播合力。尤其在网络信息化时代背景下,既充分发挥图书、报刊、广播、电视等传统媒介的作用,又善于挖潜网络媒体的先进功能,加大中国化马克思主义在海外的传播力度,并善用国际社会易于理解和接受的语言表达方式,做到"中国立场、国际表达",充分展现中国化马克思主义的穿透力,从而在世界文明多样性的发展进程中实现精神引导,并留下鲜明的历史印记。

---

① 《马克思恩格斯选集》第一卷,人民出版社 1995 年版,第 11 页。
② 参见周忠良:《〈习近平谈治国理政〉海外出版影响力研究》,《中国出版》2019 年第17 期。

（一）"内外有别"：把握传播策略

"内外有别,外外有别"是中国化马克思主义海外传播的有效策略与方法,即把握传播的差异性、针对性和实效性。所谓"差异性",是指在海外传播过程中,对于不同的受众群体,应采取不同的方式策略,尊重民族差异、语言差异;所谓"针对性",是指海外传播的受众要有侧重点,细化分析受众群体特点;所谓"实效性",是指"内外有别、外外有别"的最终目标与检验标准。

1940 年 8 月,周恩来在延安高级干部会议上强调,"通讯社要向海外发展,稿件要多样,不要老是几个宣传口号……态度不要完全党内化,有时要用人民的口吻"。① 这表明我党已开始意识到宣传工作要内外有别。新中国成立后,"内外有别"的策略从抽象到具体不断发展。1952 年,中共中央批准的中新社《华侨广播工作草案》明确指出,"国内报道与国外报道的目的和作用不同,选择主题的角度和方法应有区别"。② 当时,面对以美国为首的西方国家对新中国采取经济封锁、政治打压的严峻形势,我党采取了"内外有别"的宣传策略,有效化解了各种严重矛盾。时任中央对外宣传小组组长的朱穆之曾指出,"对内对外宣传,两者既有共性,又有特殊性,我们常说'内外有别'就是要解决这个特殊性的问题。区分对内对外,这就是最大的针对性"。③

因对内传播和对外传播的对象和目的各不相同,所以对于中国化马克思主义海外传播,从内容到形式都要站在不同受众的角度去审视,加强对海外受众需求特点的关注,力求话语表达"内外有别",注重把握传播策略。

"内外有别"的传播策略,对于推动中国化马克思主义海外传播发挥了重要作用。其一,"内外有别"策略提高了中国化马克思主义海外传播的地位。

---

① 《周恩来文化文选》,中央文献出版社 1998 年版,第 21—22 页。

② 《在分社工作的几点体会》,中新社内部资料《业务通讯》增刊社史专辑第 31 期,2002 年 9 月 10 日,第 2 页。

③ 朱穆之:《宣传好现实的中国是当前对外宣传工作最根本的要求》,《人民日报》1990 年 10 月 30 日。

它强调对外传播与对内传播面的差异,突出了对外传播的复杂性和特殊性,有利于引起各级主管部门的高度重视。其二,"内外有别"策略提升了中国化马克思主义海外传播的效果。根据这一原则,海外传播的针对性、感染力和吸引力不断增强,传播效果不断提升。其三,"内外有别"策略推动了中国化马克思主义海外传播研究的发展,唤起了学界对中国化马克思主义海外传播的重视和研究。

毋庸置疑,"内外有别"策略曾在中国化马克思主义海外传播过程中发挥了积极作用。但是,随着社会形势的发展和传播环境的变化,"内外有别"的适用性也受到了一定影响。为了适应我国对外开放基本国策和新媒体技术的发展,结合我国对外传播的客观现实,从国家战略的高度出发,遵循对外传播规律,将中国化马克思主义国内传播与海外传播作为一个有机整体统筹推进,既要"内外有别",更要"内外一体",形成协同效应,实现协调发展,这是新时代对中国化马克思主义海外传播的新要求。

(二)"外外有别":精准实施分众传播

为了顺应时代的发展,我党宣传工作不仅提出"内外有别",还提出了"外外有别",要求对外宣传的精细化和精准化,实现从过去的"大水漫灌"到"精准滴灌"的转变。

中国化马克思主义海外传播是一个选择性过程,不仅取决于海外受众的文化背景,还取决于海外受众的认同态度和需要程度。其间充满着矛盾、冲突甚至对抗,所以在中国化马克思主义海外传播过程中,为使传播内容引起受众的注意与兴趣,从而达到理想的传播效果,面对千差万别的受众,不可能提供千篇一律的通稿,而要站在传播受众的角度,采取不同传播策略,贴合传播受众意愿,跨越语言表达障碍,切实做到"外外有别",精准实施分众传播,让受众掌握主动性,自愿选择传播内容。

首先,"外外有别"体现在语言文化的差异方面。中国化马克思主义海外传播是跨语言跨文化的传播,各个国家的语言和文化都具有较大的差异性。因此,在其海外传播的过程中,必须正视这一特点。回顾历史,早在新民主主义革命时期,根据"外外有别"的原则,为顺利推进毛泽东思想的海外传播,中共专门成立了俄文、日文和英文翻译小组,承担中共领导人著作的翻译工作。除官方机构以外,还有一些个人,如青年学生、留学回国的知识分子、归国华侨和外国友人,他们也积极参与毛泽东思想海外传播的翻译活动。此外,还有一个特别的群体就是外国人,因为翻译工作不能仅仅停留在字面上,还要具备相应的文化内涵,符合受众所处的文化环境和语言习惯,所以有外国人的参与指导,能在很大程度上破除语言翻译中的文化障碍。例如马海德和林迈可就是在新民主主义革命时期为我国海外传播事业做出突出贡献的两位外籍友人。马海德,原名乔治·海德姆(George Hatem),美国医学博士,他于1937年到达延安,以自己的特殊身份和技能积极参加中共中央对外宣传工作。他曾在中共中央外事组任职,并担任新华社的顾问,为当时中国共产党的对外宣传期刊《中国通讯》,写了大量有关中国革命和毛泽东思想的文章。英国人迈克尔·林赛,来到中国后入乡随俗,起了一个中国名字——林迈可。他通过对延安的调查走访,撰写了大量有关中国革命和中国共产党的新闻稿件,并通过各种渠道发表在国外报刊上,为中共海外形象的塑造和毛泽东思想海外传播发挥了积极作用。

　　同样,为推动《习近平谈治国理政》的海外传播,根据"外外有别"原则,外文出版社一改以往党政文献著作出版的惯例,一开始就从对外传播的角度进行主动设计,将外文翻译纳入编辑团队,既满足海外读者理解和查阅的需求,也是富有成效的对外宣传。这一系列创新举措在海外取得良好反响,它以中、英、法、俄、阿、西、葡、德、日等22个语种、25个版本行走天下,625万余册发行量覆盖世界160多个国家和地区。①

① 参见严文斌、骆珺:《〈习近平谈治国理政〉的国际传播创新探索》,《对外传播》2018年第8期。

其次,"外外有别"体现在传播内容的差异方面。中国化马克思主义海外传播针对不同区域、不同国家和不同人群,注重选题和内容差异性,以期展示最能引起呼应和共鸣的内容。由于西方世界、东欧俄罗斯、第三世界在价值观念、审美标准、心理特征等方面各不相同,同时各个国家不同阶层、不同人群的关注点也各不相同,比如西欧人关注中国经济发展,东欧人想借鉴中国房改、医改方法,非洲人关注中国现代化进程,东南亚华裔较多,与中国历史、文化结缘较深。针对欧洲社会发展水平和人们的关注点,中国化马克思主义海外传播,既要适合欧洲人的现实需要,又要充分展示中国特色社会主义的道路自信、理论自信、制度自信和文化自信;针对社会发展水平较低和文化欠发达的非洲及东南亚地区而言,中国化马克思主义海外传播,既要提供中国现代化发展的经验,又要充分展示中华文明的亲和力、民俗性、草根性,尽可能寻求与当地风俗文化相通的民间元素,以引起高度共鸣,从而打动人心。

(三)"具象传播":善用生动形象表达

所谓"具象传播",即通过具体形象载体直接或间接表达传播意图和传播主旨,它具有形象具体、可感可知、易于吸引和影响受众等特点。1936 年 6 月斯诺只身由北平出发,冒着生命危险进入陕甘宁边区。他先后与毛泽东、朱德、周恩来等进行多次采访谈话,收集了有关红军二万五千里长征的第一手资料,采写了 30 多篇通讯,拍摄了 70 多幅照片,先后发表在上海、美国的报刊上,引起世界轰动。尤其是 1936 年 11 月,斯诺在《密勒氏评论报》以《毛泽东访问记》为题,第一次将毛泽东的戎装照片公布于众,这张头戴红五星八角军帽的照片堪称经典之作。后来斯诺将他采访毛泽东等人的通讯报道汇编成《红星照耀中国》(中译本名《西行漫记》),于 1937 年 10 月由英国伦敦戈兰茨公司出版。该书第一年就再版 5 次,被译成十几种文字,成为世界畅销书之一。1937 年 1 月,美国杂志《生活》封面刊登毛泽东的照片,中共领袖的风采和神韵首次被美国社会公众所感知。苏联《真理报》在 1937 年 10 月第一次以军队领导人身份登出了毛泽东与朱德的照片,接着又在 1938 年 7 月再次登出了毛泽东与朱德的合照,并专版介绍了中国抗战一周年的成果,对毛、朱领导的抗战及对中国革命和政治的主张给予了肯定和认同,促进了中国化马克思主义的第一大理论成果——毛泽东思想的海外传播。

图片是静态的具象传播,更加生动形象的传播媒介则是动态的具象传播。1938 年,面对日本帝国主义入侵中国,荷兰电影导演尤里斯·伊文思(Joris Ivens)表示坚决支持中国人民的抗战。在当代历史电影公司(History Today Inc.)的赞助和华侨的资助下,他与战地摄影师罗伯特·卡帕(Robert Capa)来到中国,通过实地走访,用活动的影像拍出著名的抗战影视资料《四万万人民》(*The 400 Million*),生动形象地记录中国军民奋勇抗战的精神面貌。尤里斯·伊文思在汉口利用与周恩来的见面机会,极其难得地留下了八路军召开军事会议的历史镜头。他还将哈利·邓汉姆(Harry Dunham)拍摄的有关毛泽东和朱德在延安的珍贵资料纳入了自己的影片中。通过在美国、法国等西方国家的放映,宣传展示了中国共产党的抗战形象和毛泽东的正确主张。

苏联摄影师罗曼·卡尔曼于抗日战争爆发后来到中国,除了记录战地实况、发表新闻报道外,他还在《消息报》担任记者工作。1938 年 10 月卡尔曼在枪林弹雨中拍摄了武汉大撤退的实况,并在突破国民党政府的层层阻碍后,于 1939 年到达延安,实地走访拍摄了大量反映抗日根据地军民社会现状的影像资料,其中最为人所知的就是一段生动记录毛泽东一天生活的珍贵素材。卡尔曼回国后,剪辑的《中国在战斗》和《在中国》在苏联和其他地区放映后引起热议。这些纪录片反映了中国人民英勇抗战的真实情况,也是毛泽东思想在海外具象传播的有效形式。这种传播形式以其可感可知、易于接受的特点,将外界的质疑转化为传播的机遇,从而推动毛泽东思想在海外大众化传播。

新时代为做好《习近平谈治国理政》的国际传播,国务院新闻办公室会同中央文献研究室、中国外文局进行精心编辑,不仅收录了习近平从 2012 年 11 月至 2014 年 6 月的 79 篇讲话、谈话、演讲、答问等,而且还收录了习近平主席各个时期的工作及生活照片 45 幅,包括求学时的青春照、参加农村劳动的工作照、关心老人和儿童的工作照、与家人温馨在一起的生活照等等,这些照片帮助读者了解习近平的工作和生活,让读者感受到习近平新时代中国特色社会主义思想的现实温度、历史厚度和视域广度。

(四) 争取来华记者:助力海外传播

来华记者是中国化马克思主义海外传播的一个重要主体。早在新民主主义革命时期,中国共产党就深刻认识到依靠来华记者助力中国化马克思主义海外传播的重要性,并一直秉持包容态度大力争取来华记者。20 世纪 30 年代斯诺前来陕北访问,是中国共产党主动作为的结果;20 世纪 40 年代外国记者参观团访问延安,也是中国共产党组织实施的成果。这是两个非常成功的范例。

20 世纪 30 年代,毛泽东为了更好地向西方社会展现中共真实面貌,决定主动邀请一名西方记者来华访问。1936 年埃德加·斯诺的出现,让这一愿望得到实现。通过宋庆龄从中牵线搭桥,这位美国记者得以去延安报道神秘的中国共产党的真实形象。约翰·密尔顿认为斯诺得以获得这个机会是因为他的美国国籍、人脉关系和他的性格思想。[1] 斯诺在通过详细的走访了解后,在当时美国《大美晚报》《民主》等各大英文期刊报纸上相继写了 30 多篇关于中国共产党及其根据地的新闻报道,在此基础上最终于 1937 年出版了著名的《红星照耀中国》,详细真实地反映了中国革命的现状。毛泽东在 1938 年接受德国记者专访时曾这样说:正是斯诺在最需要的时候把中国革命的现实情况通过报道传达给世界,从而让中国重新被世界所关注,对中国革命最后的胜利起到了很重要的作用。[2]

1937 年 6 月,美亚小组一行共五人来到延安,包括美国外交政策协会远

---

[1] 参见[美]约翰·密尔顿:《埃德加·斯诺传》,沈蓁译,学苑出版社 1990 年版,第 70 页。
[2] 转引自孙华、王芳:《埃德加·斯诺研究》,湖南师范大学出版社 2012 年版,第 74 页。

东问题专家托马斯·阿瑟·毕森,美国著名的中国边疆史地学家、美国《太平洋事务》杂志主编欧文·拉铁摩尔,美国《美亚》杂志主编菲利普·贾菲和夫人艾格尼斯·贾菲,还有瑞典籍汽车技师埃菲·希尔。毛泽东在窑洞会见了远道而来的外国友人。首先,远方而来的贵客做了简短的自我介绍,在菲利普·贾菲表明自己身份是售卖圣诞贺卡的生意人时,毛泽东立马说道:"上帝保佑圣诞卡生意!"毛泽东在回答问题时"没有草率应付;没有退疑犹豫;也没有丝毫的含混不清",①营造了轻松愉悦的谈话氛围。美亚来访的小组成员还与热爱篮球运动的朱德预约了一场球赛,和他深入沟通了红军队伍的建设问题;周恩来和美亚小组进行了热情深入的交谈,详细介绍了国共谈判的进程和具体细节,耐心地阐述了中国共产党的主要立场和原则。毕森赞扬周恩来对他们开诚布公的态度,他说周恩来不仅实事求是地告诉他们主要的情况,甚至在未公开的一些敏感细节,比如在有关统一战线等问题上也提供了更为详细的内容和资料。② 毕森在英文《美亚》杂志上发表了题为《毛泽东对南京政府的分析》的报道,其中引用了毛泽东延安讲话的主要内容和观点。与此同时,另一名记者贾菲在《新群众》杂志上发表报道文章,专文介绍了中国共产党的国内外政策主张和对当时形势的分析与看法。美国历史学者尼思·休梅克也曾表示,通过 1937 年下半年的英美记者团与中国共产党的接触报道,曾经交流的小溪小河已蔚然成为大江大海,中国共产党也因此揭开了神秘面纱,而让更多人能够客观地认识和理解。③ 1940 年,中国共产党《关于对待英美籍新闻记者态度的指示》明确指出:我们要改变对英美记者的冷漠和不合作态度,懂得利用这些英美记者的笔和口来对外宣传我们军队的英勇抗战和取得的成果,以打破国际社会对我党的造谣和误解。

---

① 转引自[美]托马斯·阿瑟·毕森:《抗日战争前夜的延安之行》,张星星、薛鲁夏译,东北工学院出版社 1990 年版,第 104 页。

② 参见张星星:《"〈美亚〉小组"延安行》,《百年潮》2007 年第 5 期。

③ 参见[美]肯尼思·休梅克:《美国人与中国共产党人》,吉林文史出版社 1989 年版,第 86 页。

1940 年 12 月周恩来在给毛泽东电报中说,最近的外交工作收获颇丰,特别是对外国记者的争取工作,"统计抗战以来,英美记者宣传中共及八路军、新四军的书籍不下二三十种,影响我党信誉极大,发生一些外交影响"。① 随后,毛泽东领导的中国共产党制定了"宣传出去,争取过来"的对外政策,以此来打破国民党政府的层层围堵,积极主动地联系中外记者来延安采访报道。1944 年一个 21 人的中外记者团前往延安进行访问报道,中国共产党由周恩来直接负责对记者团的接待安排,并向记者团表达了来自毛泽东和朱德等中央高层的慰问和欢迎。② 在中共方针政策及对国内形势的看法方面,由毛泽东、朱德亲自回答中外记者的问题。毛泽东向中外记者特别强调了中共对民主的追求,表示中共"希望于国民政府、国民党以及一切党派的,就是从各个方面实现民主",指出"我们很需要统一,但是只有建筑在民主基础上的统一,才是真统一",并希望"外国及外国朋友以民主的态度对待我们,我们也应该以民主的态度对待外国及外国朋友"。爱泼斯坦在 1944 年随中外记者团参观访问陕甘宁边区后,写了一篇题为《这就是毛泽东——中国共产党的领袖》文章,并于 1945 年国共谈判的关键时刻发表在美国的主流报纸上,在英美等西方世界产生了极大的反响,再加上根瑟·斯坦因和斯特朗采访发表的《毛泽东会见记》和《毛泽东访问记》等文章,汇集编成系列的《毛泽东印象记》,③让毛泽东代表的中国共产党形象和毛泽东思想在西方世界赢得广泛的传播和影响。

从单个记者来华访问到有组织的记者团来访,完成了海外媒体民间交流到半官方交流的突破,毛泽东称这是"我们外交工作的开始"。正是在组织协调中外记者组团采访陕北根据地的过程中,周恩来提出了"民族、人民和党的

---

① 王明湘、刘立群:《中共中央南方局和八路军驻重庆办事处》,重庆出版社 1995 年版,第 185 页。
② 参见《周恩来书信选集》,中央文献出版社 1988 年版,第 232 页。
③ 参见陈葆华:《国外毛泽东思想研究评述》,陕西人民出版社 1993 年版,第 26 页。

立场,主动、真实、诚朴、虚心、认真"地开展工作的原则。根据这些具体原则,中国共产党利用海外记者来访机会,通过他们的身份和影响,对中国共产党进行海外宣传,从而提升了中国共产党在国际上的声望和地位,对外表达了中国共产党的正确主张,促进了毛泽东思想的海外传播。

新中国成立后,尤其是改革开放以来,中国共产党更加重视外国记者对中国化马克思主义的国际传播。每逢党的全国代表大会或全国人民代表大会举行大型中外记者招待会时,通过来华记者的外力之功,运用"借船出海"或"借台唱戏"的方式,搭建国际合作平台,将中国化马克思主义最新理论成果更及时地呈现在国际受众的视野之中。

2022年10月,中共二十大的召开引发海外媒体记者的极大关注。海外媒体记者普遍认为,在中国共产党领导下,中国始终坚持维护世界和平、促进共同发展的外交政策宗旨,致力于推动构建人类命运共同体,不断以中国新发展为世界提供新机遇,推动建设更加美好的世界。

中共二十大新闻中心的启用,为外国记者打开了解中共的窗口。在新闻发布厅和记者工作区外,摆满了各种书籍,包括介绍中国就业和气候治理的方案,中国抗疫和脱贫的具体做法等。除中文版本外,还有英语、俄语、阿拉伯语、法语等多个语种版本,方便各国记者阅读。

意大利安莎社记者安东尼奥从中选取了很多书,他告诉中新社记者,自己对中国在中国共产党带领下将如何进一步发展社会经济很感兴趣,这些书籍将为他提供更多的背景资料,为他报道本次中共党代会提供重要参考。①

乌干达记者纳尔逊走进新闻发布大厅,便被各种中国元素所吸引。这是他第一次参与中共党代会的报道,更是第一次来到中国。透过新闻中心这扇"窗口",他希望更多了解中国共产党,把这个世界第一大执政党治国理政的理念第一时间传回乌干达。正如他所说,党代会一直以来都是外界认识中共

---

① 参见李京泽:《中共二十大新闻中心启用　外国记者:打开了解中共的窗口》,http://news.china.com.cn/2022-10/13/content_78462972.htm。

的重要窗口,而作为党代会的新闻"集散地",新闻中心本身也像一扇"窗口",它正在帮助中外记者更好读懂党代会,读懂中国共产党。

在中共二十大召开之际,加拿大共生国际传媒社长胡宪表示,"我们带着海外民众和侨胞的关注'有备而来',会以实事求是的态度报道中国全貌,回应侨胞关切,解答侨胞疑惑"。

罗马尼亚《欧洲侨报》社长高进称,"不管是前方记者,还是后方编辑,大家都希望抢抓热点,第一时间把二十大报告中的亮点、重点呈现给心系祖(籍)国的华侨华人"。①

"在大会开始前,我们推出《迎接"二十大",圣彼得堡中国留学生有话说》等预热稿件。"俄罗斯《龙报》社长李双杰深感,中国年轻一代对中共二十大的关注表明他们早已将深厚的家国情怀融入个人的远大理想与抱负之中。"第二个百年发展目标如何实现?国家统一如何推进?更加鲜活生动的中国形象如何展现?这些都是海外侨胞尤其是新生代最关心的话题。"

正是海外记者的积极努力,当代中国马克思主义、21世纪马克思主义——习近平新时代中国特色社会主义思想在海外得以更广泛更深入地传播。

(五) 新媒体与新平台:扩大传播的覆盖面和影响力

改革开放前,由于思想观念的局限和技术手段的落后,中国化马克思主义在海外传播过程中还存在诸多不尽如人意的方面,难以有效吸引海外受众,尤其是青年受众的主动参与。改革开放以来,随着互联网日渐成为信息传播的主渠道,中国化马克思主义不断升级传播技术手段,全方位拓展海外传播平台和渠道,统筹利用大众媒体和新兴媒介渠道,特别是善用互联网、手机等新型社交媒体,发挥社交媒体平台在精准推送等方面的分众传播优势,增强中国化

---

① 金旭、徐文欣:《海外华媒聚焦中共二十大:为世界读懂新时代中国增添注脚》,https://news.dahe.cn/2022/10-19/1117861.html。

马克思主义海外传播的影响力。

2022年10月,在中共二十大新闻中心的融媒体体验区,各种新颖的多媒体呈现技术随处可见,智能化、强互动、沉浸式、线上线下结合的融媒体服务,让中外记者能够以最快速度获取大会最新消息,沉浸式地感受中国日新月异的发展变化。

在中共二十大召开之际,一些未能到达现场的海外华文媒体开启"云报道"模式,"云"上添花同参与,积极向世界传递中国声音。

瑞士欧亚时报社社长朱爱莲认为,"云参会"能充分发挥融媒体报道的优势。"我们成立了中共二十大专题工作组,邀请知名欧洲专家学者解读二十大报告,力求多角度、全方位深度聚焦中国智慧和中国方案对世界的启发和贡献。""随着中国影响力的提升,越来越多的国家想要读懂中国。"朱爱莲表示,回顾过去十年的奋进历程,中国的发展成就令人印象深刻,中国治理经验值得借鉴,中共二十大的召开无疑让世界对中国的高质量发展更有信心。

新媒体、新平台的开发与利用,无疑极大地扩大了中国化马克思主义海外传播的覆盖面和影响力。

第七章　中国化马克思主义海外传播的
现实困境与未来展望

中国化马克思主义尽管得到国际社会的广泛赞誉,但也遭遇某些刻意的误解与歪曲,一些西方媒体唱衰中国的论调不绝于耳,中国化马克思主义海外传播仍面临诸多现实困境。如何摆脱困境,谋划未来,是学界需要思考的一个重大现实问题。

第一节　中国化马克思主义海外
传播的现实困境

在全球化浪潮的席卷下,世界上无论哪个国家及其人民都要清醒地意识到,人类社会越来越趋于开放性,这是符合社会发展规律且不可逆转的事实。在生产力大发展的基础上,全球建立了普遍的交往与联系,不仅融通了世界各民族政治和经济,也带动了世界文化的传播与交流,推进了人类文明的发展进程。中国在积极顺应全球化发展的进程中,如何有效地对外进行思想文化传播与交流,也成为一个重要的时代课题。新时代,中国化马克思主义海外传播所面临的困境表现在:综合国力之困、意识形态之争、多元文化冲突、传播力建设滞后等方面。

一、综合国力之困

综合国力是一个主权国家国际地位的重要衡量标准,涵盖了国家在各方面的有机力量之和。一方面,它是所有国家赖以生存和发展的首要前提;另一方面,它又是国家权力和国际影响力的内在基础,对国家制定对外政策提供了重要参考依据。综合国力的演变受硬实力要素和软实力要素的共同影响,经济硬实力和文化软实力是综合国力的重要组成部分。纵观中国的现代化进程,其综合国力的发展较为曲折。改革开放以来,中国的综合国力显著提升,但文化软实力与经济硬实力发展的不平衡却逐渐累积。这一方面导致中国经济硬实力发展结构的不合理,另一方面造成了长期以来中国社会经济与文化之间发展的不平衡。经济结构的不合理易造成中国经济发展缺乏创新和活力,难以转型升级并更好地融入经济全球化的进程,导致中国难以掌握在国际社会的自主话语权;文化软实力与经济硬实力发展的不平衡状态,既影响中国社会的发展,也严重制约了中国对世界的辐射力和国际形象的塑造。因此,以硬实力和软实力为主要构成部分的综合国力,已成为制约中国化马克思主义海外传播的重要因素。

(一) 经济发展结构尚需调整

"生产本身是以个人彼此之间的交往为前提的。这种交往的形式又是由生产决定的。各民族之间的相互关系取决于每一个民族的生产力、分工和内部交往的发展程度。……而且这个民族本身的整个内部结构也取决于自己的生产以及自己内部和外部的交往的发展程度。"[1]改革开放以来,中国经济实现了高速增长,在现代化进程中创造出强大的生产力,较高水平的物质生产推动频繁的生产交往,使中国与世界各国越来越成为一个普遍交往联系的整体。

---

[1]　《马克思恩格斯选集》第一卷,人民出版社 2012 年版,第 147 页。

"过去那种地方的和民族的自给自足和闭关自守状态,被各民族各方面的互相往来和各方面的互相依赖所代替了。物质的生产是如此,精神的生产也是如此。"①逐步提升的经济实力催生出中国化马克思主义海外传播的现实需求。但是,世界趋于一体化的同时,西方资本主义却凭借其雄厚的资本实力主导全球经济。对比之下,中国经济在创造增长奇迹的背后,暴露出过多地依赖投资和出口来拉动经济增长的发展模式弊端。此外,金融危机以后,世界经济处于深度调整之中,发达国家的"再工业化""制造业回流"趋势明显,贸易保护主义重新抬头,出口导向型的经济驱动模式受到严峻挑战。② 在这种情况下,调整经济结构以重塑新的增长内生动力才是经济发展的新常态。当前世界经济正处于结构转型升级的大调整时期,中国应抓住机遇,实现经济结构的调整升级,"推动经济实现质的有效提升和量的合理增长",③力争在世界经济结构中占据高端地位,以顺应经济全球化浪潮。

    同时,"应当看到,软实力的消长和软实力的发挥,总是以国家硬实力为基础和后盾。西方国家拥有强大的软实力,掌握国际话语权,与其拥有强大的经济、科技、军事等硬实力有着密切关系"。④ 强大的硬实力是国家在世界政治舞台和话语权战场上角逐的核心优势。近些年来,消费主义、新自由主义、历史虚无主义等非马克思主义或反马克思主义思潮在国内悄然蔓延,这些思想意识渗透的背后往往站着资本势力,后者为前者登台发声提供了各种机会和条件。⑤ 以经济实力为主要代表的国家硬实力是国家话语权的重要基础。在全球国家纷纷进行经济结构改革升级的浪潮中,中国若不抓住机会进行经

---

① 《马克思恩格斯选集》第一卷,人民出版社 2012 年版,第 404 页。
② 参见倪鹏飞:《从城市看中国:格局演变、转型升级与持久繁荣》,《经济日报》2017年 6 月 23 日。
③ 习近平:《高举中国特色社会主义伟大旗帜　为全面建设社会主义现代化国家而团结奋斗——在中国共产党第二十次全国代表大会上的报告》,人民出版社 2022 年版,第 28—29 页。
④ 严照柱:《怎样才能拥有国际话语权》,《人民论坛》2012 年第 12 期。
⑤ 参见张文富、徐刚:《软实力、硬实力与马克思主义话语权建设》,《学术论坛》2016年第 11 期。

济发展结构的调整,就无法充分把握和利用全球化红利,也无力抵抗全球化带来的挑战和困难。若中国失去经济地位,则会处处被掣肘,在世界上便没有主动权和发言权,对外传播中国化马克思主义的目标更将成为遥不可及的幻想。

(二) 文化软实力显露短板

"文化软实力集中体现了一个国家基于文化而具有的凝聚力和生命力,以及由此产生的吸引力和影响力。"①中国目前虽已是世界第二大经济体,在国际社会拥有较高的经济地位,但却没有与经济地位相匹配的对外文化影响力,这是我国综合国力构成中的明显短板。党的十九大对我国新时代的社会主要矛盾进行了新的表述,其实就是提出了我国社会现实存在的文化软实力与经济硬实力发展的不平衡问题。这种不平衡的一个重要表现即为文化贸易逆差与文化对外传播能力的欠缺。近些年来,我国经济发展迅速,但文化贸易则出现明显逆差。当下的中国是经济大国但不是文化强国,中国文化对外影响力仍有明显的不足。中国对外输出的文化产品主要是劳动密集型产品与产业链低端的加工产品,而缺乏自身文化创意产品的输出,中国文化的价值理念还没有被广泛认同而传播开来。因此,这种文化逆差严重制约着我国国际话语权和国际地位的进一步提升,阻碍了中国化马克思主义的海外传播。

二、意识形态之争

意识形态斗争是一场长期暗战。在我国意识形态领域中,马克思主义占据指导地位。但随着全球化与新媒体时代的到来,西方意识形态渗透形式呈多元化、隐形化趋势,导致我国主流意识形态面临严重挑战。

---

① 《习近平关于社会主义文化建设论述摘编》,中央文献出版社 2017 年版,第 198 页。

（一）国内各种杂音频现

我国社会意识形态的斗争压力，主要来源于国内挑战。中国社会正处于急剧转型时期，各个领域都发生巨大变化，学术思想界曾形成带有政治倾向性的错误思潮，比如，历史虚无主义、新自由主义、民主社会主义、"普世价值论"、宪政民主等。① 历史虚无主义歪曲和丑化中国共产党的历史，民主社会主义主张指导思想的多元化及多党制。"普世价值论"想尽一切办法矮化、丑化、污化、抹黑、诋毁甚至妖魔化马克思主义和社会主义核心价值观，宣扬社会主义核心价值观是"启蒙的反动"。大多数西方意识形态通常以"民主""自由""人权"等口号为幌子，以欧美国家的政治运作模式、经济体制、宗教文化、思想观念和生活方式等为主要内容，企图进行西方意识形态宣传和文化殖民，进一步攻击和否定我国的社会主义制度，通过扰乱人们的思想基础，来动摇广大人民群众对社会主义核心价值观的认同。②

同时，我国马克思主义大众化、生活化程度仍有待提高，广大人民群众对"新自由主义""普世价值论"等西方错误思潮的认知有限，对西方"民主""自由"等政治价值仍难以做到自觉辨识、科学辨析、准确辨认，主流价值体系不但面临着被这些错误思潮持续攻击甚至消解的危险，而且在日常话语层面的回应力与回击力均有所欠缺。意识形态面临的内部挑战，时刻表现出动摇马克思主义指导地位、动摇党的执政根基的危险趋势。若国内意识形态阵地失守，那么中国化马克思主义海外传播便会成为"纸上谈兵"。

（二）外部对抗势力仍存

我国社会意识形态的斗争压力，还有一部分来源于外部威胁。长期以来，

---

① 参见樊建新：《社会思潮与文化安全》，《红旗文稿》2017 年第 7 期。
② 参见石沁禾：《文化软实力发展与社会主义核心价值观培育》，《南京社会科学》2018 年第 11 期。

社会主义与西方资本主义之间的意识形态较量从未间歇。某些西方大国带有意识形态的偏见,扶持拉拢一批异见分子,既包括所谓的"文化精英",也包括一批"民间草根";既有顽固不化的"老对手",也有崭露头角的"新生代",他们奉西方模式为圭臬,大肆攻击中国主流意识形态。例如,美国史蒂芬·班农(Steve Bannon)把中国特色社会主义解读为"儒家重商威权主义",纽约城市大学教授大卫·哈维(David Harvey)称中国特色社会主义为"中国特色新自由主义",美国前国家安全事务助理布热津斯基(Zbigniew Brzezinski)称中国特色社会主义为"商业共产主义"。西方媒体在解读中国经济、中国文化问题时常常将其"政治化",把中国道路"西方化",妄想以此来突出西方社会制度、模式的优越性。同时,他们还企图以话语霸权解构中国特色社会主义发展道路,污蔑中国正在步入"修昔底德陷阱",并通过在国际社会制造舆论,掀起"普世价值论",刁难中国、诽谤中国。

近几年,在党和国家的高度重视和政策指导下,我国的对外文化传播力显著增强,也在国际社会取得了更大的话语主动权。但在意识形态斗争下,我国的话语权仍受到外部对抗势力的严重打压。他们充分利用"媒介霸权",不仅使我国的国际形象遭到刻意破坏,我国为全球人民共享发展所推行的一系列政策也被"妖魔化"解读,"一带一路"倡议在海外传播的艰难困境就是最好的例证。拥有强势话语权的西方媒体在对"一带一路"倡议进行报道时,采用了一系列"后现代主义"的操作方法,如拼贴、杂糅、剪切、分解等手段,以颠覆、否定、拒绝、抵制等非理性方式对"一带一路"倡议进行污名化传播。[①] 他们将现实问题历史化,用歪曲式传播引申出错误结论;将全局问题偏颇化,用夸大式传播妖魔化中国的意识形态,在国际舆论中产生了极为不良的影响。由此可见,尽管中国的国际影响力不断增强,但主流意识形态仍遭受到巨大的挑战与威胁。国际社会对中国主流意识形态的恶意解构,国内异见分子对其主导

---

① 参见黄俊、董小玉:《"一带一路"国家战略的传播困境及突围策略》,《马克思主义研究》2015 年第 12 期。

地位造成的旁落威胁,都将导致中国马克思主义海外传播之路并不平坦。

三、文化沟通之壑

在中国进入新时代的当下,中国化马克思主义海外传播,与跨语言翻译是分不开的。现代传播技术的发展,催生出众多异质文化和文化冲突,这两个因素使得跨文化不能仅仅理解为已有文化通过传播的连接与沟通。① 多元文化壁垒以文化差异作为理由反对外来文化传播,不同文明主体之间的文化交流会因为双方语言文字、价值观念、宗教文化等存在许多不同差异而产生不同的传播效果。中国化马克思主义海外传播所面临的文化差异壁垒主要表现为:中西方话语体系的差异与文化价值的冲突,中国对外传播语种无法覆盖全球,国内马克思主义理论领域的高级翻译人才匮乏,我国目前出版的马克思主义外宣书刊单薄,这一切使得中国化马克思主义海外传播面临必须逾越的跨文化鸿沟。

(一) 对外传播语种受限

在全球化背景下,中国已进入公共外交的新时代,需要与世界各国建立一个更加密切、更加深入和更加广泛的语言交流网。在推动中国化马克思主义海外传播的进程中,对外传播语种十分庞杂。有关资料显示,全世界共使用5651种语言,被联合国认定为官方语言的仅仅只有中文、英文、俄文、法文和西班牙文五种语言,其他语言则被统称为非通用语言,即小语种。根据北京外国语大学相关学者的调研,目前我国各个语种教学和使用的权威辞典有60多种,其中至少有一半的语种还缺乏供外国人深入了解中国的百科知识类辞典,

---

① 参见[美]杜赞奇:《从民族国家拯救历史:民族主义话语与中国近代史研究》,江苏人民出版社2009年版,第13页。

部分语种甚至还缺乏基本的工具书、辞书，①语言教学资源的贫乏严重制约了我国多语种翻译业务的拓展，直接阻碍了小语种地区民众更好地认识和了解中国。许多与中国有着战略合作伙伴关系的国家，由于语言障碍，通常会借助英语作为语言沟通的中介。在经过英语作为中间语言的过滤以后，中华文化的核心思想极可能在翻译的过程中，被以英语为基础的西方话语体系不恰当解读，这对中国在海外传播中的价值表达和利益诉求带来极大的不利。

中国化马克思主义海外传播尤其受到语言翻译的限制。中国外文出版发行事业局目前在全球 17 个城市设有海外机构 24 个，绝大部分是在英语、法语、德语及日语国家。中国翻译研究院开设中国特色话语对外翻译标准化术语库，提供中文与英、法、俄、德、意、日、韩、西、阿等多种语言的术语对译查询服务，但关于党政文件和白皮书的对外译本主要涵盖英语、法语、德语和日语，其他非通用语种的译本十分缺乏。南开大学 2015 年申报的"马克思主义中国化研究成果英译术语库"，是迄今为止我国第一个服务于马克思主义中国化成果英译的专业术语库，其起步较晚，仍在建设之中。因此，在中国化马克思主义海外传播过程中，其所面临的语言环境极其复杂，这种状况会导致跨语言沟通无章可循，且无法面面俱到，从而直接阻碍了中国化马克思主义在世界大范围的传播。

（二）专业翻译人才短缺

翻译人才短缺也是跨语言沟通的另一大障碍。新中国曾经有过十分成功的对外传播翻译经验，为我国非通用语种译介传播事业奠定了坚实的基础。新中国成立初期，曾将毛泽东著作进行外语翻译并向海外广泛传播，意在向世界分享抵抗西方列强、摆脱殖民压迫的经验。周恩来总理非常关心非通用语

---

① 参见闫国华：《中华优秀文化对外传播与非通用语种翻译人才培养》，《世界教育信息》2016 年第 11 期。

种能力建设问题,他曾明确提出扩充非通用语种的意愿,为我国非通用语种能力建设奠定了良好的政策和思想基础。目前,在中国化马克思主义海外传播的翻译工作中,中译英、中译俄、中译法等领域已取得较大进展与成果,但如何在全球范围内使用非通用语言来传播中国化马克思主义,仍将是其走向世界的一大难题。

翻译人才的数量和质量直接决定着对外翻译的规模和质量。从数量上看,能够胜任中译外工作的高端人才严重不足;从质量上来看,随着我国国民经济的快速发展和对外交流的日益频繁,我国对翻译人才的培养主要集中在政治、经济、贸易等领域,严重忽视了文化翻译人才的培养。文化翻译人才在翻译领域有着特殊的作用,在人才要求上也有根本的区别,他们不仅要有扎实的汉语言基础知识,还要有深厚的文化修养和理论功底。但是,由于中国化马克思主义海外传播的特殊性,翻译领域的人才往往缺乏这方面的专业素养,而专业理论方面的人才往往又缺乏过硬的翻译能力。特别是在一些政治概念和党政文件的翻译中,由于翻译能力和翻译经验的限制,许多具有中国特色的政治话语在语言转换、理解和消化的过程中往往失去原貌。当逻辑不清晰或脱离中国实际土壤时,外国受众自然无法准确理解中国的政治话语。由此可见,传统的"重语言轻应用"的教学培养模式已不能满足中国化马克思主义海外传播的需要。

(三) 文化价值冲突难免

由于历史传统的差异和基本国情的不同,世界文化发展一直呈现出多元化状态。各地区、各民族从文化传统、行为准则、生活方式到惯用语言皆千差万别。"文化体系形成后,在不同的文化体系之间存在着信仰、价值和规范的根本区别……不同文化体系之间产生误读"。[1] 正因如此,中国化马克思主义

---

[1] 江华:《文化哲学与文化建设》,国家行政学院出版社 2015 年版,第 51 页。

海外传播不可避免会遇到跨文化隔膜,面临"文化折扣"现实。所谓"文化折扣",即因文化背景差异,文化产品的价值难以被其他地区的受众所认同或理解。若只一味地宣传、推广,不重视"巧用力",则容易导致国外受众对外来文化产生排斥心理,传播效果往往适得其反。

长久以来,"黄祸论"在西方社会有很广泛的影响,限制了西方民众对于东方文化的理解。这个论调最早出现在俄罗斯无政府主义者巴枯宁的《国家制度和无政府状态》。目前,在西方舆论中又悄然兴起关于中国文化对外传播与国家形象提升等所谓"锐实力"论调,即西方国家一直宣称的"中国威胁论"的最新变种,它污蔑中国文化对外传播是颠覆西方政治、文化的"刀尖"与"利刃"。由于文化价值冲突的长期存在,文化壁垒则难以消除。中国化马克思主义海外传播所运用的名词、术语,如果忽略当地文化传统,过度使用只有中国人才可理解的文化概念,那么就可能加深彼此之间的误解和误判。

文化语境的不同也是文化冲突的重要原因。在语境分类上,中国文化属于复杂语境文化,而西方文化属于简单语境文化。复杂语境文化注重表达的委婉和含蓄,将信息内化到物质环境或传播对象中;简单语境文化强调直接性,它所传递的几乎所有信息都可以通过清晰的编码符号直接传递。从传播者的角度来看,前者多用大量修饰的术语,强调使用复杂委婉的表达方式来传达信息,而后者多用直接表达。不同的表达方式对受众有不同的传播效果。从受众的角度来看,由于思维习惯和理解方式的不同,西方受众很难把握复杂语境文化的内涵,这在一定程度上导致了沟通的隔阂。中国更注重身份而非差异。中国幅员辽阔,地区差异大,民族多样。各民族、各地区丰富多彩的文化形态共同构成了中华文化的多元一体。然而,在中国文化海外传播过程中,往往只选择少数几种知名的文化形式,如京剧、功夫、旗袍等,导致外国观众对中国文化的认知偏颇和简单化。

将文化价值观差异运用到中国化马克思主义海外传播中,仍然是适用的。面对国际社会丰富多样的需求,中国化马克思主义海外传播,如果忽略了文化价值观的差异,那么海外民众不仅会误读中国化马克思主义传播的意义,还可能影响其隐含意义在语言中的理解。中国化马克思主义的表达方式和语境设置植根于中国的文化传统,在其海外传播的过程中,如果不能与当地受众所习惯的语境和文化习俗相匹配,就无法让他们感受到传播思想的内涵和深度。

四、传播力建设之滞

当前,我国正处于实现中华民族伟大复兴的关键时期,世界各主要媒体关注中国的元素成倍增加,构建国际传播和国际话语体系的任务十分紧迫。同时,我国国际传播正在经历从被动应对到主动平衡再到有所作为的转变,在国际传播能力建设方面,仍有很多问题值得探讨。

(一)话语体系亟待构建

话语体系是思想理论体系和知识体系的外在表达形式。中国化马克思主义海外传播所运用的外宣话语,是中国面向世界最直接的自我陈述语言。我国外宣话语只有得到国际社会广泛传播和认可,才能直接有效地表达中国化马克思主义的核心价值观念。但是由于社会制度和意识形态之别,中西方政治话语存在较大差异,我国国内话语体系与国际话语体系有着显著不同,国内受众使用的惯用话语对国外受众来说则难以适应。中国化马克思主义在外宣话语体系构建过程中,为了适应国际话语体系,曾在表达中国形象、解释中国问题时套用国际话语体系,结果却不尽如人意,这不仅使中国化马克思主义理论脱离了中国实际,解释起来无凭无据,而且没有真实客观准确地传达出中国化马克思主义的价值内涵,反倒落入西方"语言霸权主义"陷阱。"深层次地看,我们在国际上有理说不清的一个重要原因,就是我们的对外传播话语体系没有完全建立起来。"①因此,在推进中国化马克思主义海外传播过程中,亟待

---

① 冯俊:《学习新思想》,人民出版社 2019 年版,第 65 页。

构建一套中西文化相融的特色话语体系。

（二）智库建设较为封闭

长期以来,智库都是西方大国对外输出政策理念的智囊机构。智库在国际事务中发挥的作用涉及政治、经济、文化等方面,包括为国家领导人在外交事务上出谋划策,影响国家安全的政策导向,引导国际舆论,笼络民心民意,塑造本国形象甚至破坏对手形象等。曾经较为流行的"文明冲突"、"中美 G2 模式"、"软实力"和"巧实力"等战略术语都是最早由美国智库提出的。在国际事件背后,各种影响决策的思潮相互激荡、相互融合,其背后的推手就是智库。智库是外交思想的掮客,是外交议题的设置者和政策倡导者。[①]

我国国际战略智库建设短板凸显,中国化马克思主义专门智库较为封闭,导致中国化马克思主义难以有效参与国际对话,"不适应快速深刻变化的国际环境新格局"[②],使得中国化马克思主义如何"走出去",并在海外广泛传播显得任重而道远。

（三）传播理念有待更新

传播理念是传播力建设中十分重要的环节,在中国化马克思主义海外传播的过程中发挥价值导向作用。中国化马克思主义海外传播十分重视官方渠道,保证了传播的权威性和内容的真实可靠性。但是过于重视官方渠道也有其局限性,即传播主体缺乏对受众需求的深度了解与准确把握,受众对于官方传播形成了"教条""灌输"的刻板印象,导致受众的大量流失。即使在互联网时代,我国对外传播理念依然秉持根深蒂固的"宣传心态",习惯采取"单向灌输"的方式。灌输的确有其重要价值,列宁曾说:"社会主义意识是一种从外

① 参见项久雨、胡庆有:《论中国化马克思主义的海外传播策略》,《思想理论教育》2016 年第 3 期。
② 杨谧:《中国智库的现状与未来》,《光明日报》2015 年 9 月 9 日。

面灌输到无产阶级的阶级斗争中去的东西,而不是一种从这个斗争中自发地产生出来的东西。"①但是灌输的方式过于单向性,政治说教意味浓厚,尽管这种传播理念有其明确的目的性和倾向性,但忽略了受众的真实感受和实际需求。

例如,就当代中国马克思主义海外传播而言,受众主要是通过中国的官方国际频道、新华社、人民日报等来认知和了解。但在大多数民众心目中,这些渠道都属于党和政府喉舌,代表着党和国家意志,显得过于正式、高高在上。尽管近年来我国加大了海外主流媒体的建设力度,各大官媒的海外版已开始履行其海外传播的使命,与国际主流社交平台进行有机融合,形成一个强大的海外传播体系。但是这些媒体账号的头像、昵称等给人的第一印象仍是代表着中国政府。此外,我国的海外传播媒体所传播的内容和形式仍以新闻报道和国家政治专题类节目为主,内容颇为政治性和严肃性有助于展示中国良好的正面形象,但是也会带来与受众的距离感,无疑加深了海外受众对中国媒体的偏见。

(四)效果评估露出短板

评估中国化马克思主义海外传播的实效性是非常重要的环节。传播效果是传播的出发点和归宿,在中国化马克思主义海外传播的过程中,只有根据传播实际效果反馈,才能对传播的手段和策略进行及时调整,提高中国化马克思主义海外传播的针对性。相反,若缺少对传播效果的评估,那么传播内容会大打折扣,实际传播效果难以达到预期目的。

中国化马克思主义海外传播效果评估的短板主要表现为对受众心理研究欠缺。中国化马克思主义海外传播的有效性依赖于外国受众的认同,而受众认同来源于受众心理的导向。由于受众定位的同化和互动意识的缺失,影响

---

① 《列宁选集》第一卷,人民出版社 1995 年版,第 326 页。

了中国化马克思主义海外传播的效果。一是受众定位同化。我国对外传播的受众一般包括海外华人、上层精英和普通民众，受众层次和身份差异显著，他们的接受方式也千差万别。但我们在海外传播过程中往往将他们同质化，并未对传播对象的差异化进行详细研究。二是缺乏互动意识。新媒体需求理论指出，"只有当观众认为生活中一个重要的需求不能满足传统媒体，只有当新媒体可以满足需求，他们才开始接受和继续使用新媒体"。① 就海外传播的新媒体而言，互动性是与国际受众面对面交流的最大优势之一。纵观近年来的传播方式，我们可以发现，互动传播已经被各大网络媒体所使用。但刊载中国化马克思主义的国外网站与受众之间的互动栏目相对较少，许多外国受众只能通过评论、电子邮件和少量问卷参与互动。从长远来看，缺少互动和反馈的传播方式将会导致海外受众参与的意愿降低，这与中国化马克思主义海外传播的初衷背道而驰。

第二节　中国化马克思主义海外传播的战略谋划

习近平总书记在党的二十大报告中指出：要"增强中华文明传播力影响力，坚守中华文化立场，讲好中国故事、传播好中国声音，展现可信、可爱、可敬的中国形象，推动中华文化更好走向世界"②。古人云：凡事预则立，不预则废。为有效突破中国化马克思主义海外传播的现实困境，需要相应的顶层设计，并对其进行全局性谋划和系统性推进，主要包括五个方面，即强化硬实力与软实力的耦合以提升综合国力，做好意识形态领域的防守和出击，独立自主

---

① 朱建华：《不同渠道、不同选择的竞争机制：新媒体权衡需求理论》，《中国传媒报道（香港）》2004 年第 2 期。

② 习近平：《高举中国特色社会主义伟大旗帜　为全面建设社会主义现代化国家而团结奋斗——在中国共产党第二十次全国代表大会上的报告》，人民出版社 2022 年版，第 45—46 页。

地构建对外话语体系,以开放包容的姿态加强我国智库建设,整合国内外资源以实现媒体融合。

一、提升国家综合实力

党的二十大明确提出要"牢牢掌握党对意识形态工作领导权"的重大战略部署。作为国家主流意识形态,马克思主义话语权要求软实力和硬实力二者合力发挥作用,因此提升国家综合实力,不可偏废任何一方。只有我们党牢牢掌握马克思主义话语权,才有助于中国化马克思主义海外传播并得到广泛认同。

(一)高度重视文化软实力建设

与传统的硬实力不同,软实力强调的是灵活性,表现为一个国家的文化和意识形态的内在吸引力和外部影响力。党的十九大报告将"增强文化软实力"作为弘扬中华优秀传统文化、增强文化自信的重要内容。"要注重软实力建设,把我国标准、规则、理念推出去。逐步形成一套带有中国印记的多边治理规则,扩大以我为主的全球伙伴关系网,提升我国在地区乃至全球治理中的影响力和话语权。"①因此,必须高度重视文化软实力的建设和发展。增强文化软实力,一方面要以马克思主义为指导,立足中华优秀传统文化,有机整合世界先进文明的成果,凝聚改革开放的实践经验,创造出更加具有内在吸引力的先进文化。另一方面要对外传播中国价值观,塑造中国国际形象,并提升中国国际话语权。高度重视文化软实力建设,就是维护中国化马克思主义在世界发声的权利、维护我国的文化安全,以及为我国与世界各国的文化交流提供精神力量和智力支持。

---

① 《习近平关于社会主义文化建设论述摘编》,中央文献出版社 2017 年版,第 215 页。

（二）推动硬实力与软实力耦合

德国著名的中国问题专家托马斯·海贝勒(Thomas Heberer)认为,"只要经济平稳发展,大多数人的生活水平和参与程度不断提高,那么,社会和政治的安定就可以得到保障,中国也将日益成为国际政治中一个值得信赖和负责任的伙伴"。① 将经济硬实力与文化软实力的耦合转化为一个互动、协调、同步发展的整体过程,这将是提升文化软实力的重要举措。

文化软实力与经济硬实力的耦合涵盖经济、政治、文化等社会发展的多个方面,实施起来较为复杂,不仅要有科学的顶层设计,统筹规划文化软实力提升和经济硬实力增长的整体机制,也要着力促进文化事业发展,提高文化产业竞争力。"要紧紧围绕建设社会主义核心价值体系、建设社会主义文化强国,完善文化管理体制和文化生产经营机制,建立健全现代公共文化服务体系、现代文化市场体系来做好工作,以此推动社会主义文化大发展大繁荣。"②文化产品是文化形态与经济、科技紧密结合的产物,是中国化马克思主义海外传播的有效载体。文化产品包含的思想观念,会影响受众的接受效果。因此,依靠文化产品作为载体,中国化马克思主义海外传播的路径将更加广泛,形式将更加多样,传播效果将更加明显。由此可见,提高文化产业竞争力不仅可以带来可观的经济效益,而且还能推动中国化马克思主义在海外的进一步传播。

二、加强意识形态建设

马克思曾指出:"如果从观念上来考察,那么一定的意识形式的解体足以使整个时代覆灭。"③重视意识形态工作是中国共产党的优良传统,习近平总

---

① ［德］托马斯·海贝勒:《关于中国模式若干问题的研究》,《当代世界与社会主义》2005 年第 5 期。

② 习近平:《在中央全面深化改革领导小组第二次会议上的讲话》,《人民日报》2014 年 3 月 1 日。

③ 《马克思恩格斯文集》第八卷,人民出版社 2009 年版,第 170 页。

书记在全国宣传思想工作会议上强调,意识形态工作是党的一项极端重要的工作。① 当今世界,在告别"暴力与金钱"的控制、"核弹与火箭"的威胁之后,"意志和思想"的博弈已走向台前,意识形态领域的斗争正成为世界大国软实力较量的重要筹码。因此,只有打好意识形态攻坚战,打破国际舆论垄断格局,提升意识形态国际话语权,才能使中国化马克思主义在国际舆论场中赢得应有的一席之地。

(一) 增强主流意识形态引导力

"一个政权的瓦解往往是从思想领域开始的。……在集中精力进行经济建设的同时,一刻也不能放松和削弱意识形态工作。"②党的十九大以来,国家倡导社会主义核心价值观写入宪法,这对我国社会大众的思想领域进行了法律层面的指引,可见党和国家对意识形态工作的重视程度。这不仅是构建以社会主义核心价值观为核心的国家文化软实力的巨大机遇,也是增强马克思主义主流意识形态引导力的重要法律保障。只有增强马克思主义主流意识形态的引导力,才能为中国化马克思主义海外传播奠定坚实的基础。

增强主流意识形态引导力要通过全面、有效地培育和实践,使其融入国家文化软实力建设的各个方面,最终内化为人们的自觉追求。对于一些非马克思主义或反马克思主义思潮,需要我们"增强阵地意识,敢抓敢管,敢于亮剑,敢于站在风口浪尖上进行斗争"③,高度警惕西方意识形态的渗透,及时澄清国际社会对我国主流意识形态的误读、误解、误判,纠正国外学者和媒体评价中国所采用的双重标准,有力回击所谓"输出意识形态""输出发展模式"等对

---

① 《习近平谈治国理政》第一卷,外文出版社 2018 年版,第 153 页。
② 《习近平关于社会主义文化建设论述摘编》,中央文献出版社 2017 年版,第 21 页。
③ 《十八大以来重要文献选编(上)》,中央文献出版社 2014 年版,第 465 页。

中国的无端指责,坚决抵制西方资本主义国家利用"舆论霸权"抹黑中国道路的图谋。

(二) 掌握意识形态主动权

意识形态是立党立国之根基,关乎旗帜、关乎道路、关乎方向、关乎国家长治久安,在党和国家事业中,具有根本性、全局性和战略性地位。因此,党和国家要下好先手棋,牢牢掌握意识形态工作的领导权主动权。也只有这样,中国化马克思主义海外传播才更有主动权。

当下,我国意识形态工作总体向好。但是,在社会思潮多元化的大背景下,如何维护意识形态安全,这是一个值得高度重视且要认真解决的大问题。其中,一个重要方面就是要充分利用各种机会在国际舞台上主动发声,积极主动地推进中国化马克思主义海外传播,以生动形象的话语体系,打造既能体现中国风格、中国气派,又能融通中外的新概念、新范畴、新表述,向世界展示一个真实、立体、全面的中国,把国际社会想知道的和中国政府想阐明的思想观点表达出来,改变过去"多做少说"或"只做不说"的失语状况。充分运用海外报刊、国家主流网站的海外分站等各种媒体载体,加强在国际社会对党和国家的大政方针进行正面宣传报道,强化正面舆论引导,把控舆论斗争的主战场,筑牢意识形态安全防火墙,占领道义制高点、阵地制高点和舆论制高点。

(三) 提高网络意识形态国际话语权

网络空间不仅是各种意识形态和价值观念的表达平台,更是新时代争夺意识形态话语权的主战场和主阵地。① 一方面,网络舆论环境已发生新变化,"现在,媒体格局、舆论生态、受众对象、传播技术都在发生深刻变化,特别是

---

① 参见杨洋:《学习习近平关于构建网络意识形态话语权的重要论述》,《党的文献》2018年第5期。

互联网正在媒体领域催发一场前所未有的变革。"①另一方面,网络舆论对于意识形态建设的作用越来越突出,网络舆论场上存在各种信息错综复杂、各种思想文化相互碰撞、各种价值观念较量交锋的状况,互联网已经成为舆论的主阵地和意识形态斗争的主战场。

当下,以美国为首的西方国家利用其网络技术优势、资本优势和话语优势,向世界各国输出其意识形态与价值观念,使我国网络空间主流意识形态话语权面临严峻挑战。因此,打好网络意识形态攻坚战与反击战任重道远。一是克服"本领恐慌",积极探索主流意识形态融入网络空间,利用网络传播的全天候和个性化特征,扩大主流意识形态的辐射力和吸引力,发挥主流意识形态的价值引领作用。二是提升对网络意识形态安全问题的政治敏锐性和鉴别力,通过现实空间与虚拟空间的有效结合,捍卫我国的网络边疆和网络主权,抵制西方国家所谓"全面网络自由"战略,扭转"西强东弱"的舆论态势。三是统筹国内国际两个大局,增强我国在全球网络空间治理中的话语权和规则制定权,为中国化马克思主义海外传播营造良好的网络舆论环境。

三、建构对外话语体系

中国化马克思主义海外传播的本质是文化和理念传播。在面临跨语言传播的困境时,首先需要做好中国化马克思主义学术外译工作,语言相通才能培养文化认同。在此基础上打造中国特色原创话语体系,才能进行有效的传播与交流,才能避免"牛头不对马嘴"的局面。好的话语表达,可以把"我们想讲的"变成"受众想听的",也可以把"受众想听的"融进"我们想讲的"。

(一) 做好中国化马克思主义外译工作

好的传播话语需要优质的传播文本。中国化马克思主义的跨语言传播文

---

① 《习近平关于网络强国论述摘编》,中央文献出版社 2021 年版,第 66 页。

本离不开学术外译。中国化马克思主义学术外译工作对于构建中国对外传播话语体系,以及对于世界了解和认知中国意义十分重大,也是我们树立理论自信和学术自信必不可少的重要方面。2019 年国家社科基金中华学术外译项目立项名单上,156 个项目中属于马列学科的仅有两项,包含"中国治理""中国政治制度""中国特色社会主义""中国道路"等与当代中国马克思主义相关的政治学科项目也不到 10 个,很显然中华学术外译对当代中国马克思主义的涉及程度远远不够。当代中国马克思主义学术外译不仅仅是将已有的政治文献进行多语种翻译,更需要有学术创新成果在外国期刊上出现。这就要求有深厚外语基础的中国马克思主义学者以及拥有马克思主义理论功底的高端外语人才的参与。在全球化不断纵深发展的 21 世纪,外语教育和人才培养已成为世界各国高度关注的发展战略。外语类人才的作用不仅是要帮助中国了解世界,更要推动世界深刻地了解中国。因此,做好中国化马克思主义学术外译工作任重道远。

(二) 打造中国特色原创话语体系

长期以来,西方发达国家掌控着国际传播规则,以自身的核心政治观念来衡量其他国家的思想、文化和理念,并把那些与自身不同的思想文化视为"异端",加以打击破坏。但是,中国特色社会主义的伟大成就有目共睹,用西方的理论、西方的话语、西方的标准来解释和衡量中国发展的奇迹,既不可行,也不可能。中国问题的研究应该由中国人来主导,中国的实践应该由中国的理论来解释。我们应该摆脱对西方话语的依赖,打破西方话语霸权的主导规则,构建一个整合中外新范畴、新概念、新表述,并具有中国特色的哲学社会科学话语体系。中国化马克思主义海外传播既要以高度的学术自信去发展自身独立的话语体系,用中国话语讲清楚中国的思想理论,坚守自己的思想文化标准;同时,寻求中西方表达方式的共同点与普遍认可的价值观,在融通之中构建具有中国特色的表达方式,使其更能被世界各国所接受。

党的二十大报告使用了"中国智慧""中国方案""中国力量"为代表的"中国+"表达符号,这些话语表达既富有中国特色的原创性,也符合世界人民共同的价值追求;既符合西方的简单化表达特征,又能简练概括我国发展战略理念。此外,在促进中国化马克思主义海外传播时,我国可通过塑造文化和经济话语体系等"软话题",逐步加强政治话语的塑造力,力求在刚柔并济中,使中国特色的原创话语体系被国际社会所接受,用中国话语实现国际表达。

(三) 在全球化语境中注入中国话语

在全球化语境中,切实有效地克服话语障碍,推进当代中国马克思主义海外传播,不仅要构建我们自身的话语,还要将具有中国特色的话语体系传播到海外,在世界话语体系中注入中国话语。第一,需找到中国话语体系在世界话语体系中所处的地位,客观判断分析,防止理论缺失和学术话语的主体性缺失,避免出现否定中国话语甚至以西方话语取而代之的现象。第二,坚持融通中外,学习世界文明的有益元素,批判性地吸收西方政治思想采用的方法和理论,以丰富和发展当代中国马克思主义的理论与实践内容。第三,主动回应世界关切,不断提升中国化马克思主义对人类社会发展实践的解释力,进一步扩大中国理论的国际话语权。第四,寻求东西方学术思想和话语的交汇点,利用海外中国学的热潮,增加中国议题在世界话题中的曝光度,使中国议题成为西方学者研究当代世界问题时无法回避的课题,推动中国话语在国际话语权中的分量不断加强。

四、打造一流智库机构

在社会信息化、经济全球化、文化多元化的国际竞争中,智库正在发挥着越来越重要的作用,承担着思想库和智囊团的功能。[①] 智库建设是一个生成

---

① 参见吕余生:《坚持用马克思主义指导智库建设》,《光明日报》2009 年 9 月 1 日。

思想、谋划策略、服务经济社会发展的系统工程。推进中国化马克思主义海外传播，智库建设还需进一步加强。

（一）树立正确的智库发展观

加强当代中国马克思主义智库建设，是中国化马克思主义海外传播的题中应有之义。首先应树立正确的智库发展观，即以面向现代化、面向世界、面向未来为价值取向。"策为天下先"，当代中国马克思主义智库要以"发挥好决策的参谋作用，具备向社会解读政策、凝聚共识的功能，拥有国际传播能力，能够履行战略对话"①为发展目标。智库建设不局限于马克思主义理论的文本研究和交流，还应在清洁能源、环境保护、气候变化、反恐合作等领域，以马克思主义为指导，与解决实际问题相结合而提出创造性的战略成果，并可供其他国家所参考，以彰显当代中国马克思主义智库的学术自信。当代中国马克思主义智库不仅是中国的智库，也是世界的智库，不仅要充分发挥中国马克思主义知识资源的优势，也要通过批判和借鉴西方高端智库的管理方法和实践经验，将当代中国马克思主义智库打造成国际化智库，通过中国化马克思主义海外传播，为全人类发展提供有效帮助，为构建人类命运共同体作出中国马克思主义智库的应有贡献。

（二）加强哲学社会科学人才培养

中国化马克思主义海外传播需要大批具有国际视野和良好传播能力的高素质人才的积极参与。"我国哲学社会科学的一项重要任务就是继续推进马克思主义中国化、时代化、大众化，继续发展21世纪马克思主义、当代中国马克思主义。"②2019年8月9日，社会科学文献出版社在第20次全国皮书年会上发布了《智库成果蓝皮书：中国皮书发展报告（2019）》。报告显示，截至

---

① 傅莹：《国际战略智库期待"转型革命"》，《人民日报》2015年4月15日。
② 习近平：《在哲学社会科学工作座谈会上的讲话》，人民出版社2016年版，第9—10页。

2019 年 5 月,皮书已经覆盖 700 余个研究领域,累计出版 800 余种 3132 部;研创机构有近千家,参与皮书研创的有署名的作者累计超过 7 万人;除中文外,在全球以英文、俄文、日文、韩文等 12 种语言出版发行。中国马克思主义论坛 2019(高端智库)在中共中央党校召开,原中央党校副校长李君如提出新型智库在制度建设和治理能力建设中,承担着为思想理论传播和舆论引导提供建言献策和智力支持的使命。但是相对而言,我国马克思主义智库高端人才却极其稀缺。

近年来,中国通过各类多边与双边合作机制,大力引进海外人才,为中国哲学社会科学智库带来多元化国际化人才储备,对海外传播能力建设发挥了积极作用。海外人才的本土化、多元化、国际化特征,有助于保证对外传播内容生产与成果转化更"接地气",更符合国际表达要求。党的十八大以来,当代中国马克思主义、21 世纪马克思主义已成为中国与世界对话的战略性语言,也是 21 世纪国际经济政治发展和世界新秩序构建所需的重要理论参考。为此,中国亟须培养大量哲学社会科学领域的多元化国际化人才,引导他们参与国际议题,将中国化马克思主义传播至世界各地,为中国致力于构建新型国际关系提供智力支撑。

(三) 构建智库国际交流合作机制

学术机构与智库是当代中国马克思主义海外传播的制度化平台。"我们既要立足本国实际,又要开门搞研究。对人类创造的有益的理论观点和学术成果,我们应该吸收借鉴。"①《中国皮书发展报告(2019)》指出,从 2008 年到 2018 年,共有 188 位外籍作者参与国别区域和全球治理类皮书研创,尽管所占比例不高,仅为 2.14%,但却反映了此类皮书研创的新特点。国内外专家共同参与皮书研创,不仅可以提高我国对目标国家的研究水平,还可以促进中

---

① 习近平:《在哲学社会科学工作座谈会上的讲话》,人民出版社 2016 年版,第 18 页。

外智库之间的合作与交流,为我国参与国际话语权的竞争提供有利条件。智库对外合作与交流的加强,可使中国化马克思主义最新理论成果通过大众传播、学术交流、合作研究等方式,被国际社会所认识和了解。智库建设在面对环境问题、安全问题、发展问题等全球性挑战时,需要形成价值共识,才有讨论的起点和合作的基础。因此,需充分利用智库学术机构,加强与外国智库的交流与合作,促进中外学术建设,实现共同价值追求,搭建坚实的中国化马克思主义海外传播交流平台。

五、加快媒体深度融合

习近平总书记着眼于全媒体时代的大趋势和舆论生态的新变化,提出要加快推动媒体融合向纵深发展,"着力打造一批形态多样、手段先进、具有竞争力的新型主流媒体,建成几家拥有强大实力和传播力、公信力、影响力的新型媒体集团,形成立体多样、融合发展的现代传播体系"。① 这是新时代条件下新闻舆论工作面临的崭新课题,也是对党的新闻事业发展作出的战略性部署。

随着互联网技术的迅猛发展,新兴媒体日渐成熟,全媒体时代应运而生,全程媒体、全息媒体、全员媒体、全效媒体相继出现,传播的时空边界正日渐消解。融媒体综合了传统媒体与新兴媒体的多重优势,能为中国化马克思主义海外传播提供充足便利的媒介。因此,应整合各方媒体资源为我所用,大力提升国内媒体的综合传播力,构建广覆盖、多样式的融合媒体传播网络,并与海外媒体广泛合作,实现国内外传播平台的互联互通,掌握中国化马克思主义海外传播的战略主动权。

(一) 大力提升国内综合传播力

国内方面,主流媒体不仅要加强传播媒介建设,还要统筹处理好传统媒体

---

① 《习近平关于全面建成小康社会论述摘编》,中央文献出版社 2016 年版,第 118 页。

和新兴媒体、大众化媒体和专业性媒体等各大传媒平台的关系,实现国内传播媒体平台的融合。国内传播媒体可积极利用微博、微信、手机报等各类新媒体,推动中国化马克思主义直接进入各类用户终端,并提高其出现频率,实现中国化马克思主义海外传播的全方位覆盖、全天候延伸和多领域拓展。同时,合理利用市场化手段,通过并购、合作等方式,将国内各领域各类型媒体整合并连通发挥效应,扩大国内媒体规模,扩充媒体传播资源,形成强有力的国内媒体综合传播力。

(二) 积极与海外媒体广泛合作

海外方面,应注重中外媒体的融合。我国驻海外的传播媒体不仅要在本平台提升中国化马克思主义的曝光度,还可充分利用海外媒体的影响力,实现多渠道传播与曝光,潜移默化地增加海外受众对中国化马克思主义的认知度。同时,可进一步集结海内外不同媒体,实现各传播平台的互联互通。中国化马克思主义要走出国门,首先传播媒体走出国门是十分关键的一步。我们应摒弃封闭观念,鼓励国内媒体走出去,与用户基数大、活跃程度高、触角范围广的海外平台广泛合作,实现"一次生成,多点落地,立体传播"的集群效应。①

一是海外华文传媒。海外华人媒体是以海外华人为主要力量,由长期以来居住在海外的华人共同打造出来,主要面向海外华人进行资讯报道。海外华文媒体关乎海外华人的日常生活,与海外华人社会的生存与发展息息相关。同时,海外华文媒体对国内媒体来说也有着借鉴与合作价值。现有的海外华文媒体规模庞大,种类多样,包括广播电视、期刊报纸以及双语网站等,覆盖了全球50多个国家和地区。这些媒体既拥有本土优势,熟知本地民众对于传播内容的接受习惯,又具备双语传播优势,能够挖掘和发展国内外两个方面的潜在受众。海外华文媒体是中国向海外输送华文讯息的中转站,也是海外华人

---

① 参见王树成:《融媒时代的对外传播要抢抓机遇乘势而上》,《新闻战线》2017 年第17 期。

了解中国资讯的重要接收站。新媒体应以此为契机,加强与海外华人媒体在对外传播中的融合,构建强大的世界华人媒体合作联盟,进一步提升其国际影响力。

二是西方主流媒体。西方主流媒体是当前国际舆论的主要操纵手,它们掌握着国际传播的大量资源,是国际传播规则的制定者。经过长期的历史发展和资本积累,西方主流媒体拥有强大的国际影响力。我国媒体要加强与西方主流媒体的合作。一方面,共享传播内容与受众资源。合作后,我国媒体能够获得更多的一手新闻资料,也有机会将我国的重要新闻资源分享给海外媒体播报。另一方面,学习西方先进技术和传播手段。如此一来,我国媒体不仅能够以较低的成本获得更多的国际传播资源,提升国际传播影响力,还可以更快地打造中国媒体的国际化品牌效应,使中国化马克思主义海外传播更好地"落地入户"。

第三节　中国化马克思主义海外
传播的路径探索

理论自觉、文化自信,是一个民族进步的力量。随着中国国际形象和影响力不断提升,国际社会对中国的看法也发生了历史性转变。因此,中国化马克思主义海外传播需要结合新的时代特征,遵循传播学自身规律,探索科学的传播路径,对世界讲好中国化马克思主义的故事,为实现中华民族伟大复兴创造更为有利的国际环境。

一、"为何讲":外宣目标引领传播导向

习近平新时代中国特色社会主义思想是当代中国马克思主义,因此,中国化马克思主义海外传播的重点应是当代中国马克思主义。党的十八大以来,习近平总书记对当下中国对外传播的战略目标给出了明确指示,即"联接中

外、沟通世界"①,争取海外人士对中华文化、中国道路、中国模式和中国梦的了解、认同,为中国参与全球治理提供强有力的舆论支持。因此,当代中国马克思主义海外传播作为对外传播的重要组成部分,必须牢牢把握传播目标,引领传播导向。

(一) 在共享中彰显理论自信

当代中国马克思主义海外传播的主要目标之一,就是让世界各国都能共享当代中国发展的文明成果。一方面,当代中国马克思主义是对中国模式的理论性总结,是中国模式的最佳概括。其海外传播是为了让国际社会正确了解和认识中国特色社会主义道路的伟大实践,正确了解和认识中国特色社会主义理论体系的本质特征和价值意蕴。另一方面,当代中国马克思主义是21世纪的马克思主义,是世界马克思主义的重要发展成果,值得与世界共享。当代中国与世界上很多国家都有着深刻的马克思主义基因,中国马克思主义与其他流派的马克思主义有着相通的马克思主义内核。这就意味着当代中国马克思主义海外传播要与世界各国不同背景下的马克思主义理论流派进行交流交融,在理论共享中产生共鸣,最终在理论共享中实现理论自信,使得当代中国马克思主义理论成果成为国际社会所认可与接纳的公共理论财富。

(二) 在交流中促进理论创新

不断推进理论创新是马克思主义的鲜明品质。对此,恩格斯曾指出:"我们的理论是发展着的理论,而不是必须背得烂熟并机械地加以重复的教条。"②当代中国马克思主义是不断发展着的,它始终以开放包容的姿态学习和借鉴人类文明优秀的理论成果,以此保持自身的活力。一方面,当代中国马

---

① 《十八大以来重要文献选编(下)》,中央文献出版社2018版,第212页。
② 《马克思恩格斯选集》第四卷,人民出版社1995年版,第681页。

克思主义通过海外传播,将其置于一个与中国完全不同的环境中,对其进行国际化历练,从而不断丰富当代中国马克思主义的理论内涵,以促进其理论创新和发展。另一方面,当代中国马克思主义在海外传播与交流的过程中,因其真理的力量,不断提升中国特色社会主义道路自信、理论自信、制度自信和文化自信,从而更进一步激发理论创新的强大动力。

（三）在对话中力求增信释疑

当下,国际格局发生了复杂深刻的变化,以中美两国关系为代表的新型大国关系亟待建立。而新型大国关系的建立需要在对话中增信释疑,需要以一种富有建设性的交往方式和思维方式,进行"合作式"的跨文化对话。当代中国马克思主义海外传播是中华文化、中国道路、中国模式在国际社会争取认可的必然要求。一直以来,世界多元的文化和思想都是在不断交流碰撞中获得公众的认可,并得以保留和延续。当代中国马克思主义作为人类社会重要的思想体系和理论成就,也需要在与世界多元思想和理论体系的交流中获得认可与信任。

除了争取认可与信任,当代中国马克思主义海外传播还有一个重大目标,那就是消除世界各国对中国化马克思主义的疑虑和误解。当下,"西强我弱"的国际舆论格局还没有彻底改变。在此局面下,以美国为首的西方社会对当代中国马克思主义指导的主流意识形态进行恶意解构,导致西方部分民众对当代中国马克思主义理论感到陌生甚至排斥,并对中国的认知存在较大的偏差。因此,当代中国马克思主义海外传播的重要使命就是向世界正面宣传中国理论,讲好中国故事,从而消解西方的各种疑虑,并破除国际社会对当代中国马克思主义的错误认知。

（四）在合作中完善全球治理

人类的命运乃安危与共、息息相关,人类文明是多元平等和相互借鉴。历史发展到今天,人类文明空前繁荣,同样也面临空前挑战。资源短缺、环境污染、气候变化、疾病流行、恐怖主义等各种严峻挑战往往超出一国范围,具有全球影响,需要各国携手应对;单边主义抬头,地区热点问题发酵,国际形势异常严峻,人类社会面临的共同威胁和挑战上升。从国际关系演进的趋势来看,零和博弈的冷战思维终将被历史车轮碾压,建立合作共赢的新型国际关系才是理性选择。中国同外部世界的关系,本质上是相互依存和相互需要的关系,中国国家治理和全球治理是协同发展的。作为世界最大的发展中国家,中国始终坚定不移履行可持续发展承诺,高度重视加强可持续发展国际合作,强调要让世界各国人民共享经济全球化发展成果。中国面对世界问题表现出了积极态度和责任意识,提出了"公正合理""互商互谅""同舟共济""互利共赢"的解决方案,其内涵是世界应朝着构建人类命运共同体的目标努力。这一中国方案是以习近平同志为核心的党中央关于全球治理的理论总结,是遵循人类社会发展规律和立足经济全球化实践所得出的科学方案,是当代中国马克思主义的重要内容之一。

中国力推世界开放发展的全球化新格局,代表人类社会的发展大势。中国坚持和平发展道路,构建人类命运共同体的倡议多次被写入联合国决议并形成世界共识,中国方案快速进入实践过程。新时代中国特色社会主义以坚定有力、卓有成效的实践历程,反照出逆全球化、贸易保护主义的短视性、局限性和制约性。由此,中国还将继续"反对各种保护主义,促进公平竞争,放宽市场准入,主动扩大进口,积极推进'一带一路'建设,用实际行动推动经济全球化进程"。"中国的发展离不开世界,世界的繁荣也需要中国。"①当代中国马克思主义关于全球治理的思想体现了中国对世界的责任与贡献,其海外传播将为解决世界问题提出中国方案,为建设更加美好的地球家园贡献中国智慧,使中国与世界各国共同发展共同进步。

---

① 习近平:《在庆祝改革开放40周年大会上的讲话》,人民出版社2018年版,第33页。

二、"讲什么":新媒体时代"内容为王"

传播内容是传播受众接触到的直观信息,是国际传播至关重要的方面。①在"内容为王"的新媒体传播时代,没有好的内容,对外传播则成无源之水。习近平总书记指出,要让世界知道"学术中的中国""理论中的中国""哲学社会科学中的中国",以及"发展中的中国""开放中的中国""为人类文明作贡献的中国"②。这为当代中国马克思主义海外传播的内容设置作出了明确指导。当代中国马克思主义海外传播的内容是多方面的,既有理论创新成果,又有实践经验总结;既有中华文化传播,又有国家形象展示。我们"要从国家和民族的历史、文化和实际情况着手,讲特色、讲渊源、讲实践、讲发展"③,使传播的内容更符合海外受众的需求。

(一) 传播理论成果

习近平新时代中国特色社会主义思想以宏大的战略眼光勾勒出 21 世纪中国和 21 世纪马克思主义的光明前景,系统回答了"新时代坚持和发展什么样的中国特色社会主义、怎样坚持和发展中国特色社会主义",以其对历史经验的深刻总结,对历史规律的深刻揭示,对现实问题的深入分析,对未来发展的深入思考,成为马克思主义中国化最新成果。

习近平新时代中国特色社会主义思想是引领中国、影响世界的当代中国马克思主义、21 世纪马克思主义。这一思想,围绕推动建立新型国际关系,构建人类命运共同体,建设更加美好的世界,提出了一系列富有创造性的理念和主张,为正在经历百年未有之大变局的人类社会指明正确发展方向,为人类应对全球性挑战、解决全球性问题贡献了中国智慧和中国方案,并将在指导当代

---

① 参见刘利群、张毓强:《国际传播概论》,中国传媒大学出版社 2011 年版,第 77 页。
② 习近平:《在哲学社会科学工作座谈会上的讲话》,《人民日报》2016 年 5 月 19 日。
③ 习近平:《在全国宣传思想工作会议上的讲话》,《人民日报》2013 年 8 月 21 日。

中国伟大实践历史进程中不断增添鲜活的时代内容,展现出更强大、更有说服力的真理力量和实践力量。

因此,推动当代中国马克思主义海外传播,首先应当重点传播习近平新时代中国特色社会主义思想,因为这一思想以宽广的世界眼光、博大的天下情怀和坦诚的大国担当,为人类谋和平、为世界谋发展,有力推动人类追求和平与发展的崇高事业。

(二) 分享实践经验

理论从实践中得来。中国共产党始终坚持马克思主义的理想信念,践行马克思主义实践思维,以马克思主义立场、观点和方法解决中国实际问题。正如习近平总书记所指出:"中国共产党领导中国人民取得的伟大胜利,使具有五千多年文明历史的中华民族全面迈向现代化,让中华文明在现代化进程中焕发出新的蓬勃生机;使具有五百年历史的社会主义主张在世界上人口最多的国家成功开辟出具有高度现实性和可行性的正确道路,让科学社会主义在21世纪焕发出新的蓬勃生机;使具有六十多年历史的新中国建设取得举世瞩目的成就,中国这个世界上最大的发展中国家在短短三十多年里摆脱贫困并跃升为世界第二大经济体,彻底摆脱被开除球籍的危险,创造了人类社会发展史上惊天动地的发展奇迹,使中华民族焕发出新的蓬勃生机。"①实践证明,在中国共产党的领导下,中国对世界增长的贡献率,对世界贸易和投资的拉动作用,在引导新一轮经济全球化健康发展、推动全球治理进程中的领军作用,如今已远远超过欧美国家。这些成就的取得,离不开中国的现代化进程,凝结着党的领导的成功经验和秘诀。因此,当代中国马克思主义海外传播的一个重要方面,就是向世界展示中国特色社会主义建设的伟大成就,使中国共产党在世界政党政治发展进程中的形象更加光彩,影响更加广泛。

---

① 《十八大以来重要文献选编(下)》,中央文献出版社2018年版,第343页。

（三）光大中华文化

文化是交流交融交锋的主战场。中国化马克思主义海外传播的实质是跨文化的沟通与交流。中华民族拥有 5000 多年连绵不断的文明历史,创造了博大精深的中华文化,为人类文明进步作出了不可磨灭的贡献。把中华文化推向世界,让中华文化在世界面前"活起来""热起来",是中华民族向世界分享其优秀文化的理想愿景,也是中国为了世界和平与发展所展现的大国担当。习近平总书记曾鲜明指出,"中华文化是我们提高国家文化软实力最深厚的源泉,是我们提高国家文化软实力的重要途径"。① 因此,推进当代中国马克思主义海外传播,必须积极传播中华文化,以提升中国文化软实力。

在中国特色社会主义进入新时代的背景下,为了让世界更好地了解中国社会的历史与未来,我们应立足于中华文化,推进当代中国马克思主义海外传播,让马克思主义深深植根于中华优秀文化的土壤里。中国化马克思主义是中国近百年来所创造出的新文化、新思想,是当代中国的优秀文化,也是今日中国得以立足世界的思想脊梁。因此,要有意识地挖掘中国化马克思主义中所蕴含的中华优秀文化精髓,同时,通过对中华优秀文化进行创造性转化和创新性发展,丰富中国化马克思主义海外传播的思想内容。

总之,将中国化马克思主义海外传播放在全球文化交流交融的大背景下,使其与中华优秀文化进行有机融合,将理论传播诉诸文化传播,不断提升中国化马克思主义海外传播的文化内涵。

（四）展示国家形象

通过中国化马克思主义海外传播,对展示良好国家形象,进而提升国家地位、促进国家发展、维护国家安全、增强综合国力和国际竞争力都具有重要

---

① 《习近平关于社会主义文化建设论述摘编》,中央文献出版社 2017 年版,第 201 页。

意义。

第一,展示当代中国改革开放的形象。邓小平多次强调:"无论如何要给国际上、给人民一个改革开放的形象,这十分重要。"①改革开放是决定当代中国命运的关键一着,它不仅改变了中国,也改变了世界,并把中国推向与世界密不可分的状态之中。正是改革开放,使中国的变化震撼了世界,中国的速度惊艳了世界,中国的消费激活了世界,中国的减贫温暖了世界,中国的环保美丽了世界。奥地利《趋势》杂志网站刊登题为《中国:龙的世纪》的文章称,1978年中国改革开放后,迎来的是一场史无前例的经济崛起。世界银行首席经济学家布兰科·米拉诺维奇(Blanc Miranovic)认为,中国改革开放"是人类发展史上最激动人心的例子"。② 因此,中国化马克思主义海外传播要大力宣传、充分展示改革开放的国家形象。

第二,展示当代中国科学发展的形象。中国改革开放取得举世瞩目的发展成就,把经济高质量发展与生态环境保护有机统一起来,用事实证明了中国科学发展之路的正确性。但中国并非独善其身,而是积极参与全球治理,为建设更加美好的地球家园贡献中国智慧和中国力量。因此,中国化马克思主义海外传播要大力宣传、充分展示科学发展的国家形象。

第三,展示当代中国负责任大国形象。在新冠疫情防控斗争中,中国践行人民至上、生命至上宗旨,秉持人类命运共同体理念,不仅对中国人民的生命安全和身体健康负责,也为维护世界人民健康和全球公共卫生安全作出最大努力。中国精准施策、科学防治,本着公开、透明、负责任的态度及时发布疫情信息,积极回应各方关切,努力加强国际社会合作,为各国防控疫情争取了宝贵时间,为世界防控疫情作出重大贡献。中国非凡的防控举措在全球公共卫生史上将留下浓墨重彩的一笔,也为各国提供了可资借鉴的宝贵经验。对此,尼日利亚中国研究中心主任查尔斯·奥努纳伊朱(Charles

① 《邓小平文选》第三卷,人民出版社1993年版,第315—316页。
② 转引自张红、严瑜:《改革开放的世界意义》,《人民日报(海外版)》,2018年7月5日。

Onunayju)指出,中国有力遏制疫情蔓延扩散,逐步恢复生产生活秩序,有效避免了全球供应链的断裂和市场的剧烈波动,对保持世界经济稳定繁荣具有重要意义。"中国的努力为世界抗疫斗争带来信心"①。中国化马克思主义海外传播,就要在关键节点通过世界重大事件,充分展示当代中国负责任大国形象。

第四,展示当代中国独立自主的大国形象。"独立自主是中华民族精神之魂,是我们立党立国的重要原则。"②百年来,中国共产党带领中国人民进行革命、建设、改革,走的是前人没有走过的道路,只有独立自主、勇于探索、敢闯敢试,才能不断从胜利走向胜利。

新中国成立后,党领导人民坚持独立自主、自力更生,在旧中国一穷二白的基础上建立起独立的比较完整的工业体系和国民经济体系;党坚持独立自主的和平外交政策,坚定维护国家独立、主权、尊严,不屈从任何大国的压力,不依附于任何大国或国家集团,赢得国际社会特别是广大发展中国家尊重和赞誉。

党的十八大以来,习近平同志为核心的党中央,以巨大的政治勇气、强烈的责任担当,强调始终坚持独立自主开拓前进的道路,坚持把国家和民族发展放在自己力量的基点上,坚持中国的事情必须由中国人民自己做主、自己来处理。

面对世界百年未有之大变局和全球疫情叠加影响,"我们只有立足自身,把国内大循环畅通起来,努力练就百毒不侵、金刚不坏之身,才能任由国际风云变幻,始终充满朝气生存和发展下去,没有任何人能打倒我们、卡死我们!"同时,我们强调构建新发展格局,不是关起门来搞建设,而是要继续扩大开放。

总之,当代中国有许多独特的标签,在世界人民心中有着鲜明的特征和超

---

① 转引自王义桅:《中国展现负责任大国形象》,《人民论坛》2020年第Z2期。
② 《中共中央关于党的百年奋斗重大成就和历史经验的决议》,《人民日报》2021年11月17日。

高的辨识度。通过推动中国化马克思主义海外传播,可以帮助中国成功"自塑"独立自主的国际形象,不断提升世界人民对中国的美誉度和对中国化马克思主义的认知度。

三、"谁来讲":多元主体推动广泛传播

一个国家如果不能自我表达,必然要被别人表达。随着我国综合国力的全面提升和对外交往的日益频繁,习近平总书记提出,"讲好中国故事,不仅中央的同志要讲,而且各级领导干部都要讲;不仅宣传部门要讲、媒体要讲,而且实际工作部门都要讲、各条战线都要讲"。[①] 因此,为讲好中国故事,中国化马克思主义海外传播需发挥多元主体的合力作用。

(一) 党和国家领导人:权威代表

中国化马克思主义是中国共产党集体智慧的结晶。在中国化马克思主义形成和发展过程中,党和国家领导人必然是直接参与者、见证者和实践者。因此,党和国家领导人作为中国化马克思主义海外传播的权威代表,身体力行主动发声,必将提升中国化马克思主义的国际影响力。

近几年来,以习近平同志为核心的党和国家领导人,充分利用公共外交活动,接受外国媒体采访,介绍中国共产党执政理念,或在国际场合发表主旨演讲,站在全人类发展的高度,展现中华民族的世界情怀,如提出"一带一路"倡议、人类命运共同体理念、全球治理方案、中国式现代化等。

2022 年 11 月 15 日,国家主席习近平出席 20 国集团领导人第 17 次峰会并发表重要讲话。11 月 17 日,习近平主席在亚太经合组织工商领导人峰会上发表书面演讲。习近平向世界宣介中国式现代化,并明确指出,一个不断走向现代化的中国必将为世界提供更多的机遇。习近平表示,我们坚定地站在

---

① 《习近平关于社会主义文化建设论述摘编》,中央文献出版社 2017 年版,第 211 页。

历史正确的一边,高举和平、发展、合作、共赢旗帜,在坚定维护世界和平与发展中谋求自身发展,又以自身发展更好维护世界和平与发展。①

同时,习近平在海外发表署名文章,这也是中国化马克思主义海外传播的重要组成部分。习近平海外署名文章凸显作者元首身份,精选传播国家,面向海外民众,谋求主动发声,注重事前传播,表征中国化马克思主义国际传播的权威性、精准性、大众性、主动性和时效性。同时,习近平海外署名文章善用名言谚语,列举具体数据,提出建议主张,激发友谊共振,突出中国化马克思主义国际传播的文化性、可信性、战略性和情感性。

习近平海外署名文章的频频发表,开启了中国国家元首在外媒发表署名文章的新纪元,彰显中国的道路自信、理论自信、制度自信和文化自信,造就当代中国马克思主义国际传播的新范式。

因此,党和国家领导人是中国化马克思主义海外传播的最权威代表,也是中国化马克思主义最具代表性的人格符号。

(二) 专家学者:中坚力量

专家学者是中国化马克思主义海外传播的中坚力量,他们不仅提供相关政策建议和决策咨询,搭建对外交流互动平台,而且还身体力行,不断推动中国化马克思主义海外传播。

一是在国内学界,大批具有世界视野的马克思主义专家学者,他们或在国际会议论坛发表学术演讲,或在国际出版社及学术期刊著书立说,传播中国化马克思主义。二是在国际学界,许多专家学者利用本土化优势,将中国化马克思主义海外传播与当地的历史、文化有机结合起来,并利用各种形式、各种媒体、各种平台,使得中国化马克思主义海外传播更"接地气"、更有效果。

---

① 参见习近平在亚太经合组织工商领导人峰会上的书面演讲,https://politics.gmw.cn/2022-11/17/content_36167757.htm。

总之,在本土化与全球化交融的今天,中国迎来了"走出国门,走向世界"的重要历史节点,无论是国内专家还是国外学者,他们作为中坚力量,都为中国化马克思主义海外传播提供了源源不断的智力支持。

(三) 中西方媒体:联袂出场

媒体是人们认知世界的一面镜子。① 新媒体的迅速崛起,为中国化马克思主义海外传播开辟了多种渠道。国内媒体逐步完善新闻发布制度,准确及时地为海外受众提供各种资讯,满足海外受众渴望了解认识中国的愿景。同时,国内媒体积极利用西方媒体对当代中国的关注,不断提升当代中国马克思主义在全球的曝光度。例如,利用路透社、美联社、法新社等西方权威媒体对我国的报道,借"西方之口"讲述当代中国的政治经济文化状况,这样不仅扩大了当代中国马克思主义的影响力和曝光度,也避免了海外受众对我国媒体的不信任所造成的"自说自话"的尴尬境地。此外,《人民日报》等主流媒体通过在西方主要社交平台推特(Twitter)和脸书(Facebook)等设立官方账号,助推当代中国马克思主义在西方各大媒体平台顺利落地,为中国化马克思主义收获了大量海外粉丝,促成了海外受众对中国化马克思主义的多元认知。正是在中西方媒体的共同努力之下,中国化马克思主义海外传播的深度和广度都有极大的提升。

(四) 非政府组织:助力传播

非政府组织是公共外交系统中的"社会"代表,具有非政府性的独特优势,能够协助政府解决某些政府部门不方便出面的公共外交事务。习近平总书记强调:"要重视公共外交,广泛参加国际非政府组织的活动,传播好中国

---

① 参见王丽莉:《"多元公共外交"理论框架的建构》,《中国人民大学学报》2018年第2期。

声音,讲好中国故事,向世界展现一个真实的中国、立体的中国、全面的中国。"①

近年来,中国非政府组织开展了广泛的对外交往活动,对政府公共外交起到了补充作用。通过非政府组织来传播中国化马克思主义,能够有效地克服政府传播行为程序化、刻板化的弊端,更亲民、更容易让普通百姓接受传播的内容。

非政府组织开展的公共外交在国际交往场合无处不在,具有广阔的舞台,它既可以体现在文化展览盛会上,又可体现在学术会议上。公共外交具有四大鲜明特征。一是广泛性。公共外交面向社会各个阶层,包括官方与民间的各种双边或多边对话交流,涵盖经济、教育、人文、传媒等多个领域。二是互动性。公共外交不是单向灌输,而是注重通过双向交流,达成理解和共识。政府通过公共外交对公众民意产生影响,民意也对政府决策产生反作用。三是渐进性。国内外形势的不断发展变化决定了公共外交工作的长期性和复杂性。公共外交是一项系统工程,需要循序渐进,持之以恒,细水长流,以量变促质变。四是间接性。公共外交工作中,政府更多的是发挥组织、推进作用,以媒体、民间组织、智库、学术机构、知名人士及普通民众活动为主。

利用非政府组织所开展的公共外交,开展中国化马克思主义海外传播,具有其自身特点和优势,即能在传播中以尊重对方为前提,以弘扬中华民族优秀文化为基础,以感情交流为主线,以"让中国走向世界,让世界了解中国"为目标,以"尊重、理解、共融"为理念,通过文化交流、民间对话等各种公共外交方式,加深中国与世界各国人民的相互了解、互动共融,增强本国的文化吸引力和政治影响力,力求"随风潜入夜,润物细无声"之功效,向世界各国人民展示一个爱好和平、推动繁荣的中国。

---

① 习近平:《在中国国际友好大会暨中国人民对外友好协会成立 60 周年纪念活动上的讲话》,《人民日报》2014 年 5 月 16 日。

四、"怎么讲"：创新理念助力本土化传播

中国化马克思主义是一套完整的思想理论体系，具有严密的内在逻辑联系和规范化、系统化、文本化的表达方式。实现思想理论体系的大众化，推动中国化马克思主义在海外的落地生根，则要创新传播理念，讲究传播技巧，增强表达亲和力，以达到更加立体化、多元化的传播效果。

（一）表达方式"故事化"

讲好中国故事，传播好中国声音，是习近平总书记的一贯主张。"故事化"的表达方式注重内容的细节，强调事实和价值，有极强的感染力。这一表达方式早已被西方媒体娴熟地运用，中国化马克思主义海外传播也可借鉴这一表达方式，将理论细节化、生动化，用故事来诠释理论，以取得更好的传播效果。中国化马克思主义内含许多客观真实的故事，这些故事小到人民群众的日常生活和家风民俗、大到国家的经济制度和法律法规，都能体现其对中国社会发展的积极影响。用故事来诠释中国化马克思主义，"以小见大"，以小故事阐明大道理，是海外受众最容易接受的方式。通过讲述典型的事例、真实的细节，中国化马克思主义也能变成有温度的故事，海外受众也会在真情实感中对其产生强烈共鸣与最大认可。

（二）表现形式"可视化"

中国化马克思主义作为我国的核心政治话语，免不了带有严肃的面孔，长期以来在海外传播受众心目中已形成固有的印象。因此，在信息化时代，其对外传播要突破传统手段，充分利用互联网技术，深耕"可视化"表现形式和技巧。例如，对于理论的阐述可按照时间或内容类别划分版块，做成图片、视频等形式，更加简洁直观地展现给海外受众，并辅以完整的理论框架和片段式的精准解读。对于中国化马克思主义的宣传文案也可适当精简，改长篇大论为

短篇小文,配以精当图片,适应当代互联网阅读习惯。此外,媒体对中国化马克思主义的宣传报道也应不断改进版面设计、颜色搭配、图片和视频选择,增强报道的视觉冲击力。

总之,"可视化"是中国化马克思主义海外传播的重要手段和表现形式,将能满足海外受众对传播内容的高场景度需求,使原本严肃的政治话语变得更接地气、更加鲜活,有助于海外受众更加轻松地接受和理解中国化马克思主义。

(三) 沟通机制"双向化"

我国传统外宣惯于根深蒂固的宣传心态,采取单向灌输,注重输出型话语,忽视交流型话语。就传统的输出型话语而言,在传播目的上,以话语领导权的争夺为目标;在传播手段上,以话语生产能力的提升为路径;在传播效果上,以话语认同的实现程度为标准。这一做法容易导致在对外宣传中国化马克思主义过程中,忽略受众的表达意愿。而就交流型话语而言,在传播目的上,以文化理解为目标;在传播手段上,以非官方渠道为路径;在传播效果上,以理解程度为评价尺度。中国化马克思主义海外传播应当摆脱宣传模式的束缚,改"重传播"为"重受众",改"单向灌输"为"双向沟通",革新传播理念,推进从输出型话语到交流型话语的转变,实现从"自说自话"向"交流对话"转变。在此基础上,既要"会讲",还要"会听"和"会聊",构建双向平等的文化传播和沟通机制,这是中国化马克思主义走向世界,赢得国际话语权和文化软实力的必然选择。

(四) 话语风格"本土化"

毫无疑问,中国化马克思主义的话语表达风格符合中国文化传统和汉语逻辑。但由于文化背景的差异及语种多元的不同,中国化马克思主义海外传播不可避免地遇到话语表达的障碍,海外受众也存在理解上的困难。因此,中国马克思主义海外传播的话语风格"本土化"则为必然选择。做好"本土化"的关键在于充分调动本土区域传播人才的积极性,他们最显著的优势就是熟知当地的文化传统和风俗习惯,在传播视角和语言风格上能够较好地适应当地受众的接受心理。由他们讲述中国化马克思主义则更具"本土化"色彩,能在更大程度上避免本土受众对外来文化的抵触和排斥。此外,还应做好媒介网络建设的"本土化"。我国媒体可积极参与海外媒体建设,利用海外媒体的本土资源,实现话语风格的转变。媒介"本土化"有助于巩固并扩大我国媒体在海外的受众基础,也使得中国化马克思主义更易在海外不同地区真正落地生根。

五、"对谁讲":差异化策略实现精准传播

"把握分众化、差异化传播趋势,是当前提升国际传播能力的关键。分众化指的是在对外传播中,媒体应分清自己的主要受众,牢牢把握主要受众的传播偏好。"①为了提高传播效果,应针对不同受众的层次差异和心理差异科学研究,合理区分传播受众,将传播内容与传播对象精准对接,力求做到精准传播。这样才能减少传播过程中出现的失误和遗憾,实现中国化马克思主义海外传播效果的最大化。

(一) 意见领袖:重点把握

作为经常给他人提供信息并对他人施加影响的活跃分子,意见领袖在大众传播过程中起着重要的中介或过滤作用。由于意见领袖与被影响者之间关系较为密切,因此,意见领袖的观点和见解也就更富有影响力和说服力。

在中国化马克思主义海外传播过程中,一些国家的领导人、政府官员和知名人士等成为意见领袖。同时,某些国际组织也扮演着意见领袖的重要角色。

---

① 匡文波:《增强对外传播针对性实效性》,《人民日报》2016 年 8 月 21 日。

意见领袖的立场和态度直接影响到其所在组织机构或国家的立场和态度。因此，中国化马克思主义海外传播要充分发挥意见领袖的作用，力求其正向效应的最大化。具体来说，在中国化马克思主义海外传播过程中，应主动设置话题，动员或组织意见领袖围绕中国化马克思主义这一话题积极发声，形成舆论氛围，以此提升中国化马克思主义在海外的影响力。此外，中国要积极参与国际话题，并加以舆论引导，力求意见领袖关于中国化马克思主义言论的正确性。

（二）普通公众：普及推广

普通公众是中国化马克思主义海外传播的一般受众，他们对海外传播而言虽然很重要，但对传播效果不具有决定性影响。与意见领袖相比，普通公众在海外传播受众中的重要性相对较低，甚至在某些情况下，普通公众可能成为消极信息的"跟进者"或信息传递的"滞后者"。因此，中国化马克思主义海外传播在面对普通公众时，可采取普及推广的方式，利用市场化思维，发展互联网传播形式，激发年轻受众群体的活力，用最快的速度，加大中国化马克思主义在海外普通公众间的传播力度。

六、"何处讲"：重要场合传递中国声音

在各国抢夺舆论话语权的信息全球化时代，任何一个重大事件和国际场合都是舆论宣传的难得机会。因此，中国化马克思主义海外传播，不仅要在自己的主场讲，还应走出国门，充分把握重大国际事件和国际场合，积极拓展海外传播渠道和平台，在国际场合积极传播中国化马克思主义。

（一）请进来：积极准备中国主场

中国化马克思主义诞生于中国，其海外传播必然要缘起于中国。在中国主场向海外朋友宣讲中国化马克思主义是最有底气的，在中国也能用最丰富

的案例和最直接最准确的表述来彰显中国化马克思主义的丰富内涵。具体而言,中国政府精心筹备每一次重大对外宣讲活动,积极邀请海外受众,包括外国领导人、媒体记者和国际友人等,让他们亲临现场,为他们提供最直接最有时效性的传播环境,向他们介绍中国化马克思主义最新成果。

例如,2014 年 11 月,在北京召开的亚太经济合作组织第二十二次领导人会议期间,习近平主席向来华外宾阐释中国道路、中国经验,展示了当代中国马克思主义的理论魅力。

又如,2022 年 10 月 23 日,新当选的第二十届中央政治局常委同中外记者见面。习近平总书记发表重要讲话,十分感谢中外记者朋友向世界传递中国声音,传播中国共产党主张,使世界的目光注视中国。习近平指出,中国的发展离不开世界,世界的发展需要中国。中国开放的大门只会越来越大,以自身发展为世界创造更多机遇。习近平表示欢迎各国记者朋友多到中国各地走一走,看一看,客观真实向世界讲好中国故事,讲好中国共产党故事,讲好我们正在经历的新时代故事。习近平强调,"我们将同各国人民一道,弘扬和平、发展、公平、正义、民主、自由的全人类共同价值"①,维护世界和平、促进世界发展,持续推动构建人类命运共同体。

(二) 走出去:主动亮相国际舞台

除了在国内重大场合,利用主场优势向来华外宾宣传中国化马克思主义之外,还要积极主动利用各种国际重大场合发声,向海外"进军"。一方面,中国政府善于利用国事访问、接待外宾、双边会谈以及多边会谈等多种外交场合,介绍中国化马克思主义所蕴含的治国理政经验及全球治理智慧,同时加强国际议题设置的主动性。据统计,每年被国际知名媒体采纳的稿件中,至少有三成是主动设置议题和以国际重大事件为抓手进行策划的言论性稿件,这为

---

① 习近平:《在庆祝中国共产党成立 100 周年大会上的讲话》,人民出版社 2021 年版,第16 页。

中国化马克思主义海外传播提供了良好借鉴。我国媒体可随时关注国际重大事件,提前部署,主动策划,设置中国化马克思主义相关议题,以新闻报道为切入点,善于发声,敢于发声,坚持正确导向,旗帜鲜明地亮出中国化马克思主义立场和观点。

另一方面,充分发挥对外宣介团的作用。当下,中国特色社会主义进入新时代的宏伟蓝图吸引世界目光,中国同世界各国共创美好未来的理想愿景赢得国际社会赞叹,新时代中国特色社会主义思想引发世界对人类发展道路的深层次思考。正是在这样的背景下,从 2017 年 11 月开始,中共十九大精神对外宣介团陆续前往韩国、日本、俄罗斯、美国、德国、南非、古巴、哥伦比亚等 40 多个国家和地区,与各国政要、媒体、友好团体、智库人士等会面,介绍中共十九大主要成果和重要意义。中方的宣介在当地引发热烈反响,提高了"人类命运共同体""全球治理""一带一路"等中国智慧中国方案的曝光度,让中国化马克思主义发出时代的最强音。

结　束　语

　　自20世纪20年代，毛泽东的《湖南农民运动考察报告》俄文版和英文版相继在《共产国际》期刊上公开发表以来，中国化马克思主义海外传播已走过了近百年的历程。通过对其系统性整体性研究，我们得出如下几点认识。

　　第　，中国化马克思主义海外传播的历史是与中国化马克思主义的发展史同步的，是中国化马克思主义贡献于人类文明也发展着自己的历史。中国化马克思主义具有一种开放性特质，在积极进行海外传播的同时，也在积极吸收域外文明，使自己获得鲜活而强大的生命力。中国化马克思主义在走向世界、参与世界思想文化总体对话的过程中，也使自己获得了世界性的文化价值与文化意义，成为世界思想文化总体格局的重要组成部分。

　　第二，中国化马克思主义海外传播是全人类宝贵思想财富的共享，它不仅是一个历史问题，同时也是一个现实问题和未来问题。在当下中华民族伟大复兴战略全局和世界百年未有之大变局的历史交汇期，国际社会越来越多地把目光投向中国、聚焦中国。当代中国将发生什么变化，发展的中国将给世界带来什么影响，越来越成为国际社会广泛关注的话题，也是需要明确回答的中国之问、世界之问、时代之问、人民之问。正因如此，中国化马克思主义海外传播只有进行时，没有完成时，将永远在路上。

　　第三，作为马克思主义国际化的重要组成部分，中国化马克思主义海外传播实际上是一种跨文化传播。其传播主体和传播对象处于两种不同文化背景与氛围之中。因此,其传播内容及表达范式,必须适应跨文化差异才能取得传播效果,这是中国化马克思主义海外传播的特点与难点所在,也是成败的关键所在。文化差异固然有时是中国化马克思主义海外传播的障碍,但有时却是其传播的动力,因为人们往往对不同文化感到好奇,从而产生强烈的吸引力,所以,我们只有辩证地认识和对待跨文化差异,才能更加理性地推动中国化马克思主义海外传播。

第四,因中国化马克思主义海外传播的具体内容不同、时机不同以及受众的文化水平和需要程度不同,其对世界各民族思想文化发展的影响也各不相同。概括地说,丰富了各民族思想文化的内容,对各民族文化的发展提供了一种借鉴和参照,起到了激励、开发和推动作用,并促进了各民族思想文化参与世界性的思想文化交流。

第五,要使中国文化走向世界,必须以传播当代中国文化为主。中国化马克思主义是当代中国文化的灵魂,绝不能让海外民众误认为当代中国文化就是儒家文化,否则他们很难认识和了解当代中国。事实上也不可能依靠儒家文化实现中华民族的伟大复兴,所以当代中国不仅要在世界各地兴办孔子学院,传播中华优秀传统文化,还应向世界大力传播当代中国马克思主义、21世纪马克思主义,让国际社会更深入地了解中国智慧、中国方案和中国力量。

第六,大力推进中国化马克思主义海外传播,应以"我们正在做的事情为中心"。习近平总书记强调:"我们所做的一切都是为人民谋幸福,为民族谋复兴,为世界谋大同。"①为此,新时代十年来,中国共产党不仅持续推动"一带一路"建设,坚定倡导构建人类命运共同体,还积极践行和平、发展、公平、正义、民主、自由的全人类共同价值理念。这是中国共产党发出的解答时代之问、应对时代之变的时代强音,彰显了中国共产党人为世界尽责、为人类担当

---

①　转引自杨晶晶:《习近平会见联合国秘书长古特雷斯》,《光明日报》2018年4月9日。

的天下情怀。这些中国主张和务实行动,既源自"大道不孤、天下一家"的中华民族深厚文化底蕴,也源自中国共产党为人类发展进步作出更大贡献的价值追求,昭示了弘扬全人类共同价值的理想愿景。

当下,大力推进中国化马克思主义海外传播,需要重点阐明全人类共同价值与西方所谓"普世价值"的根本区别。全人类共同价值蕴含着不同文明对美好生活的共同向往和追求,超越西方中心论、文明优越论的虚伪,超越冷战思维、霸凌霸道的蛮横,超越价值观输出、意识形态对抗的谬误,树立了当今世界评判是非、善恶、正邪的真正标杆。①

只要坚持"站在历史正确的一边,站在人类进步的一边",中国化马克思主义海外传播必将迎来更加光明的前景,中国国际话语权和世界影响力必将进一步提升,中华民族伟大复兴和人类命运共同体构建的历史进程必将不可逆转地向前推进。

---

① 参见外交部:《中国是全人类共同价值的坚定倡导者和积极践行者》,《中国青年报》2022年10月26日。

参 考 文 献

一、著作类

1.《马克思恩格斯选集》(第一——四卷),人民出版社 1995 年版。

2.《马克思恩格斯文集》(第一——十卷),人民出版社 2009 年版。

3.《列宁选集》(第一——四卷),人民出版社 2012 年版。

4.《毛泽东选集》(第一——四卷),人民出版社 1991 年版。

5.《毛泽东文集》(第一、二卷),人民出版社 1993 年版。

6.《毛泽东文集》(第三——五卷),人民出版社 1996 年版。

7.《毛泽东文集》(第六——八卷),人民出版社 1999 年版。

8.《邓小平文选》(第一、二卷),人民出版社 1994 年版。

9.《邓小平文选》(第三卷),人民出版社 1993 年版。

10.《江泽民文选》(第一——三卷),人民出版社 2006 年版。

11.《胡锦涛文选》(第一——三卷),人民出版社 2016 年版。

12.《习近平谈治国理政》(第一卷),外文出版社 2018 年版。

13.《习近平谈治国理政》(第二卷),外文出版社 2017 年版。

14.《习近平谈治国理政》(第三卷),外文出版社 2020 年版。

15.《习近平谈治国理政》(第四卷),外文出版社 2022 年版。

16. 习近平:《高举中国特色社会主义伟大旗帜　为全面建设社会主义现代化国家而团结奋斗——在中国共产党第二十次全国代表大会上的报告》,人民出版社 2022 年版。

17.《中共中央关于党的百年奋斗重大成就和历史经验的决议》,人民出版社 2021

年版。

18. 中共中央文献研究室：《习近平关于实现中华民族伟大复兴的中国梦论述摘编》，中央文献出版社 2013 年版。

19. 中共中央文献研究室、中央档案馆：《建党以来重要文献选编》（第 1—26 册），中央文献出版社 2011 年版。

20. 中共中央文献研究室：《十八大以来重要文献选编》（上、中、下），中央文献出版社 2014 年版。

21. 中共中央文献研究室：《毛泽东年谱》（上、中、下卷），中央文献出版社 2002 年版。

22. 中共中央文献研究室：《邓小平年谱》（上、中、下卷），中央文献出版社 2009 年版。

23. 张静如、梁志祥等编：《中国共产党通志》（全四卷），中央文献出版社 2001 年版。

24. 林之达：《中国共产党宣传史》，四川人民出版社 1990 年版。

25. 成龙：《海外马克思主义中国化理论研究》，广东人民出版社 2009 年版。

26. 周东元等编：《中国外文局五十年史料选编（1）》，新星出版社 1999 年版。

27. 中国社会科学院文献情报中心编：《美国中国学手册》（增订本），中国社会科学出版社 1993 年版。

28. 习少颖：《1949—1966 年中国对外宣传史研究》，华中科技大学出版社 2010 年版。

29. 姚遥：《新中国对外宣传史》，清华大学出版社 2014 年版。

30. 中宣部办公厅：《中国外文局五十年回忆录》，新星出版社 1999 年版。

31. 梁怡、李向前：《国外中共党史研究述评》，中共党史出版社 2005 年版。

32. 路克利：《海外马克思主义中国化研究》，人民出版社 2016 年版。

33. 金冲及编：《毛泽东传(1893—1949)》，中央文献出版社 2004 年版。

34. 胡乔木：《回忆毛泽东》，人民出版社 1994 年版。

35. 许全兴、陈葆华、冯国瑞：《国外毛泽东思想研究文选》，中国大百科全书出版社 1987 年版。

36. 廖盖隆、李峰华：《毛泽东大典》（三），沈阳出版社 1993 年版。

37. 尚庆飞：《国外毛泽东学研究》，江苏人民出版社 2008 年版。

38. 陈葆华：《国外毛泽东思想研究评述》，陕西人民出版社 1993 年版。

39. 赵永茂：《毛泽东哲学思想研究在国外》，中共中央党校出版社 1993 年版。

40.张广信、马启民:《国外毛泽东思想研究评析》,陕西人民教育出版社 1993年版。

41.杨奎松:《毛泽东与莫斯科的恩恩怨怨》,江西人民出版社 2008 年版。

42.叶卫平:《西方"毛泽东学"研究》,福建人民出版社 1993 年版。

43.李君如等:《毛泽东研究在海外》,河南人民出版社 1993 年版。

44.杨凤城:《毛泽东思想研究评述》,中国人民大学出版社 2002 年版。

45.杨世文:《毛泽东研究全书(国外卷)》,长春出版社 1997 年版。

46.毕剑横:《国外毛泽东研究评介》,中共党史出版社 1993 年版。

47.李君如:《外国学者评毛泽东》,中国工人出版社 1997 年版。

48.马启民:《国外邓小平理论研究评析》,山东人民出版社 1999 年版。

49.邵培仁:《20 世纪中国新闻学与传播学·宣传学和舆论学》,复旦大学出版社 2002 年版。

50.郭可:《当代对外传播》,复旦大学出版社 2003 年版。

51.陈日浓:《中国对外传播史略》,外文出版社 2010 年版。

52.刘建明、王泰玄等:《宣传舆论学大辞典》,经济日报出版社 1993 年版。

53.沈苏儒:《对外传播的理论与实践》,五洲传播出版社 2004 年版。

54.陈力丹:《精神交往论——马克思恩格斯的传播观》,中国人民大学出版社 2008 年版。

55.孙英春:《跨文化传播学》,北京大学出版社 2015 年版。

56.陈锐、倪恒等:《传播心理学》,中国人民大学出版社 2020 年版。

57.姜笑君:《传播心理学》,东北大学出版社 2016 年版。

58.张椿年、陆国俊:《陈翰笙百岁华诞集》,中国社会科学出版社 1998 年版。

59.武斌:《中华文化海外传播史》,陕西人民出版社 1998 年版。

60.刘朋:《国家形象的概念:构成、分歧与区隔》,中国传媒大学出版社 2009 年版。

61.程玉梅、林建华:《世界社会主义共产主义运动新论》,人民出版社 2010 年版。

62.崔可夫:《在华使命——一个军事顾问的笔记》,北京出版社 1980 年版。

63.孙华、王芳:《埃德加·斯诺研究》,湖南师范大学出版社 2012 年版。

64.马祖毅、任荣珍:《汉籍外译史》,湖北教育出版社 2007 年版。

65.何国平:《中国对外报道思想研究》,中国传媒大学出版社 2009 年版。

66.朱穆之:《风云激荡七十年》(上册),五洲传播出版社 2007 年版。

67.庄前生:《马克思主义经典文献的出版和传播研究》,中国社会科学出版社 2010 年版。

68. 刘娜:《中国广播电视对外传播力研究》,社会科学文献出版社 2017 年版。

69. 郭庆光:《传播学教程》,中国人民大学出版社 1999 年版。

70. 何明星:《中国图书与期刊的世界影响力研究》,国家行政学院出版社 2013 年版。

71. 何明星:《中华人民共和国外文图书出版发行编年史(1949—1979)》,学习出版社 2013 年版。

72. [英]迪克·威尔逊:《历史巨人——毛泽东》,中央文献出版社 1993 年版。

73. [日]野村浩一:《毛泽东:人类智慧的遗产》,时代文艺出版社 1993 年版。

74. [日]竹内实:《毛泽东集补卷》(第 7 卷),日本东京苍苍社 1986 年版。

75. [日]天儿慧:《中国改革最前线》,日本岩波书店 1988 年版。

76. [日]久保亨:《社会主义への挑戦 1945—1971》,岩波书店,2011 年。

77. [美]安娜·路易斯·斯特朗:《毛泽东的思想》,香港光华书屋 1947 年版。

78. [美]史华慈:《中国的共产主义与毛泽东的崛起》,中国人民大学出版社 2006 年版。

79. [美]斯图尔特·施拉姆:《马克思主义者毛泽东》,中国人民大学出版社 2005 年版。

80. [美]斯图尔特·施拉姆:《毛泽东》,红旗出版社 1987 年版。

81. [美]莫里斯·迈斯纳:《毛泽东的中国及后毛泽东的中国》,四川人民出版社 1992 年版。

82. [美]罗伯特·劳伦斯·库恩:《他改变了中国:江泽民传》,纽约皇冠出版公司 2004 年版。

83. [美]维尼·沃—蓝普·兰姆:《胡锦涛时代的中国政治:新领导、新挑战》,夏普公司 2006 年版。

84. [美]爱德华·霍尔:《超越文化》,上海文化出版社 1988 年版。

85. [美]费正清:《中国:传统与变革》,世界知识出版社 2002 年版。

86. [美]海伦·斯诺:《旅华岁月——海伦·斯诺回忆录》,世界知识出版社 1985 年版。

87. [美]莫里斯·迈斯纳:《马克思主义、毛泽东主义和乌托邦主义》,中国人民大学出版社 2005 年版。

88. [美]埃德加·斯诺:《西行漫记》,生活·读书·新知三联书店 1979 年版。

89. [匈]巴拉奇·代内什:《邓小平》,解放军出版社 1988 年版。

90. [澳]大卫·古德曼:《邓小平政治评传》,中共中央党校出版社 1995 年版。

91. ［意］洛丽塔·纳波利奥尼：《中国道路——一位西方学者眼中的中国模式》，中信出版社 2013 年版。

92. ［英］理查德·伊文思：《邓小平传》，国际文化出版公司 2013 年版。

93. E.F.Carlson, *Twin Stars of China*, New York：Dodd, Mead Company, 1940.

94. Edgar Snow, *Red Star over China*, Grove Press, 1994.

95. Benjamin Schwartz, *Chinese Communism and the Rise of Mao*, Harvard University Press, 1951.

96. John King Fairbank, Merle Goldman, *China ：A New History（Second Enlarged Edition）*, Belknap Press of Harvard University Press, 2006.

97. Ezra F. Vogel, *Deng Xiaoping and the Transformation of China*, Cambridge, MA：Belknap Press of Harvard University Press, 2011.

98. John King Fairbank, *The Great Chinese Revolution, 1800-1985*, New York：Harper and Row, 1986.

99. Stuart Schram, *Political Thought of Mao Tse-Tung*, Pelican Books, 1969.

100. Robert Alexander, *International Maoism in the Developing World*, Praeger Publishers, 1999.

101. Mobo Gao. *The Battle for China's Past：Mao and the Cultural Revolution*, Pluto Press, 2008.

102. George Ritzer, *Modern Sociological Theory*, New York, NY：McGraw-Hill, 1996.

103. John King Fairbank, *China-bound：A Fifty Year Memoir*, Harper& Row：New York, 1982.

104. Jung Chang, Jon Halliday, *Mao：The Unknown Story*, New York：Knopf, 2005.

105. Timothy Cheek ed., *A Critical Introduction to Mao*, Cambridge University Press, 2010.

106. Arif Dirlik, *Anarchism in the Chinese Revolution*, University of California Press, 1991.

107. Jeremy Brown, *City Versus Countryside in Mao's China*, Cambridge University Press, 2014.

108. Loretta Napoleoni, *Maonomics：Why Chinese Communists Make Better Capitalists Than We Do*, New York：Seven Stories Press, 2011.

109. David Lampton, *Following the Leader：Ruling China, from Deng Xiaoping to Xi Jinping*, University of California Press, 2014.

110. W.John Hoffmann, *China into the Future: Making Sense of the World's Most Dynamic Economy*, Oxford University Press, 2007.

111. Robert Lawrence Kuhn, *The Man Who Changed China: The Life and Legacy of Jiang Zemin*, Crown, 2005.

二、期刊类

1. 习近平:《在庆祝中国共产党成立 100 周年大会上的讲话》,《求是》2021 年第 14 期。

2. 于洪君:《关于马克思主义中国化成果对外传播的几点思考》,《公共外交季刊》2017 年第 3 期。

3. 荆学民、苏颖:《中国政治传播研究的学术路径与现实维度》,《中国社会科学》2014 年第 2 期。

4. 荆学民、施惠玲:《政治与传播的视界融合:政治传播研究五个基本理论问题辨析》,《现代传播》2009 年第 4 期。

5. 方厚枢:《毛泽东著作出版纪事(1949—1982 年)》,《出版史料》2001 年第 1 期。

6. 王桂环:《让毛泽东著作走向世界——访中央编译局原副局长尹承东》,《北京党史》2013 年第 3 期。

7. 郭选:《毛泽东著作外文版出版纪事》,《对外传播》1996 年第 12 期。

8. 尹承东:《从毛泽东著作的翻译谈建国以来的中译外工作》,《中国翻译》2009 年第 5 期。

9. 贾金玲:《国外毛泽东思想研究的历史进程及主要理论成果概述》,《国外理论论动态》2011 年第 4 期。

10. 范小强、马宁:《近百年来毛泽东著作海外出版传播》,《出版史研究》2016 年第 10 期。

11. 李熠煜:《毛泽东思想在印度的传播》,《毛泽东研究》2018 年第 3 期。

12. 诸葛蔚东:《毛泽东著作在日本的出版传播与影响》,《出版参考》2016 年第 9 期。

13. 曹景文:《海外视域下的毛泽东研究》,《江西师范大学学报》(哲学社会科学版)2015 年第 1 期。

14. 刘火雄:《毛泽东著作海外传播流变》,《对外传播》2014 年第 3 期。

15. 张生祥、张利萍:《毛泽东著作在坦桑尼亚的传播与接受》,《天津外国语大学学报》2018 年第 4 期。

16. 孙帅:《欧美学界毛泽东思想研究评述》,《毛泽东邓小平理论研究》2016 年第 9 期。

17. 李雪梅:《〈毛泽东选集〉海外传播的历程及启示》,《国外社会科学》2019 年第 3 期。

18. 欧阳奇:《论共产国际对毛泽东及其思想的认识轨迹》,《中共党史研究》2012 年第 3 期。

19. 邹巧玲:《1935 年前后的共产国际和毛泽东》,《湖南社会科学》2001 年第 4 期。

20. 张清华、潘卫民、卜海丽:《〈毛泽东选集〉英译过程与价值研究》,《湘潭大学学报》(哲学社会科学版)2013 年第 6 期。

21. 张文琳:《日本对毛泽东思想的研究》,《甘肃政法学院学报》2000 年第 4 期。

22. 萧延中:《20 世纪 90 年代以来西方关于毛泽东及其思想研究的趋向》,《中国人民大学学报》2003 年第 6 期。

23. 冯建玫:《中国共产党延安时期外交活动的特点》,《理论月刊》2004 年第 9 期。

24. 张星星:《"〈美亚〉小组"延安行》,《百年潮》2007 年第 5 期。

25. 张放、严丹:《毛泽东著述多语种版本的海外传播及利用》,《图书馆杂志》2021 年 7 期。

26. 程玲:《美国对中国共产党的早期印象和中国道路国际话语权研究》,《西南大学学报》(社会科学版)2020 年 6 期。

27. 莫凡:《新中国成立以来中国化马克思主义对外传播的历史回顾与前景展望》,《马克思主义研究》2020 年第 9 期。

28. 路克利:《海外学者视野中的中国模式与中国研究——对话罗德里克·麦克法夸尔》,《国外理论动态》2016 年第 2 期。

29. 马启民:《国外学者对邓小平理论的研究》,《毛泽东思想研究》2006 年第 2 期。

30. 宇文利:《海外"三个代表"重要思想研究考略》,《马克思主义与现实》2006 年第 5 期。

31. 叶必华:《如何把"三个代表"重要思想传播到海外去》,《福建理论学习》2003 年第 7 期。

32. 谢桥:《"科学发展观"英译探微》,《中国翻译》2009 年第 1 期。

33. 孙明:《把握国际舆论,精准做好习近平新时代中国特色社会主义思想国际传播》,《对外传播》2019 年第 10 期。

34. 夏江义:《〈习近平谈治国理政〉海外传播范式探析》,《出版发行研究》2017 年第 9 期。

35. 周忠良:《〈习近平谈治国理政〉海外出版影响力研究》,《中国出版》2019 年第17 期。

36. 严文斌、骆珺:《〈习近平谈治国理政〉的国际传播创新探索》,《对外传播》2018 年第8 期。

37. 周良发:《习近平新时代中国特色社会主义思想海外传播研究》,《南昌航空大学学报》(社会科学版)2019 年第4 期。

38. 颜军、王菁:《习近平新时代中国特色社会主义思想国际传播研究》,《马克思主义研究》2020 年第5 期。

39. 刘勇:《习近平新时代中国特色社会主义思想国际传播研究》,《教学与研究》2019 年第4 期。

40. 成龙:《试评国外学者对中国化马克思主义的三种观点》,《岭南学刊》2006 年第3 期。

41. 刘永涛:《文化与外交》,《复旦学报》(社会科学版)2001 年第3 期。

42. 保健云:《当代中国化马克思主义对外传播研究》,《教学与研究》2018 年第2 期。

43. 赵新利:《改革开放以来中国对外传播历程探析》,《公共外交季刊》2018 年第2 期。

44. 崔斌、箴姚遥:《"有力只顾往前"——朱穆之的激荡人生与外宣贡献》,《对外传播》2011 年第6 期。

45. 林坚:《当代中华文化海外传播的影响力分析》,《中华文化海外传播研究》2018 年第2 期。

46. 易涤非:《增强国际传播能力,实事求是的传播中国》,《红旗文稿》2011 年第7 期。

47. 严文斌:《中国国际形象的"自塑"与"他塑"》,《对外传播》2016 年第6 期。

48. 陈金明、夏雨露:《印度对"一带一路"倡议的疑虑与消解》,《三峡大学学报》(人文社会科学版)2019 年第4 期。

49. 杨鲜兰:《构建当代中国话语体系的难点与对策》,《马克思主义研究》2015 年第2 期。

50. 陈金明:《文化视野中的马克思主义中国化》,《江汉论坛》2008 年第7 期。

51. 种海峰:《简论跨文化传播与冲突的四个规律》,《深圳大学学报》(人文社会科学版)2010 年第6 期。

52. 张文富、徐刚:《软实力、硬实力与马克思主义话语权建设》,《学术论坛》2016

年第 11 期。

53. 黄俊、董小玉:《"一带一路"国家战略的传播困境及突围策略》,《马克思主义研究》2015 年第 12 期。

54. 韩强:《十九大与党的对外话语体系建设》,《北京联合大学学报》(人文社会科学版)2018 年第 2 期。

55. 项久雨、胡庆有:《论中国化马克思主义的海外传播策略》,《思想理论教育》2016 年第 3 期。

56. 江涌:《中国要说话,世界在倾听——关于提升中国国际话语权的思考》,《红旗文稿》2010 年第 5 期。

57. 薛可:《中国对外传播的几个关键点》,《人民论坛》2017 年第 23 期。

58. 柴尚金:《构建中国化马克思主义话语权的路径选择》,《毛泽东邓小平理论研究》2014 年第 12 期。

59. 王家瑞:《推动文明交流互鉴,促进世界和平发展》,《求是》2014 年第 14 期。

60. 张占斌、董青:《从讲好中国故事看构建对外话语体系和提高我国的国际话语权》,《文化软实力》2016 年第 4 期。

61. 杨芳、邝奕轩:《中国化马克思主义对外传播的现实困境和路径探索》,《马克思主义研究》2018 年第 1 期。

62. [美]艾那·唐根:《西方对中国有许多疑虑与误解》,《对外传播》2008 年第 11 期。

63. [美]大卫·W. 尤因著,周艳辉译:《美国学者关于中国社会主义的争论》,《国外理论动态》2004 年第 12 期。

64. [苏]曼努意斯基:《毛泽东——中国共产党的优秀人物》,《解放》1946 年第 3 期。

65. [日]今堀城二:《中国革命与〈毛泽东选集〉》,《现代与思想》1979 年第 35 期。

66. [日]重森宣人:《共产国际曾高度评价毛泽东》,《党史通讯》1983 年第 2 期。

67. [澳]尼克·奈特:《毛泽东与"马克思主义的中国化"》,《中共党史研究》1988 年第 4 期。

68. [俄]季塔连柯:《对毛泽东、邓小平社会主义理论的比较研究》,《中共党史研究》2001 年第 6 期。

69. [俄]季塔连科:《论中国现代化经验的国际意义》,《远东问题》(俄罗斯)2004 年第 5 期。

70. [德]托马斯·海贝勒:《关于中国模式若干问题的研究》,《当代世界与社会主义》2005 年第 5 期。

71. Benjamin Schwartz,"The Legend of the'Legend of Maoism"",*The China Quarterly*, No.2,1960.

72. Anna Louise Strong,"The Thought of Mao Tse-tung",*Amerasia(New York)*,XI,No. 6,June 1947.

73. Karl A Wittfogel,"The Legend of 'Maoism'",*The China Quarterly*,Volume1, March 1960.

74. Brandy Womack,"Mao Zedong Thoughts",*The China Quarterly*,Volume 137, March 1994.

75. Elizabeth C.Economy,"China's New Revolution:The Reign of Xi Jinping",*Foreign Affairs*,Vol.97,No.3,2018.

76. Lance L.P.Gore,"China's New Guiding Ideology:The Unfolding of the Xi Jinping Era",*East Asian Policy*,Vol.10,No.2,2018.

三、报纸类

1. 习近平:《在庆祝中国共产党成立 100 周年大会上的讲话》,《人民日报》2021 年 7 月 2 日。

2. 习近平:《在纪念马克思诞辰 200 周年大会上的讲话》,《人民日报》2018 年 5 月 5 日。

3.《习近平在中国共产党第十九次全国代表大会上的报告》,《人民日报》2017 年 10 月 28 日。

4. 习近平:《在博鳌亚洲论坛 2018 年年会开幕式上的主旨演讲》,《人民日报》2018 年 4 月 11 日。

5. 习近平:《建设社会主义文化强国,着力提高国家文化软实力》,《人民日报》 2014 年 1 月 1 日。

6. 习近平:《顺应时代前进潮流,促进世界和平发展》,《人民日报》2013 年 3 月 24 日。

7.《习近平出席世界经济论坛 2017 年年会开幕式并发表主旨演讲》,《新华日报》 2017 年 1 月 18 日。

8. 新华社:《〈习近平谈治国理政〉第一卷再版发行》,《人民日报》2018 年 1 月 29 日。

9. 任睿明:《〈习近平新时代中国特色社会主义思想学习丛书〉多语种签约翻译启 动》,《人民日报(海外版)》2019 年 8 月 30 日。

10. 姜辉:《新时代中国特色社会主义对世界社会主义的重大贡献》,《人民日报》2018 年 5 月 22 日。

11. 朱穆之:《宣传好现实的中国是当前对外宣传工作最根本的要求》,《人民日报》1990 年 10 月 30 日。

12. 于青:《日本舆论欢迎江泽民总书记访日　发展日中关系至关重要》,《人民日报》1992 年 4 月 6 日。

13. 匡文波:《增强对外传播针对性实效性》,《人民日报》2016 年 8 月 21 日。

14. 于洪君:《对外传播重在阐释中国特色社会主义》,《解放日报》2017 年 11 月 27 日。

15. 王斯敏、王琎:《架设通向世界的思想之桥——记中共中央编译局对外翻译群体》,《光明日报》2014 年 8 月 4 日。

16. 任天佑:《为解决人类问题贡献中国智慧中国方案》,《解放军报》2017 年 11 月 16 日。

17. 刘建飞:《改革开放以来中国与世界关系的巨变》,《学习时报》2019 年 2 月 8 日。

18. 何明星:《天下谁人不识君——毛泽东著作的海外传播》,《光明日报》2011 年 7 月 5 日。

19. 李大可、全炯俊:《韩国八十年代出现毛泽东著作翻译高潮》,《中国社会科学报》2012 年 5 月 28 日。

20. 王艳:《邓小平怎样向世界讲述中国故事》,《学习时报》2020 年 2 月 7 日。

21. 冯雷:《马克思主义走向世界》,《中国社会科学报》2012 年 4 月 25 日。

22. 莫凡:《推动中国化马克思主义对外传播》,《中国社会科学报》2021 年 3 月 9 日。

23. John King Fairbank, "A Challenge from China's Heart", *The New York Times Book Review*, Oct.27, 1946.

24. Sutirtho Patranobis, "With Ideology Enshrined in CPC Constitution, Xi Jinping in Same League as Mao", *The Hindustan Times*, Oct.25th, 2017.

25. Fareed Zakaria, "Is China the World's Next Superpower?", *Newsweek*, May 9, 2005.

后　　记

　　本书是我主持的 2015 年国家社科基金一般项目"中国化马克思主义海外传播进程与基本经验研究"结项"优秀"成果(证书号 20210233)。自该项目立项以来,我带领课题组成员吴清华、甘橙、周欢、谢丞、赵东升,经过几度春秋的刻苦攻关,终于完成课题结项。具体分工如下:

　　陈金明:提出指导思想、编写大纲,完成第四、第六章初稿。

　　吴清华:完成绪论、第一章初稿,补充参考文献。

　　周欢:完成第二章初稿。

　　赵东升:完成第三章初稿。

　　谢丞:完成第五章初稿。

　　甘橙:完成第七章初稿。

　　2020 年初稿完成后,陈金明、吴清华在新冠疫情紧张背景下进行统稿、修改、定稿,并获国家社科规划办审核结项。2021—2022 年,陈金明又对书稿反复修改、数易其稿,并进一步补充与完善,才呈现出本书目前的面貌。

　　中国化马克思主义海外传播研究是一个全新的课题,在 2015 年该项目立项之前,学界鲜有涉足这一领域。因此,本课题在研究过程中遇到许多难以想象的困难,但在学界同仁的无私帮助之下,所有的困难终被克服,课题研究如期完成,并获"优秀"结项。在此,课题组衷心感谢曾给予我们关心、指导和帮助的专家学者及相关单位。

首先,真诚感谢中国社会科学院学部委员程恩富教授、武汉大学梅荣政教授、中国人民大学张雷声教授。正当我面临国家社科基金选题困惑之时,程恩富教授、梅荣政教授给予我明确的方向指导,并在二位老师的精心指导下,我更加坚定了这一富有创新性的选题。张雷声教授对选题和申报书都给予充分肯定,这无疑增强了我竭力做好这一课题的信心。

其次,特别感谢课题结项的匿名评审专家,他们对结项书稿给予了充分肯定。几位匿名评审专家认为,"该成果是本人所见到的研究中国化马克思主义海外传播论著中最全面、最系统的一部";"该成果是在充分搜集资料的基础上进行了比较完整的梳理,具有填补空白的重要学术价值";"该成果的最大创新在于其系统性和整体性,弥补了学界研究整体性不足的缺陷"。同时,匿名评审专家对结项书稿提出了诸多真知灼见的修改意见。正是根据匿名评审专家的宝贵意见,本书进行了具体补充和反复修改,并力求尽善尽美。在此,还要特别感谢中共中央党史和文献研究院对外合作交流局局长杨明伟,武汉大学党委常务副书记、马克思主义学院院长沈壮海审读本书时给予的充分肯定和悉心指导。

再次,特别感谢三峡大学图书馆、社科处及马克思主义学院的领导和同仁们。本课题结项之时正值新冠疫情严控期间,为使课题顺利结项,图书馆刘芳副馆长、社科处周卫华处长,王守文处长及李杨老师、李红梅老师都给予了力所能及的帮助。马克思主义学院胡孝红院长、黎见春副院长及科研办张卫老师为本课题结项都倾注了大量心血。在此,对学校各位领导和老师的无私帮助表示由衷的感谢。

复次,还要衷心感谢本课题组成员。吴清华等课题组成员虽然科研任务繁重,但都能按照课题组的统一要求,各司其职,出色完成各自承担的章节写作重任,并且吴清华还完成初稿部分修改和参考文献的补充任务。课题负责人在此一并表示谢意。

最后,还要特别感谢人民出版社副总编辑陈鹏鸣,编审侯俊智、吴继平在本书出版时给予的大力支持和辛勤付出。

尽管课题负责人和课题组成员为本课题及书稿付出了最大努力,但由于能力和水平所限,仍留下诸多改进和提升的空间。为此,我们将继续深度"耕犁",争取在中国化马克思主义海外传播研究领域结出更为丰硕的学术成果。

陈金明

2023 年 9 月